부동산 투기의 **종말**

부동산 투기의 종말

지은이 | 전강수
펴낸이 | 김성실
편집기획 | 최인수 · 여미숙 · 한계영
책임교정 | 정길호
마케팅 | 이병진 · 김남숙 · 이유진
편집디자인 | 하람 커뮤니케이션(02-322-5405)
제작 | 한영문화사
펴낸곳 | 시대의창
출판등록 | 제10-1756호(1999. 5. 11)

초판 1쇄 펴냄 | 2010년 7월 20일

주소 | 121-816 서울시 마포구 동교동 113-81 (4층)
전화 | 편집부 (02) 335-6125, 영업부 (02) 335-6121
팩스 | (02) 325-5607
블로그 | sidaebooks.net
이메일 | sidaebooks@hanmail.net

ISBN 978-89-5940-185-7 (93330)

ⓒ 전강수, 2010, Printed in Korea.

• 책값은 뒤표지에 있습니다.
• 잘못된 책은 바꾸어 드립니다.

부동산 투기의 종말

다시 **보유세**를 말한다

전강수 지음

시대의창

서문

부동산 문제에 관심을 가지고 연구하기 시작한 지 어언 15년이 지났지만, 그것이 현실에서 어떤 의미를 갖는 문제인지 실감하게 된 것은 그리 오래되지 않았다. 예전에는 부동산 시장이 특히 투기에 취약하며 사람들이 부동산 투기에 나서는 것은 거기서 생기는 불로소득을 챙기기 위한 것이라고 주장하면, 모든 사람들이 동의할 줄 알았다. 그리고 부동산 불로소득을 근본적으로 차단하는 것이 투기를 막을 수 있는 최선의 방책이라는 견해를 피력하면, 모든 사람들이 인정할 줄 알았다.

2004년경부터 우리나라 부동산 정책을 바로 세우기 위한 사회운동에 관여하면서 이런 생각들이 완전한 착각이었음을 깨닫게 되었다. 참여정부가 보유세 강화와 양도세 중과를 통해 부동산 투기를 근절하려는 정책을 실시하자 이 땅의 기득권 세력은 정말 강력하게 저항했다. 이 세력의 대변자를 자처했던 부동산 시장만능주의 학자들은 부동산 시장의 특수성을 부정하고 투기와 불로소득의 존재 자체를 부인하는 논리를 개발하여 참여정부 부동산 불로소득 차단정책을 흔들어댔다. 나는 이들과 토론하는 중에 "투기라는 용어가 교과서에 나옵니까? 불로소득이라는 용어를 사용해도 됩니까?"라는 터무니없는 말을 여러 차례 들었다.

보수신문들은 부동산 시장만능주의 학자들의 주장을 베껴쓰다시피 보도했고, 참여정부가 실시하는 부동산 불로소득 차단정책의 결함을 부각시키느라 갖은 노력을 다했다. 보수신문들은 특히 종합부동산세로 대표되는 보유세 강화정책에 대해 알레르기 반응을 보였는데, 이들의 보도태도를 통해 나는 이 땅의 기득권 세력이 얼마나 보유세 강화정책을 싫어하는지 분명하게 확인할 수 있었다.

경제학 훈련을 받은 사람이라면 누구나 부동산 투기가 자원배분을 왜곡시키고 거시경제의 불안정성을 증폭시키는 등 시장경제에 심각한 해악을 끼친다는 사실을 알고 있다. 보유세(특히 토지보유세)가 모든 세금 중에서 최선의 세금이라는 것도 경제학에서는 잘 알려진 사실이다. 보유세를 통해 부동산 투기를 근절하면 시장경제의 효율성이 높아지는 것이 분명함에도, 기득권 세력의 대변자들은 기를 쓰고 반대하였다. 그들은 입만 열면 '시장원리'를 말했지만, 사실 시장원리 따위는 안중에도 없었던 셈이다.

노무현 전 대통령과 참여정부 부동산 정책 입안자들은 실로 엄청난 싸움을 치렀다. 현실에서는 투기광풍이 그들을 공격했고, 공론의 장에서는 기득권층의 대변자들이 쉴 새 없이 그들을 흔들어댔다. 나는 참여정부가 발표하는 부동산 대책의 내용이 미진하다고 여겨질 때는 주마가편走馬加鞭하는 심정으로 야멸친 비판을 가하기도 했지만, 그들이 부동산 투기를 근절하기 위해 기울인 노력은 역사상 유례가 없는 것이었음을 잘 알고 있다.

특히 높이 평가하고 싶은 것은 임기 내내 기득권 세력으로부터 격렬한 비판과 공격이 쏟아졌고 당시 여당이었던 열린우리당조차 참여정부의 정치적 실패를 부동산 정책 탓으로 돌렸음에도 불구하고, 끝까지 정책의 기조를 지켜냈다는 점이다. 그래서 나는 노무현 전 대통령을 정치적으로는 실패했을지 몰라도 정책적으로는 성공한 대통령이었다고 평가하였다.

이 책의 발간을 위해 원고를 정리하고 있던 중에 노무현 전 대통령의 서거 소식을 접했다. 역대 정부 중 최고의 부동산 정책을 실시하고도 정책의 실패를 고백해야만 했던 그의 처지를 생각하면서 너무 마음이 아팠다. 반칙과 특권과 불로소득이 사라진, '사람 사는 세상'을 만들고자 했던 그의 노력은 부동산 정책에서 가장 선명하게 드러났다. 이런 정책이 '세금폭탄', '좌파정책', '편 가르기 정책'으로 매도당했다는 사실을 생각하면 지금도 분노가 치민다.

하지만 노무현 전 대통령의 임기 중에 기득권 세력의 대변자들이 유포시킨 미움과 저주를 별 생각 없이 자기 것으로 받아들였던 국민들이 장례기간 중에 그렇게 슬퍼하고 미안해하는 것을 지켜보면서, 나는 적잖이 위로를 받았다. 노무현 전 대통령의 죽음이 그의 꿈과 가치의 부활을 낳았으니 참 아이러니한 일이다. 조만간 노무현 전 대통령의 정책에 대한 재평가작업이 본격화될 것이다. 그때가 되면 터무니없이 매도당했던 참여정부 부동산 정책의 명예도 회복되리라 믿는다.

혹자는 노무현 전 대통령을 혁명가에 비유한다. 잘못된 기존 질서를 바로잡기 위해 끊임없이 도전했기 때문이리라. 나는 그의 부동산 정책도 '혁명'이라고 부르고 싶다. 보유세 혁명! 보유세 혁명의 내용은 실로 간단명료하다. 보유세를 강화하는 대신 다른 세금을 경감하는 것이다. 벌써 오래전에 사회적 합의가 끝난 이 과제를 실제 정책으로 집행한 정부는 없었다. 기득권 세력의 반발을 두려워했던 탓이다. 참여정부가 이 정책을 실제로 추진하자 이 땅의 기득권 세력은 정말 총력을 기울여 반대했다. 언론, 학자, 관련단체 등이 총동원되었다. 보유세 강화정책을 둘러싼 공방은 총성 없는 전투와도 같았다. 곳곳에서 치열한 전투가 벌어졌고 포연砲煙이 여기저기에 자욱했다.

이 책에 실린 글들 중에는 그 전투의 와중에서 내가 틈틈이 썼던 칼럼들과 에세이들이 많다. 이미 시사성을 상실한 것도 있고 중복되는 내용도 있어서 세상에 내놓기가 부끄러웠지만, 그래도 내용을 정리하고 보완해서 책으로 발간하기로 했다. 모쪼록 이 책이 단지 내 개인의 삶의 흔적들을 모아놓은 기록물로 머물지 않고, 참여정부 부동산 정책의 가치와 역사적 의미를 알리는 데 도움이 되기를 기대한다.

이명박 정부는 집권 1년여 만에 참여정부 부동산 정책을 모조리 폐기해버렸다. 그러고는 그동안 부동산 시장만능주의자들이 주장해온 정책들을 충실히 이행하고 있다. 예를 들면 보유세 강화 및 양도세 중과를 내용으로 하는 부동산 불로소득 환수정책을 무력화시켰고, 거래규제 · 대출규제 · 가격규제 · 재건축규제 등 모든 부동산 규제를 무차별적 · 급진적으로 완화했으며, 도심 및 그린벨트 내 공급 확대정책을 본격적으로 추진하고 있다. 이처럼 짧은 기간 동안에 부동산 정책의 수레바퀴를 이렇게 많이 되돌릴 수 있다니 놀라울 따름이다. 이 책에는 부동산 시장만능주의와 이명박 정부 부동산 정책의 문제점을 비판하는 글들도 실려 있다. 지금까지의 행태로 보아 이명박 정부가 이런 비판에 귀를 기울일 가능성은 매우 낮지만, 그래도 이런 때에 경고의 나팔을 부는 파수꾼은 있어야 하지 않겠는가?

이 책은 지난 몇 년간 토지정의 운동에 참여한 열매이다. 나와 함께 어려운 길을 같이 걸어준 동지들이 많다. 그들의 격려와 동참이 없었다면 이 책에 담긴 글들을 쓰기 어려웠을 것이다. 내 아내와 아이들은 남들이 하지 않는 '특이한' 일에 몰두하는 나를 진심으로 지지하고 성원해주었다. 이들 모두에게 지면을 빌려 감사의 뜻을 전한다. 그리고 이 책의 의의를 인정하고 기꺼이 출판을 맡아 준 〈시대의창〉 관계자들께도 깊이 감사드린다.

마지막으로, 두 가지 밝혀둘 점이 있다. 하나는 글 원문의 내용을 가능한 한 그대로 살렸다는 점이다. 그래서 현재의 시점에서 보면 과거시제로 서술되어야 할 내용들이 현재시제로 서술되어 있다. 해당 부분을 과거시제로 바꿔 서술해보려고 했으나 그럴 경우 글의 전체 틀이 흐트러지는 문제가 생겼다. 독자들은 몇 년 전 과거로 돌아가 그 당시를 현재라고 생각하고 글을 읽어주시기 바란다. 글 집필 후 상황의 전개를 밝힐 필요가 있는 곳에서는 괄호 안에 그 내용을 기술해 두었다.

다른 하나는 기독교의 용어로 쓴 글 세 편을 포함시켰다는 사실이다. 다른 종교를 가진 독자들이 불편하게 느낄 줄 알면서도 굳이 포함시킨 이유는 책의 전체적인 흐름상 필요하다고 판단했기 때문이다. 기독교를 잘 모르는 사람들은 외형상 '기독교적' 색채가 강한 이명박 정부의 정책을 보고 성경의 정신이 참여정부의 보유세 혁명과는 배치된다고 오해할 가능성이 있다. 그러나 성경은 이명박식 부동산 정책이 아니라 오히려 참여정부의 정책방향을 강력하게 지지한다. 세 편의 글을 읽고 기독교에 대한 오해를 푸는 독자들이 있다면 나로서는 망외望外의 성과를 거두는 셈이다.

2010년 5월
전강수

| 차례 |

서문 _ 4

1장 헨리 조지와 진정한 시장주의

진정한 자유주의 경제사상을 찾아서 _ 14

헨리 조지의 사상과 정책 _ 18

고 대천덕 신부의 경제사상 _ 26

한국 경제의 운명, 부동산 문제 해결에 달렸다 _ 33

헨리 조지에 대한 허수아비치기 _ 40

보유세 강화가 효과 없다고? _ 46

높은 토지보유세는 자유주의의 상식 _ 53

2장 부동산 투기의 해부

부동산 투기의 원인과 해악 그리고 해결책 _ 60

토기가치세의 성공사례, 덴마크 정의당 _ 76

토지보유세 강화, 김대중 정부가 놓쳐버린 탁월한 부동산 정책 _ 80

부동산 시장을 배회하는 세 가지 망령 _ 85

3장 '보유세 혁명'의 전개와 좌절

토지정의를 위해 노무현 대통령 당선자께 드리는 공개서한 _ 96

보유세 강화정책 포기 요구에 굴복해선 안 된다 _ 104

부동산 시장 이상한 조짐, 부양책을 막아라 _ 109

부동산 대책에 쏙 빠져버린 보유세 강화, 왜? _ 114

'5.4대책'마저 좌초 위기, 이정우 위원장 지지 _ 119

부동산 불로소득 환수하라 _ 123

참여정부 부동산 정책의 종합판, '8.31대책' _ 126

집 부자들 자신의 의무 기꺼이 감당해야 _ 134

부동산 세제개혁 놓고 보인 한나라당의 이중행보 _ 139

참여정부 부동산 정책의 실책 _ 143

집값 폭등, 정책의 실패인가 정치의 실패인가 _ 146

집값 잡기 '비책', 코끼리 코 흔들지 마라 _ 151

종부세 흔들기 다시 시작되는가 _ 165

재경부의 낯 뜨거운 변신에 감탄하다 _ 168

종부세가 창피하다고요? _ 173

'한 명의 피해자'가 누구인가 _ 180

종부세 무력화는 투기광풍 전주곡 _ 183

더 좋은 보유세, 국토보유세를 도입하자 _ 187

4장 MB의 시장만능주의적 부동산 정책

이명박 부동산 정책, '프로'면 프로다워야 _ 194
MB, '1퍼센트 대통령' 되려는가 _ 202
부동산 조세정책 거꾸로 돌리지 마라 _ 209
여호와주의와 바알주의의 갈림길에서 _ 214
이명박 정부의 시장만능주의적 부동산 정책 _ 222
'시장친화적 토지공개념' 정치연합을 제안한다 _ 238

5장 소위 '반값아파트' 논쟁

공공택지주택은 공영개발로 _ 248
토지임대형 주택공급, 누가 문제 삼는가 _ 251
'반값아파트' 이름부터 없애라 _ 255
토지임대부 아파트 '그게 되나 보자'는 게 시범사업? _ 266

주석 _ 271

1장

헨리 조지와 진정한 시장주의

진정한 자유주의 경제사상을 찾아서

자유주의 경제사상은 아담 스미스Adam Smith, 데이비드 리카도David Ricardo, 존 스튜어트 밀John S. Mill 등 고전학파 경제학자들에 의해 확립되었다. 이 경제사상은 시기에 따라, 또 개별 학자에 따라 내용에 차이가 있지만, 대체로 독점과 정부 개입을 반대하고 사유재산제도와 자유시장경제를 옹호한다는 공통점을 갖고 있다. 현대 경제학에서 주류의 위치를 차지하는 신고전학파 경제학은 많은 부분에서 고전학파 경제이론을 크게 수정했지만, 그 자유주의 정신은 그대로 계승하고 있다. 주류 경제학을 신자유주의 경제학이라 부르는 이유는 여기에 있다.

필자는 독점과 정부 개입을 반대하고 사유재산제도와 자유시장경제를 옹호하는 자유주의의 원칙에 기본적으로는 찬성한다. 하지만 이와 함께 고전학파에서 신고전학파로 이어져 내려온 현실의 자유주의 경제사상에는 심각한 문제가 있다는 점을 지적하지 않을 수 없다. 이 문제 때문에 자유주의 경제사상은 급진적이고 개혁적인 성격을 갖고 있음에도 불구하고, 현실적으로 기득권 수호의 도구로 이용되는 경우가 많았다. 많은 개혁적인 성향의 사람들이 자유주의에 대해 불쾌한 감정을 갖는 것도 이 때문이 아닌가 여겨진다. 만일 기존의 (신)자유주의 경제사상의 문제를 파악하고 정정할 수만 있다면, 그 본래의 개혁적 성격도 회복시킬 수 있지 않을까 생각한다.

헨리 조지(Henry George, 1839~1897)는 '자유방임'laissez-faire의 정확한 의미를 이해하지 못했다고 고전학파 경제학자들을 비판했다. 조지에 따르면 진정한 자유방임이란 무조건 멋대로 하도록 내버려두는 것이 아니라, 먼저 기회를 균등하게 한 후에 자유방임을 하는 것이다. 조지가 말하는 기회의 균등은 자연자원에 대한 접근의 자유가 보장된 상태, 즉 모든 사람이 토지를 포함한 자연자원에 대해 평등한 권리를 행사할 수 있는 상태를 의미한다. 따라서 아무리 자유시장이 성립하고 있다고 하더라도, 토지사유제가 확립되어 토지와 자연자원에 대한 접근이 자유롭지 않고 또 그에 대한 권리가 평등하지 않다면, 경제의 효율성을 극대화한다는 자유시장의 효과는 제대로 발휘될 수가 없다. 자유시장 아래에서도 빈곤과 주기적 불황과 실업이 나타나는 근본적인 원인이 바로 여기에 있다고 헨리 조지는 주장한다.

헨리 조지는 아담 스미스가 독점과 중상주의를 비판하고 자유시장 경제를 옹호한 것을 지지했지만, 토지를 포함한 자연자원의 사유화에 대해 엉거주춤한 태도로 넘어간 것에 대해서는 강하게 비판했다. 조지가 보기에 스미스는 토지사유제가 자유방임의 전제조건인 기회의 균등을 해친다는 사실을 알고 있었다. 왜냐하면 스미스는 지대가 불로소득이며 지대의 사적 전유專有가 임금을 압박하는 원인이라는 점을 인식하고 있었기 때문이다. 그러나 스미스는 거기서 더 이상 나아가지 않았다. 그는 지대에 대해 더 이상 탐구하려고 하지 않았고 지대의 사적 전유를 허용하는 토지사유제를 당연한 것으로 받아들였다.

헨리 조지는 아담 스미스의 이런 혼란스러운 태도를 당시 영국의 상황과 결부시켜 설명했다. 즉 당시 영국에는 지주계급의 권력이 막강했고, 스미스는 그들과 맞서는 것을 두려워하여 지주들에게 향했어야 할 공격의 화살을 중상주의로 돌려버렸다는 것이다.

우리 사회에서 김대중 정부가 재벌개혁을 추진할 때, 재벌기업 측에서는 그것이 자유주의 경제원리와 배치된다고 비판했다. 그들은 자유방임을 기업 멋대로 하도록 내버려두는 것 정도로 이해한 것이다. 그러나 사실 자유주의를 위배한 것은 토지투기를 통해 부를 축적하고 각종 불법적 방법을 동원하여 거대독점을 형성시켰던 재벌기업 자신들이었다. 진정한 자유방임의 전제조건이 형성되지 못하고 있을 경우에 정부가 개입해 그 조건을 갖추려고 하는 것은 자유주의 정신에 부합된다.

우리 사회의 기득권 세력은 1980년대 말 토지공개념 관련 법안이 입안될 때, 그것이 사유재산제도라는 자유주의의 기본원칙에 배치되는 불순한 시도라며 반발했다. 이 또한 기득권 세력이 자유주의를 멋대로 이용해먹으려 했던 대표적 사례이다. 그들은 자기 수중에 갖고 있는 것이면 무조건 자신의 재산이며, 따라서 절대적으로 보호되어야 한다고 주장한 셈이다. 이것은 미국에서 노예해방운동이 전개될 당시에 노예 소유주들이 전개했던 것과 기본적으로 동일한 논리이다. 사유화할 수 없는 것을 사유화해놓고서 그 소유권이 절대적으로 보호되어야 한다고 주장하는 것은 진정한 사유재산제도의 정신과 아무 관계가 없다.

헨리 조지는 사유재산제도의 철학적 기초를 놓았던 존 로크(John Locke, 1632~1704)의 견해를 이어받아, 인간이 자신의 노력을 투입해 만든 생산물은 전적으로 그의 소유에 속하지만, 인간이 만들지 않은 토지와 자연자원은 사유화할 수 없다고 주장한다. 조지의 견해에 비추어볼 때, "하나님이 인간에게 공동의 재산으로 주신"(로크의 말이다) 토지를 조금이나마 공공의 것으로 회복시키려 했던 토지공개념 정책이 오히려 사유재산제도의 정신에 부합되는 것이 아닌가?

기회의 균등이라는 전제조건을 구비할 경우 자유주의 경제사상은 정의(공평)와 효율을 동시에 달성할 수 있다. 헨리 조지를 따르는 사람Georgist들은 그것이야말로 지나친 방법으로 공평을 추구했던 사회주의와, 공평을 무시하고 효율만을 추구하는 현대의 자유주의를 극복하는 강력한 대안이라고 믿고 있다. 많은 사람들이 자유주의는 이미 긴 실험을 거쳤다고 생각하지만, 헨리 조지 방식의 진정한 자유주의Geo-liberalism는 한 번도 본격적으로 실험되었던 적이 없다.(〈위클리 솔〉 14호, 2002년 1월)

헨리 조지의 사상과 정책

헨리 조지는 19세기 후반 미국에서 활동한 경제학자이자 사회운동가였다. 그는 어릴 적부터 온갖 직업을 전전하며 절망적인 가난 가운데 살았지만, 독서와 토론을 통해 사회문제에 대한 지식을 꾸준히 습득했다. 링컨 암살 소식에 격분해 자신이 인쇄공으로 근무하던 신문사에 투고한 글이 톱기사로 게재되면서 기자로 발탁되었고, 그때부터 언론인, 저술가, 경제학자의 길을 걸으며 명성을 날렸다. 불후의 명저《진보와 빈곤》(Progress and Poverty, 1879)을 비롯해《보호무역이냐 자유무역이냐》(Protection or Free Trade, 1886), 《정치경제학》(The Science of Political Economy, 1898) 등 뛰어난 경제학 저서를 저술했고, 수많은 논설과 강연 원고도 남겼다.

헨리 조지 경제사상 개관
헨리 조지의 경제사상은 20세기에 들어와 자본주의와 사회주의가 대립하는 양극 구도 속에서 퇴조했지만, 19세기 말에서 20세기 초에는 전

세계적으로 엄청난 영향력을 발휘했다. 《진보와 빈곤》은 19세기 말까지 수백만 권이 팔려 논픽션 분야에서 성경 다음가는 베스트셀러가 되었고, 그의 사상은 중국의 쑨원孫文과 러시아의 톨스토이 등 대사상가들에게 깊은 영향을 끼쳤다. 당시 전 세계적으로 헨리 조지를 따르는 조지스트의 세력은 마르크시스트의 세력보다 더 컸다고 한다.

사회가 눈부시게 진보함에도 불구하고 빈곤이 존재하는 수수께끼를 해명하고 처방을 제시하는 것을 일생의 과업으로 생각했던 헨리 조지는 이 수수께끼의 해답을 토지가치의 상승에서 찾았다. 즉 물질적 진보로 생산이 증가하지만 토지가치가 더 빠른 속도로 올라가기 때문에, 노동과 자본에 돌아갈 대가가 줄어들게 되고 이 때문에 빈곤이 발생한다는 것이다.

그는 자본주의 사회를 괴롭히는 주기적 불황도 토지문제에 기인하는 경우가 많다고 봤다. 즉 물질적 진보로 토지가치가 상승하면 미래의 토지가치가 상승할 것이라는 사회적 기대가 형성되고, 이는 토지투기를 유발한다. 토지투기가 발생하면 토지가치는 이전보다 더욱 빠른 속도로 상승하게 되고, 이는 토지를 주요 생산요소로 사용하는 생산부문에 압박을 가하게 된다. 토지와의 관련성이 높은 부문에서부터 자본과 노동이 이 압박을 견디지 못하고 이탈하기 시작하고, 그 부문의 공급은 중단된다. 공급중단은 즉시 다른 부문 생산물에 대한 수요중단으로 이어진다. 수요중단으로 다른 부문의 공급이 위축되고, 그것은 다시 수요중단으로 이어진다. 이처럼 '공급중단 → 수요중단 → 공급중단 …'의 연쇄반응이 나타나서 경제 전체로 확산되면, 경제불황이 시작된다.

헨리 조지는 천부자원인 토지와 자연자원을 개인이 절대적·배타적으로 소유해서 그로부터 나오는 소득을 사적으로 전유專有하게 하는 것을 경제적 불의로 여겼다. 이 경제적 불의의 존재가 진보 속의 빈곤이나 주기적 불황과 같은 경제문제를 일으키는 주범이라는 것이다.

헨리 조지에 따르면, 토지에서 발생하는 불로소득을 공적으로 환수하는 것 외에는 이러한 경제적 불의를 타파하고 그로 인한 경제문제들을 해결할 수 있는 방법은 없다. 여기서 토지가치세를 통해 토지의 임대가치인 지대를 거의 대부분 환수하고, 그 대신 경제에 부담을 주는 각종 세금을 철폐하자는 토지단일세 주장이 나오게 된다.

지금은 토지단일세라고 하면 비현실적이라고 반대하는 사람들이 많지만, 당시에는 그리 특별한 주장이 아니었다. 오늘날에 비해 정부의 규모가 작고 지대의 비중이 커서 토지가치세만 가지고도 정부의 세수를 충분히 조달할 수 있는 상황이었기 때문이다. 정부 규모가 엄청나게 커지고 지대 비중이 줄어든 요즈음에는 토지가치세만으로는 세수를 충분히 조달할 수 없으므로, 토지단일세 주장은 '토지가치세 최우선 징수 및 여타 조세의 감면'으로 내용을 바꾸어야 할 것이다.

토지가치세를 부과하면 토지 불로소득 획득의 가능성이 없어지므로 토지투기가 사라진다. 이용에는 관심이 없고 오직 투기 목적으로 토지를 보유하던 사람들이 토지를 내놓을 것이므로 토지의 이용도가 올라간다. 이는 모두 경제의 효율성을 높이는 작용을 한다. 토지가치세 수입이 늘어나는 만큼 다른 세금들을 감면하는 것 또한 경제활동을 자극하는 작용을 한다. 이처럼 헨리 조지의 토지가치세는 다양한 경로로 경제의 효율성을 높인다. 천부자원으로서 사회의 공동재산인 토지와 자연자원을 보유하고 사용하는 사람들은 그에 상응하는 대가를 사회에 지불하므로, 토지가치세는 경제정의에도 부합한다.

2003년 6월에 발간된 세계은행 보고서 "성장과 빈곤해소를 위한 토지정책"[1]은 1960~2000년에 전 세계 26개국을 대상으로 토지분배와 경제성장의 관련성을 분석했다. 이 보고서는 토지가 공정하게 분배된 나라일수록 높은 경제성장을 이뤘으며 제3세계 빈곤해결을 위해서는 빈민층의 땅 소유 및 사용권을 확고히 보장하는 것이 무엇보다 중요하다고 결론지음으로써, 토지문제의 해결이 경제의 효율성을 증진시킨다는 헨리 조지의 주장을 뒷받침하고 있다.

평등지권의 이상을 실현하는 방법

헨리 조지의 토지가치세는 토지와 자연자원에 대해서는 모든 사람이 평등한 권리를 갖는다는 평등지권의 사상에 입각하고 있다. 중국에서 국부로 추앙받고 있는 쑨원은 이 사상에 '평균지권平均地權'이라는 이름을 붙인 적이 있다. 평등지권의 이상을 실현하는 방법으로는 토지가치세제를 도입하는 방법 외에, 토지 그 자체를 평등하게 분배하는 방법이나 토지 공공임대제를 도입하는 방법이 있다.

토지 그 자체를 평등하게 나누어주는 방법은 고대 이스라엘 백성이 가나안 땅을 분배할 때 사용했던 방법이며, 가깝게는 제2차 세계대전 직후 한국, 일본, 대만 등지의 토지개혁에서 사용되었던 방법이다. 이 방법은 대토지사유제에 비하면 훨씬 우수하고, 사회의 기초를 안정시키는 장점이 있다. 실제로 전후 한국, 일본, 대만 경제의 고도성장은 바로 이와 같은 토지개혁에 힘입은 바가 크다.

그러나 이 방법에는 단점도 있다. 가장 결정적인 단점은 이 방법이 토지사유제의 유지를 전제로 시행되는 경우가 많다는 점이다. 그러므로 이 방법이 시행되더라도 모든 사람이 완전한 평등지권을 향유할 수 있도록 철저하게 시행되지 않는다면, 또 토지거래를 통한 토지소유의 불평등이 재현되는 것을 막는 장치가 마련되지 않는다면, 토지사유제의 폐단은 다시 나타날 수밖에 없다. 토지개혁을 실시했던 한국과 일본에서 토지문제가 다시 심각하게 전개되었던 것을 기억해보라. 단 이러한 개혁이 토지가치의 공적 징수와 결합될 경우에는 위와 같은 단점을 해소할 수 있다. 실제로 대만은 토지개혁의 과정에서 일단 토지를 평등하게 나누어주고 난 후 토지가치세와 토지증치세土地增値稅 제도를 도입하여 토지가치의 상당 부분을 공적으로 징수함으로써 토지사유제 폐단의 재발을 방지할 수 있었다.

토지 공공임대제는 토지 그 자체를 공유로 하되 그것을 정부가 임대하고 임대료를 징수하는 방법이다. 헨리 조지는 이 제도의 이상에 공감하면서도, 이미 토지사유제가 장기간 존속되어온 경우 사회에 지나친 충격을 가할 우려가 있다는 이유로 반대했다. 그는 토지사유제 하에서 정부가 민간의 토지를 무상몰수하여 토지 공공임대제를 도입하는 경우만 생각해서 반대한 것인데, 기존의 국공유지에 토지 공공임대제를 도입하는 방법도 존재한다. 체제전환 과정에 있는 구 사회주의 국가들은 토지국유제의 대안으로 토지 공공임대제를 적극적으로 고려할 필요가 있다. 토지사유제를 채택하고 있는 자본주의 국가들에서도 토지 비축을 통해 국공유지를 확충하고 거기에 토지 공공임대제를 도입할 수 있다.

토지 공공임대제와 사회주의적 토지국유제는 근본적으로 다른 제도이다. 둘 다 토지 그 자체를 공유로 한다는 점에서는 동일하지만, 토지사용에 관해서는 전혀 다른 방침을 갖고 있다. 즉 전자는 토지사용을 시장기구에 맡기는 것을 원칙으로 하는 반면, 후자는 정부가 통제하는 것을 원칙으로 한다. 주지하다시피 사회주의 사회는 경제의 비효율성과 부정부패 때문에 몰락했다. 비효율성과 부정부패는 모두 자원의 사용, 즉 자원배분을 정부가 장악하고 통제하는 데서 비롯되었다. 그러나 토지 공공임대제 하에서는 토지소유권은 정부가 갖지만 사용권은 공개입찰 등의 방식을 통해 완전히 자유시장에 맡긴다. 여기서는 누구라도 지대에 해당하는 금액을 사용료로 내기만 하면 어떤 토지라도 자유롭게 사용할 수 있다. 따라서 이 제도 하에서는 자원배분의 효율성이 보장되고 부정부패의 여지는 사라진다.

짧은 기간 동안에 엄청난 고도성장을 달성한 싱가포르와 홍콩은 토지 공공임대제를 성공적으로 정착시킨 대표적인 나라들이다. 유럽의 네덜란드, 스웨덴, 핀란드, 이스라엘, 오스트레일리아 등도 오랜 토지 공공임대제 시행 역사를 갖고 있다. 중국이 경제특구를 중심으로 시행하고 있는 토지제도 또한 토지 공공임대제의 범주 속에 포함시킬 수 있다.

1990년 윌리엄 비크리William Vickrey, 프랑코 모딜리아니Franco Modigliani, 로버트 솔로우Robert Solow, 제임스 토빈James Tobin 등 4명의 노벨 경제학상 수상자들을 포함하는 30명의 경제학자들은 구 소련 대통령 고르바초프에게 공개서한을 보내서 소련에 토지 공공임대제를 시행할 것을 권고한 적이 있다. 그들은 소련이 대부분의 지대가 사적으로 수취되도록 허용하고 있는 서구 자본주의 국가들을 따라갈 위험이 존재한다고 경고하면서 지대를 사회적으로 수취할 것을 제안했다. 그런데 그들은 국유토지를 민간에 불하하는 방법으로는 지대의 사회적 수취라는 목적을 달성할 수 없다고 주장했다. 그들이 권한 방법은 토지 공유제를 유지하면서 사용자로부터 임대료를 징수하는 방식, 즉 토지 공공임대제였다.

토지 공공임대제가 평등지권의 이상을 실현하는 것은 토지 사용자에게 사용하는 만큼 사용료를 징수하고 그 수입을 공공을 위해 지출하기 때문이다. 거기다가 토지사용의 자유가 보장되고 사용권의 매매도 허용되기 때문에, 자유시장 경쟁의 효력도 완벽하게 발휘된다. 물론 현실의 토지 공공임대제 하에서는 토지의 시장 임대가치(즉 지대)를 완전히 징수하지 않아서 토지투기 등의 문제가 종종 발생한다. 그러나 그것은 토지사유제 하의 부동산 문제에 비하면 아무것도 아니다.

헨리 조지가 토지사유제 하에서 평등지권의 이상을 실현하기에 가장 좋은 방법이라고 생각한 것은 바로 토지가치세제이다. 위에서 말한 대로 토지가치세제는 토지의 지대를 거의 대부분 환수하는 대신에 경제에 부담을 주는 각종 세금을 철폐하는 제도이다. 이 제도는 현실적으로는 토지보유세를 대폭 강화하는 대신 건물이나 노력소득에 부과되는 다른 세금들을 감면하는 형태를 취한다.

조지스트들은 토지보유세를 대폭 강화하고 다른 노력소득에 대한 과세를 그만큼 감면하는 세제개혁을 실시할 경우, 다음과 같은 긍정적인 효과를 얻을 수 있다고 주장한다.

첫째, 지가가 하향 안정화될 것이며, 지가변동이 거시경제와 금융시장의 불안정성을 증폭시키는 효과Boom and Bust도 사라질 것이다.
둘째, 토지 불로소득을 감소시켜서 부동산 투기를 근절할 것이다. 토지문제에 정부가 근본적으로 접근하고 있다는 것이 시장 참가자들에게 알려지는 '공시효과'announcement effect를 통해서도 지가 상승기대가 꺾일 수 있다. 토지 불로소득은 양도소득세나 토지 초과이득세 등 자본이득세를 통해서도 환수할 수 있지만, 여러 가지 부작용이 있다.
셋째, 토지의 투기적 보유의 동기를 줄임으로써 토지이용의 효율성을 높일 것이고, 노력소득에 부과되어온 각종 세금을 감면하므로 생산과 저축이 증가하고 경제는 활성화될 것이다.

넷째, 토지와 자연자원의 사용에 공적으로 사용료를 부과하기 때문에 지금까지 과잉사용되어온 이들 자원의 적정사용이 촉진되고 환경파괴가 줄어들 것이다.

실제로 '토지보유세 강화―다른 세금 감면'을 내용으로 하는 헨리 조지식 세제개혁은 20세기 전 기간에 걸쳐서 전 세계에서 다양한 형태로 실현되어 놀라운 경제적 성과를 거둔 적이 있다. 대만, 1950년대 말의 덴마크, 미국의 펜실베이니아 주 도시들과 알래스카 주, 19세기 말~20세기 초의 호주와 뉴질랜드 등이 대표적인 사례이다. 반면 미국의 캘리포니아 주는 거꾸로 이러한 정신을 후퇴시킴으로써 심각한 경제적 후퇴를 경험하였다.(〈이코노미 21〉, 2005년 8월호에 게재된 글을 보완했음)

고 대천덕 신부의 경제사상

고 대천덕(R. A. Torrey Ⅲ, 1918~2002) 신부는 한국의 조지주의Georgism를 말할 때 빼놓을 수 없는 인물이다. 그는 19세기 말 무디D. L. Moody와 함께 기독교 부흥운동을 주도했던 토레이R. A. Torrey 목사의 손자이며, 1957년 성공회 선교사로 한국에 와서 성 미가엘신학원(오늘날의 성공회대학교)을 재건했고 1965년에는 강원도 태백의 산골짜기에 수도공동체 예수원을 설립했다. 2002년 별세할 때까지 예수원에서 성경의 가르침을 실천하기 위해 철저히 헌신한 그의 경건한 삶은 많은 그리스도인들의 귀감이 되고 있다. 예수원에 가서 뒷산 묘지 담벼락 한 귀퉁이 조그만 공간을 차지한 그의 묘를 본다면, 그가 얼마나 예수의 가르침을 철저히 따르려고 했는지 바로 알 수 있다.

대천덕 신부는 1960년대부터 공동체, 성령, 내적 치유 등 많은 문제에 관해 탁월한 견해를 피력하면서 한국 교회와 한국 사회에 지속적인 영향을 끼쳤지만, 특히 성경의 토지법과 헨리 조지의 사상에 대한 애착은 각별했다. 그는 생애의 말년에 다른 사람들이 지나치다고 할 정도로 성경의 토지법을 강조했다. 사람들에게 잘 알려지지는 않았지만, 공의로운 토지제도를 수립하라는 제안을 담은 서신을 역대 대통령들에게 수차례 전달하기도 했다. 이런 생각과 행동은 "경제문제를 바로 보지 못하면 사회문제를 이해할 수 없고, 사회문제를 이해하지 못하면 신학문제 역시 공허한 이론이 되기 쉽다"는 소신에서 비롯된 것이다. 탐욕과 불의에 기초한 바알Baal(고대 동방의 신. 토지의 비옥함과 곡물·과실·가축 등의 결실 및 성장을 주관하는 신으로 숭배되었다. 바알 신앙이 지배하는 곳에서는 대부분 지주제, 즉 대토지소유제가 성립했다.)의 토지법을 깨뜨리고 성경의 토지법을 실현시키는 것은 그의 필생의 소원이자 기도제목이었다. 한국의 조지스트 가운데 그의 영향을 받지 않은 사람은 거의 없다.

대천덕 신부는 그리스도인에게는 공의를 행하고 인자를 사랑하며 겸손히 하나님과 동행해야 할 의무(미가 6장 8절)가 있다고 가르쳤다. 그는 교회가 가난한 자를 돌아보고 그들에게 복음을 전할 책임이 있다는 사실을 강조했다. 그런데 가난한 자를 돌아보는 것은 자비의 손길을 내밀기 이전에 공의를 실행하는 데서 출발해야 한다는 것이 그의 지론이었다. 그는 교회사 연구를 통해, 교회가 성경의 토지법과 정의를 무시하고 가난한 자들의 고통을 외면했을 때 하나님은 이슬람과 공산주의 같은 대적들을 일으켜서 교회를 징계했다는 사실을 발견했다. 이슬람과 공산주의의 발흥지가 교회의 발흥지와 일치하며, 이슬람과 공산주의가 일어나기 직전에 그 지역의 교회가 심하게 부패했다는 것이다.

대천덕 신부는 가난한 중국에서 태어나고 자란 까닭에, 일찍부터 사회문제, 특히 가난의 문제에 관심을 가졌다. 대 신부는 구걸하는 사람들에게 거저 주기만 하는 것은 궁극적인 해결책이 되지 못한다는 것을 깨달았다. 그래서 그는 궁극적인 해결책을 제시하는 사상에 매료되었다. 대 신부는 처음에는 마르크스주의에 심취했다. 자신이 실제로 노동에 종사하기도 했고, 노동조합운동을 하기도 했다. 하지만 사회주의자들과 함께 일하면서, 대 신부는 그들이 하나님을 믿지 않으며, 목적으로 수단을 정당화하려는 경향이 있다는 것을 발견했다.

그 후에 다른 대안을 찾아헤매고 있던 대천덕 신부에게 헨리 조지를 소개한 것은 그의 아내 현재인 Jane Torrey 사모였다. 대 신부는 헨리 조지의 《진보와 빈곤》을 읽으면서 그 뛰어난 경제학 저서가 성경의 정신에 기초해 쓰였다는 사실을 발견했다. 이 책을 통해 대천덕 신부는 경제문제의 해결책을 성경 가운데서 찾는 것이 가능하다는 사실을 깨닫게 되었다.

그 후 대천덕 신부는 영국의 조지스트 잡지인 〈토지와 자유〉 *Land and Liberty*로부터 성경적 토지법에 관한 원고를 청탁받고는, 본격적으로 성경을 연구하기 시작했다. 신학교 시절 어느 교수도 그에게 성경적 토지법의 중요성을 말해주지 않았다. 본격적인 성경연구를 통해 대 신부는 성경 속에는 하나님이 명령한 토지법이 분명하게 기록되어 있으며, 그 법이 700년 내지 800년간 이스라엘 사회에 실제로 시행되었다는 사실을 발견했다. 헨리 조지의 이론은 이 성경적 토지법에 정확하게 부합하는 것이었다.

성경의 토지법과 헨리 조지의 이론이야말로 경제문제를 성경적 방법으로 해결할 수 있는 궁극적인 해결책이라고 확신하게 된 대 신부는, 별세할 때까지 30년 이상 줄기차게 이 법과 이론에 관해 이야기해왔다.

흔히 '희년법'이라고 일컬어지는 성경적 토지법은 "땅을 아주 팔지는 못한다. 땅은 나의 것이다. 너희는 다만 나그네이며, 나에게 와서 사는 임시 거주자일 뿐이다"(레위기 25장 23절)라고 해서 하나님의 토지소유와 토지매매 금지를 천명하고 있다. 그 외에도 레위기 25장에는 기업 基業이라는 말이 여러 구절에서 등장하고 있고, 또 희년규정과 토지무르기 규정이 들어 있다.

유업, 산업, 업, 분깃 등으로도 번역된 기업이란 낱말은 제비뽑기를 통해 이스라엘 각 지파별로, 가족별로 분배되었던 땅을 가리키는 말이다. 대 신부는 이 단어가 자기 백성에게 토지사용권을 공평하게 분배하시려는 하나님의 뜻을 표현한다고 보았다. 앞서 인용한 레위기 25장 23절은 이 기업을 영원히 팔 수 없음을 선포한 것이다. 레위기 25장 14~17절에는 기업을 판다는 말이 나오지만, 그것은 영영히 파는 것이 아니라 한시적 매매, 즉 임대였다고 한다.

토지무르기 규정은 한시적으로 토지사용권을 팔았을지라도, 가까운 친척 중 누군가가 나서서 무르든지 판 사람이 무를 힘이 생기든지 하면 언제라도 그 토지를 되돌려받을 수 있다는 것을 의미한다. 토지무르기가 불가능한 경우에도, 50년마다 도래하는 희년이 되면 판 사람은 자신의 기업으로 돌아가도록 되어 있었다. 토지무르기 규정과 희년규정은 모두 이스라엘 백성들에게 토지의 평등한 사용권을 보장하려는 하나님의 배려였다. 대천덕 신부는 모든 사람에게 토지의 평등한 사용권을 보장할 수 있는 제도를 마련하고 유지하는 것이 공의의 기초라고 주장하였다.

대천덕 신부는 성경적 토지법이 북이스라엘에서는 약 700년, 남유다에서는 약 800년 동안 실제로 시행되었다는 것을 레위기 외의 다른 성경에 대한 면밀한 검토를 통해 입증했다. 이스라엘 사회에서 성경적 토지법이 결정적으로 후퇴하게 된 것은 아합과 이세벨 때문이었다. 당시 이세벨의 고향, 페니키아에서는 바알숭배와 함께, 토지를 마음대로 사고팔도록 허용하는 바알주의 토지제도, 즉 지주제가 지배적이었다. 이세벨은 자기 고향의 바알신앙과 바알제도를 하나님 백성들 가운데 도입하는 엄청난 죄악을 저질렀다. 나봇의 포도원 사건은 페니키아의 바알제도와 성경적 토지제도 간의 갈등이 극명하게 드러난 사건이었다.

대천덕 신부는 예수도 구약의 토지법을 그대로 승인했다고 보았다. 누가복음 4장 19절에 나오는 "주의 은혜의 해"가 바로 희년을 의미한다는 것이다. 달라진 점이 있다면 구약의 희년정신에 새로운 요소가 추가되었다는 점이다. 대 신부는 '기꺼이 받으실 만한'acceptable 혹은 '자발적인'voluntary이라는 의미가 새롭게 추가되었다고 보았다. 신약시대에 성령을 받은 그리스도인들은 제도적으로 희년을 실행할 수 없는 상황에서도 자발적으로(그래서 하나님이 기꺼이 받을 만한) 희년을 실행할 수 있다는 것이다. 초대교회에서 신자들이 밭과 집을 팔아 사람들의 가난을 해결한 것은 바로 자발적 희년의 실행이었다.

그는 예수도 "먼저 하나님의 나라와 그의 공의를 구하라"(마태복음 6장 33절), "율법을 폐하러 온 것이 아니라 완성하러 왔다"(마태복음 5장 17절), "온유한(즉 땅 없는) 자는 복이 있나니 땅을 기업으로 받을 것이다"(마태복음 5장 5절)라는 말씀을 통해 성경적 토지법의 실현을 독려했다고 해석했다. 즉 구약의 토지법은 예수에 의해 그대로 승인되었으며, 자발적 희년이라는 새로운 방식에 의해 완성되었다는 것이다.

대천덕 신부는 헨리 조지의 토지가치세가 성경적 토지법을 제도적으로 실행할 수 있는 현대적 방법이라고 보았다. 헨리 조지는《진보와 빈곤》에서 토지를 마음대로 사고파는 것을 허용하는 토지사유제가 도덕적으로 불의할 뿐 아니라, 경제적으로 많은 문제를 야기한다는 사실을 명쾌하게 논증했다. 그에 따르면 진보 속의 빈곤, 토지투기, 주기적 불황과 실업은 근본적으로 토지사유제 때문에 발생한다. 헨리 조지는 고대 이스라엘 사회와는 달리 매우 복잡하고 변화가 심한 현대사회에서는 토지 그 자체를 사람들에게 평등하게 분배하는 것은 비현실적이라고 보았다. 대신에 그는 토지에서 발생하는 지대를 공적으로 징수해서 모든 사람들에게 공평하게 분배하는 토지가치세를 해결책으로 제시했다. 대천덕 신부는 헨리 조지의 토지가치세야말로 성경의 토지법 정신을 실현할 수 있는 탁월한 대안이라고 믿었다.

수제자인 안애단 신부가 대천덕 신부의 말년에 "만일 누가 신부님께 마지막으로 하시고 싶은 말씀이 무엇이냐고 묻는다면 뭐라고 대답하시겠습니까?"라고 물었다고 한다. 그때 대천덕 신부는 "땅은 하나님의 것이다"라고 대답했다고 한다. 레위기 25장 23절로 대답한 것이다. 안애단 신부가 이어서 "그러면 그것을 위해서 우리가 구체적으로 해야 할 것이 무엇이라고 생각하십니까?"라고 묻자 그는 한참 생각하다가 "지붕 위에 올라가 외치십시오"라고 답했다고 한다. 대천덕 신부는 성경의 토지법과 헨리 조지 사상을 외치는 것이 자기 사역의 핵심이라고 고백하면서 후배들에게 그것을 열심히 외치라는 유훈을 남긴 것이다.

성령세례를 중시하고 복음주의적 전통에 서 있던 대천덕 신부가 어째서 이런 문제에 그토록 집착했을까? 그 이유는 그의 다음과 같은 말에 잘 나타난다. "물질적인 것과 영적인 것은 분리될 수 없습니다. 물질적 문제는 기도와 영적 전쟁이 없이는 해결될 수 없으며, 영적인 문제는 현실의 삶, 즉 실제적인 문제를 직면하지 않고는 해결될 수가 없습니다."[2]

대천덕 신부가 별세한 지 벌써 8년이 지났지만(2002년에 별세) 한국에는 아직도 그를 생생하게 기억하고 존경하는 목회자들과 그리스도인들이 많다. 그러나 아이러니하게도 그가 그토록 중시했던 성경의 토지법에 관심을 갖는 그리스도인들은 너무나 적다. 이런 이상한 현실을 보면서 나는 누군가 예수에 대해 이렇게 말한 것을 떠올렸다. "좋아하는 사람은 많지만 따르는 사람은 극히 적은 사람, 예수." 대천덕 신부에 대해서도 마찬가지로 말할 수 있을 것 같다. "좋아하는 사람은 많지만 따르는 사람은 극히 적은 사람, 대천덕."

한국 경제의 운명, 부동산 문제 해결에 달렸다

먹고사는 문제는 영성의 문제

〈사목정보〉에서 원고청탁을 받았을 때, '오늘의 부동산·경제'라는 말 앞에 '부활의 눈으로 바라본'이라는 수식어를 붙인 의도가 무엇인지 궁금했다(이 글의 원 제목은 '부활의 눈으로 바라본 오늘의 부동산·경제'였다). 그래서 기획의도를 물었더니 부활절을 앞두고 한국 사회의 주요 문제를 생각해보려는 것이라고 했다. 부활의 눈으로 현재의 경제문제를 바라본다는 것은 매우 성경적이기는 하지만, 특이한 일인 것 같다.

그것이 성경적인 이유는 예수가 바로 이 땅에 몸을 가진 형태로 부활했고, 사도들이 성경에서 부활을 미래의 사건이 아니라 현재적 의미의 사건으로 해석하며 우리가 오늘 이 땅에서 부활에 기초한 영성을 형성하도록 권면하고 있기 때문이다. 한편 부활의 눈으로 현재의 경제문제를 바라보는 것이 특이하게 느껴지는 이유는 많은 교회와 그리스도인들이 부활을 오늘 이 땅과 관련 있는 사건이 아니라 미래에 임할 하나님 나라와 관련이 있는 사건으로만 이해하기 때문이다.

세계적인 영성 신학자 유진 피터슨Eugene Peterson은 부활을 오늘 이 땅으로 끌어오기 위해 무던히 애쓰는 사람이다. 그는 마지막 때에 천국에 들어가는 것만이 중요한 것은 아니라고 말한다. 그때까지 이 땅에서의 일상적 삶을 어떻게 살아갈 것인가가 더 중요하다는 것이 피터슨의 생각이다.

유진 피터슨의 관점을 받아들이면, 오늘날의 경제문제는 단순히 하나의 세속적인 문제로 볼 것이 아니라 영성 형성의 문제로 봐야 한다는 것을 깨닫게 된다. 이 땅에서 매일매일 살아갈 때 가장 먼저 해결해야 할 문제가 무엇인가? 바로 먹고사는 문제, 즉 경제문제 아닌가? 먹고사는 문제를 어떻게 이해하고 어떤 방식으로 해결하는가는 영성 형성의 핵심이다. 그 일에서 성공하기 위해서는 부활의 눈으로 경제문제를 바라보고 또 대처해야 한다. 오늘날 우리나라에는 교회도 많고 그리스도인들도 많지만 부활의 눈으로 경제문제에 대처하는 사람은 드문 것 같다. 교회가 힘을 잃고 세속화되는 것도 어찌 보면 당연한 일이다.

부동산이 한국 경제의 발목을 잡고 있다

원래 경제문제란 사회 구성원들이 원하는 물건들을 잘 만들어서 잘 소비할 수 있게 해주고 사회 구성원들간에 소득이나 자산의 격차가 심하게 생기지 않도록 하면 해결되는 문제다. 만일 어떤 경제에서 기업은 적극적인 투자를 통해 열심히 생산활동을 하고, 가계는 땀 흘려 돈을 벌어서 기업이 만든 물건을 소비하고 남는 돈은 저축하고, 금융기관은 가계가 예금하는 돈을 투자 수익성이 높은 기업에 대출하고, 정부는 독점과 특권과 반칙을 금지하는 법과 제도를 만들어 시행하면서 사회적 약자들을 위한 안전망을 마련한다면, 그런 사회의 구성원들은 경제문제로 별 어려움을 겪지 않고 잘 먹고 잘 살게 될 것이다. 반대로 기업이 투자에 소홀하고, 가계가 땀 흘려 돈 버는 일에 관심이 없고, 금융기관이 자금 차입자의 사업 수익성이 아니라 담보의 안정성에만 신경을 쓰고, 정부가 독점과 특권을 옹호하고 사회적 약자를 곤란하게 만드는 정책을 남발한다면, 그 사회의 구성원들 중 다수의 사람들은 먹고사는 문제로 고통을 겪을 수밖에 없을 것이고 그 경제 자체도 결국 쇠퇴하고 말 것이다.

해방 이후 우리나라 기업들은 정말 적극적으로 투자하고 시장을 개척했다. 농민, 노동자, 자영업자들은 땀 흘려 일해서 돈을 벌었고 그 돈으로 자식들을 공부시키고 열심히 저축했다. 우리나라 금융기관의 자금은 우리 경제를 이끄는 선도산업 쪽에 집중 투입되었다. 정부가 독점과 특권을 옹호하는 정책을 펴기는 했으나, 다른 한편에서는 농지개혁과 같은 획기적인 개혁정책을 수행하고 적극적인 산업정책으로 기업들을 지원했다. 세계 역사상 유례를 찾아보기 어려운 우리나라의 고도성장은 이런 요소들이 합해져서 이뤄진 것이다.

하지만 어느 틈엔가 우리나라 경제에서 이런 활력이 사라지고 말았다. 언제부턴가 기업도, 가계도, 금융기관도, 정부도 위에서 말한 두 가지 모습 중 후자와 비슷해졌다. 대기업과 중소기업, 수도권과 지방, 수출산업과 내수산업, 자산 소유자와 비소유자 간의 양극화는 점점 더 뚜렷해지고 있다. 많은 제3세계 국가들에게서 성장모델로 추앙받는 한국 경제에 왜 이런 일이 일어나고 있는 것일까?

부동산 문제가 주범이다. 한국 사회가 단기간에 급격한 성장을 달성하면서 도시화도 급격하게 진행되었다. 서울을 비롯한 대도시들에 인구가 빠른 속도로 집중되자 그 지역의 부동산 가격이 급상승했다. 다른 물건 같으면 가격이 올라가면 공급이 늘어나서 가격상승 문제가 해결되지만, 토지와 부동산의 경우에는 그렇게 되지 않는다. 토지는 사람이 공급을 늘릴 수가 없고, 토지 위의 건물은 공급을 늘리는 데 시간이 많이 걸리기 때문이다. 이런 물건의 경우에는 가격이 올라갈 때 공급이 늘어나서 가격상승 문제를 해결하는 자동 조절 메커니즘은 작동하지 않고, 오히려 가격상승으로 인한 이득을 노리는 사람들이 몰려들어서 가격을 더욱더 빠른 속도로 상승시키는 일이 발생하기 십상이다. 투기가 일어나는 것이다.

우리나라에서는 1960년대 말 전국 땅값 상승률이 30퍼센트를 초과할 정도로 엄청난 지가 폭등이 일어난 이후 10년 주기로 부동산 투기의 광풍이 불었다(단 1980년대 말 투기가 발발한 후 다음 번 투기가 일어나기까지는 약 14년이 걸렸다). 수십 년간 부동산 가격이 떨어지는 일 없이 지속적으로 상승하는 것과 중간중간 폭등하기까지 하는 것을 지켜보는 가운데, 우리나라 사람들의 마음에는 '돈 버는 데는 부동산 투기가 최고'라는 생각이 뿌리를 내리기 시작했다. 토지신화 혹은 부동산 불패신화가 형성된 것이다. 그러자 생산적 투자를 통해 이윤을 추구해야 할 기업들은 투자자금으로 토지와 부동산을 사들였고, 땀 흘려 번 돈을 알뜰하게 저축해서 자기 집을 장만하고 노후를 준비하는 것을 당연시해왔던 일반 가계들도 부동산 불로소득을 노리는 재테크 대열에 합류했다. 현재 부동산은 우리나라 전체 가계자산의 80퍼센트를 차지하고 있다. 다른 선진국의 경우 이 비율이 최대 50퍼센트를 넘지 않는다는 것을 감안하면 그동안 우리나라 사람들이 얼마나 부동산 확보에 열을 올렸는지 쉽게 짐작할 수 있다.

사실 한국은 부동산 문제에 관한 한 초기 출발상태가 매우 건전했다.

해방 후 일제 강점기에 형성된 대토지소유를 철폐하는 농지개혁을 성공적으로 수행하여 토지 소유의 평등성을 실현했기 때문이다. 제2차 세계대전 후 우리나라처럼 지주의 토지를 유상몰수해서 소작농에게 유상분배하는 방식의 농지개혁을 성공시킨 나라는 전 세계에서 몇 나라 되지 않는다. 농지개혁의 성공은 한국 고도성장의 밑거름이 되었다. 경제발전의 장애물이 될 수 있었던 지주계층이 일거에 소멸했으며, 조그만 땅뙈기를 가진 수많은 자영농민들이 등장하여 자발적 근로의욕과 창의력, 말릴 수 없는 교육열을 과시하며 경제성장의 기초를 닦았다. 실제로 농지개혁을 전후하여 농업생산은 급증했으며 1945~1960년 사이에 대학교 수와 대학생 수도 크게 증가한 것으로 나타난다.

전 세계 26개국을 대상으로 1960~2000년 사이 연평균 경제 성장률과 초기(1960년 당시) 토지분배 상태의 상관관계를 분석한 세계은행 데이닌저Deininger 박사에 따르면, 초기 토지분배가 공평했던 나라일수록 경제 성장률이 높고, 불공평했던 나라일수록 경제 성장률이 낮다고 한다.³ 한국은 대만, 중국, 일본, 태국 등과 함께 초기 토지분배가 가장 공평했던 경우에 해당한다.

하지만 우리나라는 농지개혁에 의해 실현된 높은 토지소유 평등성을 지켜내지 못했다. 토지사유제의 틀을 유지하는 가운데 토지가치를 공적으로 환수하는 제도적 장치를 제대로 마련하지 못해서 토지가 다시 소수의 수중에 집중되는 현상이 나타난 것이다. 해방 직후 전체 농가의 10퍼센트에 해당하는 지주들이 총경지 면적의 53퍼센트를 소유하고 있었던 반면, 2005년 말에는 토지 소유자 중 상위 1퍼센트가 전체 민유지의 57퍼센트를 소유하고 있는 것으로 나타난다. 이것은 농지개혁에 의해 한시적으로 실현되었던 높은 토지소유 평등성이 사실상 소멸했음을 의미한다. 토지소유가 소수에게 집중된 상황에서는 부동산 가격이 폭등하면 가격상승의 이익, 즉 부동산 불로소득도 소수의 사람들에게 집중된다. 부동산으로 인한 소득 양극화가 심화되는 것이다. 우리나라 가계자산의 불평등도에 관해 분석한 한 연구에 의하면, 1999~2006년 사이에 우리나라 가계자산의 불평등도는 현저하게 높아졌는데, 그것은 주로 부동산 자산 때문인 것으로 분석되었다.[4] 부동산이 자산 양극화의 주범임을 입증하는 분석 결과다.

희년이 부동산 문제의 해답

많은 그리스도인들이 성경을 읽지만, 그 가운데 부동산 문제와 경제문제에 대한 해답이 들어 있다는 것을 발견하는 사람은 소수다. 예수가 희년을 선포하러 왔다는 것을 알고 있는 사람도 그리 많지 않다. 레위기 25장은 이스라엘 백성들에게 희년을 선포할 것을 명령하고 있고, 이사야서 61장과 누가복음 4장은 예수가 희년 선포자로 왔음을 분명하게 밝히고 있다. 희년을 자기 마음대로 해석해서 '50주년 기념'이라는 의미만을 취하는 사람들이 있지만, 그것은 결코 희년의 본질이 아니다. 희년의 본질은 전국 모든 사람이 실질적인 자유와 해방을 누릴 수 있도록 보장하는 데 있다. 토지에 대한 권리와 인신의 자유가 없이는 실질적인 자유와 해방을 누릴 수 없다. 그래서 레위기 25장에서는 희년이 되면 모든 사람이 자기 가족에게로, 원래 자기 토지로 돌아가야 한다고 선언하는 것이다.

19세기 말 《진보와 빈곤》이라는 불후의 명저로 전 세계에 엄청난 영향을 끼쳤던 미국의 경제학자 헨리 조지는 희년법의 핵심이 평등지권平等地權임을 간파했다. 그는 토지사유제가 뿌리를 내려서 다수의 사회

구성원들이 토지에 대해 평등한 권리를 누리지 못하는 곳에서는 진보 속의 빈곤과 주기적 실업이 불가피하다는 것을 명쾌하게 논증했다. 희년법, 즉 평등지권의 정신을 제도 가운데 구현하지 않고서는 이런 경제 문제를 해결할 수 없다는 것이 헨리 조지의 생각이었다. 그가 제시한 현대판 희년법은 토지가치세 혹은 토지단일세라는 이름으로 불리는데, 토지세를 높이고 다른 세금을 낮추는 것이 핵심 내용이다.

예수의 부활을 지금 이 한국에서 살아내려면 한국 경제를 괴롭히는 고질병인 부동산 문제를 외면해서는 안 된다. 그 고질병을 치료할 수 있는 방법이 성경 안에 들어 있다는 사실을 기억하고 그 내용을 주변 사람들에게 적극적으로 알리는 일도 매우 중요하다. 그래서 토지권土地權이 없어서 고통받는 사람이 한 명이라도 줄어들 수 있도록 최선을 다해야 한다. 정책수립과정이나 입법과정에 영향을 미칠 수 있는 위치에 있는 사람들은 우리나라의 토지법과 세법, 그리고 부동산 정책을 평등지권 정신에 부합하도록 고치는 일에 매진해야 한다. 그것이야말로 부활한 예수를 따라 지금 바로 이 땅에서 희년을 선포하는 방법이다. 이 땅의 제도와 법률이 희년정신에 가까워지면 가까워질수록, 사람들은 불로소득보다는 땀 흘려 버는 노력소득에 관심을 갖게 될 것이고 경제는 다시 활력을 되찾게 될 것이다. 부동산 소유자들은 빈둥거리며 살아도 점점 부유해지고 토지 없는 사람들은 아무리 열심히 땀 흘려도 가난에서 벗어날 수 없는 기막힌 현실은 자취를 감추고, 땀 흘리는 사람이 부자가 되는 정의로운 질서가 자리를 잡게 될 것이다. 희년의 실현은 부동산 문제에 대한 해답이자, 이 땅에서 부활을 살아내는 최선의 방법임을 기억하자.(〈사목정보〉, 2010년 4월호)

헨리 조지에 대한 허수아비치기

곽태원 교수는 최근 전경련 산하 한국경제연구원을 통해 헨리 조지 사상을 비판하는 연구 보고서를 출간했다.5 헨리 조지의 경제사상과 정책대안에 대한 본격적인 비판서라고 할 수 있겠는데, 적지 않은 오해와 왜곡, 잘못된 비판 등의 문제점을 내포하고 있어서 정책대안에 초점을 맞추어 적절한 교정과 반론이 필요하다고 생각된다.

곽태원 교수는 헨리 조지와 조지스트들이 토지의 무상몰수를 통해 토지공유제를 실현하고자 한다고 주장한다. 곽 교수에 따르면, 이러한 헨리 조지의 정책대안은 "혁명적인 발상"이며, "폭력혁명과 다를 바 없"으며, 체제붕괴를 시도하는 "매우 심각한 죄악이요 범죄행위"이다(p. 54). 그는 헨리 조지가 토지공유화의 방법으로서 토지를 매수하여 공유화하는 방법, 무상몰수하는 방법, 토지와 그 개량물까지 몰수할 뿐 아니라 과거 토지를 소유하면서 향유했던 수익까지 모두 환수하는 방법 등 세 가지를 제시했으며, 세 번째 방법이 너무 과격하고 개혁을 하는 데 불필요하게 큰 저항을 가져올 수 있기 때문에 두 번째 방법이 타당하다고 생각했다고 말한다.

　헨리 조지의 정책대안에 대한 곽태원 교수의 이런 비판은 '허수아비 치기'의 전형이다. 헨리 조지는 토지를 무상몰수하자는 주장을 한 적도 없고, 토지공유화의 방법으로서 세 가지를 제시하면서 그중 무상몰수가 가장 나은 방법이라고 말한 적도 없다. 《진보와 빈곤》에 이런 말은 나오지 않으며 그렇게 해석될 수 있는 구절도 없다. 극단적인 사실 왜곡이라고 표현할 수밖에 없다. 사실 헨리 조지의 정책대안을 토지공유제라고 표현한 것에서부터 불순한 의도가 배여 있다고 느껴진다. 토지공유제라고 하면 응당 사회주의적 토지국유제를 떠올리지 않겠는가? 실제로 곽태원 교수는 "혁명적인 발상", "폭력혁명", 체제붕괴를 시도하는 "매우 심각한 죄악이요 범죄행위" 운운하면서 이런 식의 연상작용을 부추기고 있다.

　헨리 조지는 이념적으로 자유주의 계열의 학자이다. 혹자는 그를 최후의 고전학파 경제학자라고 부르기도 한다. 현대 조지스트들 중에는 '지오-리버태리어니즘'(Geo-libertarianism, 헨리 조지를 따르면서 토지를 중시하는 자유지상주의)을 표방하는 사람들이 있다. 헨리 조지는 사회주의에 대해 명백히 반대했으며 마르크스를 경멸했고, 실제로 정치활동을 하는 가운데 사회주의 계열 인사들과 정면으로 대립하기도 했다. 현대 조지스트 중에는 헨리 조지의 사상과 오스트리아 학파 간에 친화성이 있음을 보고 양자를 결합시키려는 시도를 하는 사람도 있다. 헨리 조지 자신은 시장메커니즘에 대해 깊은 신뢰를 갖고 있었으며, 토지가치세를 주장한 것도 실은 시장을 독점이 사라진 진정한 자유시장으로 만들기 위한 것이었다.

　굳이 '공유제'라는 말을 넣어서 표현하자면 헨리 조지의 정책대안은 토지공유제가 아니라 토지가치 공유제라고 해야 한다. 토지와 관련한 모든 의사결정을 국가가 내리는 토지공유제와, 토지에서 발생하는 수익을 공적으로 환수하는 대신 다른 의사결정은 모두 민간의 자율로 맡기는 토지가치 공유제 간에는 엄청난 차이가 존재한다. 싱가포르, 홍콩, 핀란드, 스웨덴, 이스라엘, 1950년대 말의 덴마크, 미국의 펜실베이니아 주와 알래스카 주, 대만 등은 토지가치 공유제의 정신에 입각한 토지제도를 도입한 나라들로서 자본주의 시장경제를 모범적으로 발전시켰다.

곽태원 교수는 헨리 조지식 정책대안을 시행하면, 토지시장이 사라지고 토지는 모두 국가의 수중으로 들어가게 될 것이라고 주장한다. 그는 조지스트들이 바로 그런 상황을 원하고 있다고 넘겨짚는다(p. 135). 토지시장이 사라지는 이유는, 헨리 조지식으로 지대의 100퍼센트를 조세로 징수하면 지가가 제로(0)가 되므로 토지 매매시장이 소멸할 것이며, 나아가 토지임대업을 영위할 유인을 느끼는 민간인이 없을 것이므로 토지 임대시장도 소멸할 것이기 때문이다. 그렇게 되면 "토지의 관리와 활용이 정부의 책임으로 넘어가게 되는 것인데 경매에 의한 임대 등 시장원리를 정부가 사용한다고 해도…엄청난 관리비와 비효율 그리고 부정 등이 수반될 개연성이 매우 크다"(p. 135). 여기서도 곽 교수가 헨리 조지의 대안을 토지의 국가통제로 연결시키려고 애쓰는 모습을 발견할 수 있다.

그러나 헨리 조지는 지대의 100퍼센트를 조세로 징수하자고 주장하지 않는다. 보고서의 다른 곳에서 곽 교수 자신이 인정하듯이(p. 137), 헨리 조지는 지대의 일부를 토지 소유자에게 남겨두어서 민간 토지시장이 기능하도록 하자고 주장했다. 헨리 조지식으로 하면 토지의 매매시장은 지금보다는 크게 위축되겠지만, 임대시장이 활성화되어 토지자원의 배분을 주로 담당하게 될 것이고 임대료가 토지자원의 효율적 배분을 담보하는 가격기능을 수행하게 될 것이다.

곽태원 교수는 헨리 조지가 토지의 독점을 반대했는데, 정작 헨리 조지식 대안이 시행되면 지가가 하락해서 토지의 독점이 오히려 촉진될 수 있다는 점을 들어서 헨리 조지식 정책대안을 비판한다(pp. 137~138). 곽 교수는 토지의 독점을 토지소유의 집중이라고 이해한다. 그러나 헨리 조지가 말하는 독점은 소유의 집중과는 상관이 없다. 그가 말하는 독점은 진입장벽의 개념에 가깝다. 독점을 그렇게 이해하는 것은 고전학과 경제학자들의 관행이다. 헨리 조지식 이상사회에서는, 그럴리는 없겠지만 설사 소수가 토지를 아무리 많이 보유한다고 할지라도 상관이 없다. 왜냐하면 보유하는 만큼 토지가치에 상응하는 대가를 지불해야 하기 때문이다. 그러므로 토지가치세가 토지의 집중을 촉진할 수 있기 때문에 헨리 조지의 대안은 일관성을 상실한다는 곽 교수의 비판은 근거가 없다.

곽태원 교수는 토지의 이용과 관련해서도 헨리 조지에 대해 허수아비치기를 하고 있다.

> 토지는 그 이용의 특성 때문에 공유가 적절하지 않은 자원이다. 추상적으로는 공동의 유산이라는 말이 매우 어필하지만 실제로 토지는 자유재도 아니고 공공재도 아니기 때문에 원천적으로 모든 사람들이 공동으로 자유롭게 사용하는 것이 불가능하다. 자유재가 아니라는 것은 쓸 만한 토지의 공급은 유한하며 희소하다는 것이다. 토지가 공공재가 아니라는 것은 토지의 이용이 배타성을 가질 수밖에 없다는 것을 의미한다. 따라서 동시에 모든 사람들이 이용할 수 없기 때문에

토지의 이용권을 배분하는 어떤 질서가 필요한데 사유재산제도에 근거한 시장메커니즘은 매우 효율적이고 합리적인 배분의 시스템을 제공하는 것이다.…토지배분의 기본적인 질서가 공유라는 이념에 근거하고 있다면 역설적으로 엄청난 혼란과 무질서가 따를 수밖에 없다 (p. 177).

여기서 곽 교수는 마치 헨리 조지가 토지의 배타적 이용을 반대한 것처럼 말하고 있는데, 이는 사실과 전혀 다르다. 헨리 조지의 관심은 시장메커니즘을 폐지하고 토지의 배타적 이용을 막는 데 있었던 것이 아니라, 토지를 배타적·독점적으로 보유하고 이용하는 사람들이 그에 상응하는 대가를 내도록 하는 데 있었다.

곽 교수는 "토지사유를 인정하고 있는 자유주의 시장경제체제 국가들이 그렇지 않은 국가들에 비해 월등한 경제성장과 이를 통한 빈부격차 완화, 절대빈곤 감소 등을 이룩했다"며 역사적 경험을 헨리 조지 비판의 근거로 들었다. 곽 교수는 여기서 자본주의 시장경제와 사회주의 계획경제를 대비시키고 있는 듯한데, 이는 잘못된 대비이다. 토지사유제와 토지가치 공유제를 비교하려면, 중남미 국가와 유럽을 비교해야 한다. 중남미의 대부분 국가들이 토지사유제로 말미암은 문제를 극복하지 못해 경제성장의 발목이 잡힌 반면, 유럽 등 선진국은 나름대로 토지문제를 해결함으로써 경제발전으로 나아갈 수 있었다.

이상에서 살펴본 바와 같이 곽태원 교수의 견해는 전반적으로 허수아비치기로 일관하고 있기 때문에, 조지스트들에게 건설적인 자극을 주지는 못할 것 같다. 곽 교수의 견해에서 약간의 점수라도 줄 수 있는 부분은 참여정부의 부동산 세제개혁을 평가하면서 토지와 건물을 구별하지 않은 것을 비판한 것이라든지, 왜 조지스트들은 토지가치세의 원리를 일국 차원이 아니라 전 세계에 적용하지 않는가라고 지적한 것 정도가 아닐까 생각한다(pp. 169, 176~177). 하지만 유감스럽게도 그런 내용은 국내외의 조지스트들이 이미 오래전부터 주장해온 내용이라는 점에서 참신성은 전혀 없다.[6](〈현대경영〉, 2006년 4월호)

보유세 강화가 효과 없다고?

2005년 8월 31일 발표된 부동산 종합대책의 내용 가운데 보유세 강화, 1세대 2주택 양도소득세 중과, 개발이익 환수제도 강화 등 제법 강력한 부동산 불로소득의 환수대책이 포함될 것이라는 사실이 알려지면서, 보수언론들이 융단폭격을 가하기 시작했다.

재미있는 것은 평소 참여정부의 부동산 정책을 '강남 때리기'라고 매도하면서 부동산 부자들의 이해를 열심히 대변해왔던 보수언론들이, 이번에는 동일한 성격의 정책을 두고 서민들의 세부담 증가, 임대료 상승 가능성 등을 이유로 정부정책이 '서민 때리기'라고 비판했다는 점이다.

이 주장들이 얼마나 터무니없는지는 〈프레시안〉 이승선 기자와 〈오마이뉴스〉 박수원 기자의 기사, 〈오마이뉴스〉에 실린 토지정의시민연대 이태경 정책위원의 글, 〈국정브리핑〉에 실린 김수현 비서관의 글 등을 통해 여지없이 밝혀졌다.

사실관계조차 왜곡하는 보수언론들의 잘못된 보도태도를 비판하는 데 필자의 글을 보탤 필요는 없어 보인다. 다만 이들에게 뒤에서 논리를 제공하는 학자들의 견해를 분석·비판하는 일은 아직 필자와 같은 경제학자의 몫으로 남아 있는 것 같다.

그동안 한국의 자칭 '시장주의자'들은 보수언론들에게 참여정부 부동산 정책 비판논리를 충실하게 제공해왔다. 2005년 8월 19일 〈중앙일보〉에 실린 김경환 교수의 글은 그 같은 논리의 완성판으로 보인다. 그의 견해를 한마디로 요약하면 '보유세 강화 무용론'이 될 것 같다. 많은 언론들이 김 교수의 '보유세 강화 무용론'을 부동산 종합대책을 공격하는 주요논거로 활용하였기에, 필자는 관심을 가지고 그의 견해를 검토해보았다.

김경환 교수의 문제의식은 그가 쓴 〈중앙일보〉 칼럼의 제목에 잘 드러나 있었다. 그 칼럼의 제목은 "보유세 올리면 집값 내릴까"이다. 이 제목이 함축하는 바는 '보유세를 올려봤자 집값은 안 내린다. 그러니까 국민 세부담을 증가시키는 보유세 강화정책 따위는 쓰지 말라'는 것이었다.

실제로 김 교수는 보유세 강화가 집값을 내리는 효과는 단기에 그친다("한 번에 그친다"는 표현도 썼다.)는 점을 강조했다. 그리고 그것은 신규 주택 공급의 채산성을 떨어뜨리고 주택공급을 위축시켜서 장기적으로는 임대료를 끌어올릴 것이라고 주장했다. 또한 미국의 경우 재산세 실효세율과 주택가격 상승률 간에는 특별한 관련이 없거나 심지어 양(+)의 상관관계를 갖는다는 '놀라운' 사실을 '대담하게' 밝혔다. 재산세 실효세율이 높은 도시가 주택가격 상승률이 더 높은 경우가 많다는 것이었다.

보유세 강화한다고 임대료 상승 안 돼

김 교수는 한 가지 잘못된 전제를 설정하고 있는 것으로 보였다. 그는 정부가 집값을 반복적으로 그리고 장기적으로 떨어뜨리는 것을 목표로 부동산 정책을 세우고 있다고 생각하는 듯한데, 이는 전혀 잘못된 전제 설정이다. 정부가 집값을 반복적으로 그리고 장기적으로 떨어뜨리는 것은 옳지 못한 일일 뿐만 아니라, 필자가 알기에 참여정부는 그것을 부동산 정책의 목표로 내세운 적이 없었다.

정부가 잡으려고 하는 것은 투기로 인해 단기적으로 집값이 폭등하는 현상이다. 투기가 사라진 다음 경제적 여건의 변화에 의해 집값이 정상적으로 상승(투기적 폭등이 아니다!)하는 것은 전혀 문제가 되지 않는다. 묘하게도 김 교수는 보유세 강화가 집값을 단기적으로 안정시키는 효과가 있다고 말함으로써, 투기대책으로서의 보유세 강화정책의 정당성을 자인하였다.

모든 경제정책은 1차 효과와 2차 효과를 수반한다. 김경환 교수의 논리를 사용해서 1차 효과와 2차 효과를 설명해보자. 보유세를 강화하면 집값이 떨어진다는 것은 1차 효과에 해당한다. 집값이 떨어지면 신규주택 공급의 채산성이 떨어져서 주택공급이 감소하고 그로 인해 임대료가 상승하는 것은 2차 효과에 해당한다.

경제학자들은 경제정책에 1차 효과와 2차 효과가 있지만, 항상 1차 효과가 2차 효과를 압도한다는 것을 잘 알고 있다. 그러나 김 교수는 2차 효과를 집중적으로 부각시켜서 1차 효과를 평가절하하고 정책 자체의 무용성을 도출하는 논법을 사용하였다.

더욱이 보유세를 강화하면 장기적으로 주택재고가 감소해 임대료가 상승할 것이라고 보는 김 교수의 주장에는 중대한 오류가 포함돼 있다.

부동산 보유세가 건물보유세로만 되어 있다면 그의 주장이 옳다. 하지만 부동산 보유세에는 토지보유세도 포함되어 있다. 건물보유세는 임대료에 전가되지만 토지보유세는 전가되지 않는다는 것은 경제학에서는 익히 잘 알려진 사실이다.

그리고 그의 말대로 건물보유세 강화는 건물가격을 하락시켜 신규주택 공급의 채산성을 떨어뜨릴지 모르지만, 토지보유세 강화는 토지가격을 하락시키기 때문에 거꾸로 신규주택 공급의 채산성을 높이는 효과를 낳는다. 또한 토지보유세를 강화하면 토지이용의 효율성이 높아지고 장기적으로 주택공급은 늘어난다.

김 교수가 염려하는 주택임대료 상승은 장기가 아니라 오히려 단기에 문제가 될 소지가 있다. 왜냐하면 보유세를 강화하면 주택을 구입하려던 사람들이 전세 수요자로 바뀌어 임대주택에 대한 수요를 증가시킬 것이기 때문이다. 그러나 정부가 임대주택 공급을 지속적으로 확대한다면, 이 문제는 시간이 지나면서 자연스럽게 해소될 것이다.

김경환 교수는 〈중앙일보〉 글에서 미국의 주요 도시들의 재산세 실효세율과 주택가격 상승률의 상관관계를 보여주는 그래프를 소개하였다. 그 그래프의 제목은 "보유세가 높다고 주택가격 상승률이 낮지는 않아"로 되어 있고, 그래프 가운데에는 재산세 실효세율과 주택가격 상승률이 양(+)의 상관관계가 있음을 보여주는 추세선을 그려두었다.

이 그래프를 김 교수 방식으로 해석하는 것은 큰 잘못이다. 왜냐하면 주택가격의 변동은 보유세뿐만 아니라 다른 요인들에 큰 영향을 받을 수 있기 때문이다. 통계학에서는 이처럼 다른 변수들을 통제하지 않은 상태에서 두 변수의 관계를 도출하고 거기에 인과성을 부여하려는 시도에 대해 엄격하게 경계한다. 〈중앙일보〉에는 다른 변수를 통제했는지 여부를 밝히지 않았지만, 종합부동산세를 다룬 김 교수의 별도 논문[7]에서는 같은 그래프를 소개하면서 "다른 변수들을 통제하지 않았으므로 정확한 분석이 아니다"라고 직접 밝히고 있다.

아마도 김 교수는 보유세 강화를 주택가격 안정의 필요충분조건 내지 만병통치약으로 여기는 견해를 비판대상으로 삼고 있는 것 같다. 필자가 알기에 그런 견해를 가진 학자는 한 사람도 없으며, 참여정부 또한 그런 생각으로 보유세 강화를 추진하지는 않았다. 보유세 강화는 부동산 불로소득을 환수함으로써 부동산 투기의 발생 여지를 줄이는 효과를 갖고 있기 때문에 부동산 정책의 주요수단 중의 하나로 활용된다. 그것은 주택가격 안정의 필요조건일 뿐, 만병통치약 내지 필요충분조건은 아니다.

부동산 투기를 잡기 위해서는 보유세 강화를 근본정책으로 추진하면서 다른 정책수단들도 동원해야 한다. 다른 정책수단으로는 다주택자나 토지에 대한 양도소득세 중과라든지, 개발이익 환수제도의 재도입이라든지, 임대주택 공급의 확대라든지, 공영개발방식의 적용 등을 생각해볼 수 있다. 참여정부가 내세웠던 부동산 종합대책에는 보유세 강화와 함께 이런 정책들이 포함되었다.

'머리가 좋은 사람은 공부를 잘 한다'는 명제를 생각해보자. 어느 집 아이들이 모두 머리는 좋지만 학교 성적은 좋지 않은 경우는 얼마든지 있을 수 있다. 이런 경우를 발견한다고 해서 머리 좋은 것은 공부에 소용이 없다는 식의 결론을 도출해서야 되겠는가? 머리 좋은 아이가 성적이 나쁜 경우를 발견할 경우, 그런 결과를 초래한 다른 요인들을 찾아보는 것이 순서가 아닌가?

김 교수는 미국의 사례를 소개하면서 대단히 중대한 정보를 한 가지

제공하였다. 그는 위에서 말한 논문 가운데 미국의 주요 도시들의 재산세 실효세율을 보여주는 표를 제시했는데, 이 표에서 필자는 미국의 도시 중 재산세 실효세율이 무려 4퍼센트를 넘는 곳이 있다는 사실을 발견할 수 있었다. 그곳에 특수한 사정이 있는지 알 수 없지만, 우리도 보유세 실효세율의 목표를 1퍼센트보다 더 높여 잡아도 되는 것 아닌가 하는 생각이 들었다.

소득 대비 부동산 가치 높은 것이 문제
김경환 교수는 보유세 실효세율을 1퍼센트 수준으로 높일 때 부동산 가치 대비 소득비율이 낮은 우리나라의 경우 소득 대비 보유세 부담이 미국에 비해 훨씬 높아질 것이라는 점도 지적했다. 같은 현상을 보더라도 해석은 완전히 달라질 수 있는데, 이 경우가 그렇다.

우리나라의 부동산 가치 대비 소득비율이 낮은 것(즉 소득 대비 부동산 가치의 비율이 높은 것)을 보고, 대부분의 사람들은 우리나라 부동산 가치가 지나치게 부풀어 있으며 따라서 적절한 정책을 동원해서 부동산 가치를 낮추어야 한다고 생각한다. 또 소득에 비해 부동산 가치가 상대적으로 높은 만큼 보유세 강화의 효과가 클 것이라고 여긴다.

그러나 여기서 김 교수는 보유세 부담능력을 문제시하는 희한한 논리를 도출했다. 소득세가 아닌 보유세에 대해 부담능력 운운하는 것 자체가 적절하지 않다. 정 부담능력이 문제가 된다면 부동산을 팔고 옮기는 것이 합리적인 선택이다.

그리고 부동산의 가치는 고정된 것이 아니고 부동산 시장의 상황에 따라 변동한다는 사실을 고려하지 않은 점도 문제이다. 부동산 시장이 안정되었던 90년대에는 우리나라에서도 소득 대비 부동산 가치의 비율이 상당히 떨어졌다(즉 부동산 가치 대비 소득비율이 상당히 올라갔다.). 부동산 가치가 떨어지면 실효세율은 1퍼센트가 되더라도 세부담은 그렇게 올라가지 않는다.

　김경환 교수의 눈에는 강남과 분당 등지의 부동산 소유자들이 집 한 채만 가지고도 단기간에 수억 원의 시세차액을 얻는 현실은 보이지 않고, 몇 십만 원, 많은 경우 몇 백만 원 정도 보유세 부담이 늘어나는 것에만 마음이 쓰였던 모양이다. 쪽방에서 정부보조금으로 근근이 입에 풀칠하며 연명하는 불쌍한 노인들은 보이지 않고, 10억여 원의 아파트 한 채 '달랑' 가지고 '소득 없이' 강남과 분당 등지의 높은 생활비를 감당하고 있는 은퇴노인들만 걱정되었던 모양이다.(〈프레시안〉, 2005년 8월 26일)

높은 토지보유세는 자유주의의 상식

세금 가운데 가장 덜 나쁜 것('모든 세금은 나쁘다'는 전제가 깔려 있다. - 저자 주)은 오래전 헨리 조지가 주장한 바, 미개량 토지의 가치에 부과되는 재산세이다.

토지 사용자가 단 한 번 값을 치르고 무한정한 기간의 권리를 획득하도록 허용해서는 안 된다. 효율성을 위해, 적절한 세입을 위해, 정의를 위해 모든 토지 사용자는 다른 사람들이 그 땅을 사용하지 못하도록 혼자 점유한 토지의 현행 임대가치만큼의 값을 지역정부에 매년 납부하도록 해야 한다.

누구의 말일까? 오늘날 우리나라에서 이와 유사한 말을 하면서 토지의 공공성을 주장하고 토지보유세를 강화하자고 제안하면, 보수언론들이나 자칭 '시장주의자'들은 당장 사회주의적 발상이라느니 자본주의 질서를 부인하는 주장이라느니 하면서 들고 일어날 것 같다.

그런데 앞의 인용문은 밀튼 프리드먼Milton Friedman의 말이고, 뒤의 인용문은 로버트 솔로우Robert Solow의 말이다. 두 사람 모두 노벨 경제학상을 받았다. 특히 프리드먼은 정부의 개입을 극도로 싫어하는 시카고 학파의 거두이다. 이들의 주장을 종합하면, 토지가치에 부과되는 보유세가 가장 나은 세금이며 이를 제대로 부과하는 것은 효율성과 정의와 세입확보 등의 측면에서 바람직하다는 말이 된다.

좀더 거슬러 올라가서, 고전학파 경제학자들의 이야기를 보더라도 이와 크게 다르지 않다.

지대rent는 많은 경우 그 소유자가 관심이나 주의를 전혀 기울이지 않고도 향유할 수 있는 수입(불로소득 – 저자 주)이다. 따라서 지대는 그 위에 부과되는 특수한 조세를 가장 잘 감당할 수 있다.

시장주의의 원조, 아담 스미스Adam Smith의 말이다. 분명히 토지 불로소득에 과세하는 것을 지지하고 있다. 고전학파 경제학을 집대성한 것으로 평가받는 존 스튜어트 밀John Stuart Mill은 스미스보다 더 적극적이다.

사유재산의 신성함을 이야기하지만 이러한 신성함이 토지재산권에도 같은 정도로 해당되는 것이 아님을 반드시 기억해야 한다. 토지는 사람이 만든 것이 아니다. 토지는 모든 생물이 생래적生來的으로 물려받은 유산이다.

지주들은 일하지 않고도, 위험을 감수하지 않고도, 혹은 절약하지 않고도 잠자는 가운데도 더 부유해진다. 전 사회의 노력으로부터 발생하는 토지가치의 증가분은 사회에 귀속되어야 하며 소유권을 갖고 있는 개인에게 귀속되어서는 안 된다.

토지는 천부자원이라서 일반 생산물에 적용되는 사유재산의 원칙을 적용하기 곤란하고, 토지 불로소득은 공적으로 환수해야 한다는 이야기이다.
그런데 경제학자들만 이런 이야기를 한 것이 아니다.

자본가가 수고하지 않고 가장 쉽게 자기 재산을 증식할 수 있는 방법이 있다. 자기 돈을 모두 털어서라도 땅을 사놓은 뒤에, 땅 부족에 시달리는 사회가 어떤 값을 치르고서라도 땅을 사려고 덤벼드는 그 시점까지 그저 기다리기만 하면 되는 것이다.

헨리 조지가 지적한 대로 놀리는 모든 땅에 높은 세금을 매겨야 한다. 그래야 땅 소유자들이 땅을 가지고 생산적인 일을 하기 시작할 것이다.

앞의 인용문은 미국의 철강 왕 앤드류 카네기Andrew Carnegie의 말이고, 뒤의 인용문은 자동차 왕 헨리 포드Henry Ford의 말이다. 생산적인 투자를 통해 이윤을 추구하는 기업가라면 이들처럼 생각하는 것이 마땅하다. 그 밖에 로크, 루소, 스펜서, 러셀 등의 뛰어난 철학자들과 링컨과 처칠, 쑨원 등의 위대한 정치인들도 이와 비슷한 신념을 토로한 적이 있다.

1장 헨리 조지와 진정한 시장주의

토지는 천부자원으로서 다른 생산물과는 달리 공공성을 가진다는 것과, 토지 불로소득은 공적으로 환수되어야 한다는 것, 이는 자유주의 계열의 지성사에서 상식이다. 그러나 우리나라에서는 이런 상식이 통하지 않는다. 이 상식을 부정하는 사람들이 자유주의자, 시장주의자를 자처하고 있으니 문제가 심각하다.

부동산 정책의 방향을 둘러싸고 '세금강화를 통해 투기를 잡으려는 것은 잘못'이라는 이야기가 널리 퍼져 있다. 이 말이 투기를 잠재우기 위해서는 세금강화와 함께 다른 효과적인 수단이 동원될 필요가 있다는 의미라면, 얼마든지 동의할 수 있다. 하지만 토지보유세 강화를 통한 불로소득의 차단이라는 정책목표가 잘못된 것이라는 주장을 하는 것이라면, 결코 받아들일 수 없다.

부동산 투기는 부동산을 통해 정상적인 수익 이상의 투기적 이익을 얻을 가능성이 있을 때 일어난다. 따라서 부동산 불로소득을 근원적으로 차단하지 않으면 어떤 방법으로도 투기를 막을 수 없다.

부동산 불로소득을 차단하는 데 다른 방법이 있을 수 없다. 토지보유세를 강화하고 개발이익 환수장치를 정비·강화하는 것이다. 그러나 현재 우리나라의 보유세는 너무 미미하고 개발이익 환수장치는 사실상 전무하다.

2005년 5월 참여정부는 '5.4대책'을 통해 보유세 강화의 장기 로드맵을 발표했다. 그런데 결과적으로 볼 때 그것은 시장 참가자들에게 아무런 영향력을 발휘하지 못했다. 노무현 대통령 임기 중에 보유세 실효세율을 2배 수준으로 올리고 2017년까지 선진국 수준인 1퍼센트로 끌어 올리겠다는 내용이 투기심리를 잠재우기에 미흡했기 때문일 수도 있고, 2004년 연말의 보유세 강화정책의 결정적 후퇴와 여권의 분열 등이 '5.4대책'의 법제화 내지 정책화가 어려울 것이라는 전망을 심어주었기 때문일 수도 있다.

어려울 때는 지난 잘못을 반성하는 데서 출발하는 것이 옳다. 2004년 연말 종합부동산세법 제정시 과세기준을 너무 높여 잡아서(주택의 경우 국세청 기준 시가 9억 원 이상) 과세대상을 축소시켰던 일, 세부담의 급증을 염려해서 보유세 세율을 낮추고 세부담 상한제를 도입했던 일 등은 모두 바로잡아야 한다. 그리고 '5.4대책'의 일정을 앞당기고 장기목표도 더 높게 잡아야 한다. 보유세 강화가 진행되는 동안 과도기적으로 부동산 불로소득의 환수를 담당할 개발이익 환수제도의 정비·강화도 제대로 이루어져야 한다(필자가 여기서 주장했던 내용은 2005년도에 발표된 8.31대책에 상당 부분 반영되었다.).

시가 상응 과세를 위해 성질이 전혀 다른 토지와 건물을 통합평가·통합과세하기로 한 것도 이번 기회에 바로잡아야 한다. 보유세 강화는 토지세 중심으로 이루어져야 한다(토지와 건물의 분리과세와 토지세 중심의 보유세 강화는 참여정부에서 실현되지 못했다.).

보유세를 획기적으로 강화하지 않고서는 투기를 잡을 수 없다고 말하면, 마치 서민들의 부담을 가중시키는 정책을 제안하는 것처럼 호도하는 사람들이 있다. 이들의 입을 막기 위해서라도 일정 가액 이하(시가 기준으로 1세대 2억 정도)의 부동산 소유자들은 보유세를 아예 면제시켜 주는 것이 좋겠다. 사실 이것은 쑨원이 말하는 평균지권平均地權의 원리를 인정하는 의미를 갖는다.

1세대 1주택, 2주택 등 보유주택 수를 기준으로 과세방법을 달리하자고 주장하는 견해들이 많은데 이는 잘못이다. 1주택이라도 서울 강남의 1주택과 지방의 1주택은 그 가액 면에서 엄청난 차이가 나기 때문이다.

부동산 정책의 정답은 있다. 문제는 참여정부가 국민들의 동의를 얻어서 흔들림 없이 그 정답을 밀고 나갈 역량을 갖추고 있는가 하는 점이다. 지금 언론사 안에, 정부 안에, 야당과 여당 안에 이 정답에 재를 뿌릴 준비가 되어 있는 사람들이 즐비해 있으니, 어찌하면 좋은가?(〈오마이뉴스〉, 2005년 6월 26일)

2장

부동산 투기의 해부

부동산 투기의 원인과 해악 그리고 해결책

1990년대 내내 안정세를 유지하였던 부동산 값이 2001년경부터 폭등하기 시작하면서 부동산 투기는 다시 우리 사회의 최대 화두로 떠올랐다. 1980년대 말에 유행했던 '토지신화'라는 말이 사라진 대신, '강남불패'나 '부동산불패'라는 신조어가 출현했다. 서울의 강남이나 수도권의 분당 등지에서는 아파트 값이 불과 몇 달 사이에 수천만 원씩, 2~3년 사이에 수억 원씩 오르는 폭등세가 이어졌고, 2006년에는 급기야 강남구의 아파트 평당 평균가격이 3000만 원을 돌파하기에 이르렀다.

무려 30차례 이상의 부동산 대책이 발표되었음에도 집값이 안정되지 않자 항간에는 백가쟁명식의 해법들이 난무했다. 새삼 부동산 투기가 왜 일어나는지, 그 해악은 무엇인지, 어떻게 하면 투기를 제대로 막을 수 있는지 숙고해야 할 필요성을 느낀다.

부동산 투기, 왜 일어날까?

투기란 사용할 목적이 아니라 매매에서 나오는 시세차액을 얻을 목적으로 어떤 물건을 거래하는 행위를 가리킨다. 그래서 투기목적의 수요를 실수요와 구분하여 가수요라고 부르기도 한다. 투기는 미래의 가격에 대해 사람들이 어떻게 예상하는가에 큰 영향을 받는다. 만일 한 사회의 구성원들이 어떤 물건의 미래가격이 상승할 것으로 예상한다면, 사람들은 그 물건을 투기적으로 구매하기 시작할 것이고 그에 따라 실제로 그 물건가격은 급격히 상승한다.

이때 그 물건이 새롭게 생산할 수 있는 것이라면 가격상승에 발맞추어 공급이 늘어나기 때문에, 시간이 지나면서 가격폭등은 진정되고 투기도 자연적으로 사라진다. 사실 공급을 늘릴 수 있는 물건의 경우, 투기에 의해 가격이 급상승하는 것이 반드시 나쁘다고만 할 수 없다. 왜냐하면 가격의 투기적 상승이 수요에 비해 공급이 부족한 초과수요 상태를 빨리 해소해주기 때문이다.

반면 그 물건을 새롭게 생산하는 것이 불가능하다면, 상황은 전혀 달라진다. 투기가 가격폭등을 부르고 가격폭등이 다시 투기를 부르는 악순환이 일어나는 것이다. 이 경우 시간이 지나더라도 투기는 자연적으로 소진되지 않고, 가격을 계속 폭등시켜 경제의 다른 분야에 엄청난 타격을 가한 후에야 비로소 사라지게 된다.

역사적으로 보면 튤립이나 히아신스 등 농작물이나 일반 생산물, 주식 등을 두고 투기가 발생한 경우도 있고 토지나 부동산을 두고 투기가 발생한 경우도 있는데, 전자에 비해 공급을 늘릴 수 없거나 늘리기 힘든 후자의 경우가 경제에 훨씬 더 심각한 해악을 미쳤다.

토지는 가격이 상승할 때 공급을 늘릴 수 없는 대표적인 물건이다. 그리고 토지 위의 건물은 공급을 늘릴 수 있지만 다른 물건에 비해 시간이 많이 걸린다. 그래서 부동산 투기는 다른 물건에 대한 투기보다 훨씬 심각한 해악을 경제에 끼치는 것이다. 단, 이 글에서는 토지를 중심으로 부동산 투기에 대한 논의를 진행하는 부분이 적지 않은데, 여기에는 이유가 있다. 토지투기라고 하면 그 위에 건물이 세워지지 않은 나지裸地를 대상으로 한 투기만을 연상하기 쉽지만 토지와 건물이 결합된 부동산에 대한 투기도 본질적으로는 토지투기의 성격이 강하다. 건물 자체는 나날이 낡아감에도 불구하고 오히려 건물 전체의 가격이 상승하는 경우가 많은데, 이는 바로 그 건물이 입지한 토지의 가치가 상승하기 때문이다. 강남의 아파트 값 폭등은 아파트 건물 자체가 아니라 강남이라는 좋은 위치에 대한 사람들의 열망을 반영한다. 잘 알다시피 위치는 건물이 아니라 토지의 본질적 요소이다.

앞에서 말한 대로 투기는 미래가격에 대한 기대와 깊은 관련이 있는데, 이 기대는 그저 그냥 생기는 것은 아니다. 무엇인가 계기가 있기 마련이다. 가장 일반적인 계기로는 경제성장과 인구집중을 들 수 있다. 경제가 성장하고 어떤 지역에 인구가 늘어나면, 그 지역의 토지가치는 상승한다. 토지가치의 상승이 일정 기간 계속되면 사람들은 미래에도 토지가치가 상승할 것이라 기대하게 된다. 토지가치의 상승에 의한 수익이 다른 자산으로부터 얻을 수 있는 수익을 초과할 것으로 기대될 경우, 마침내 매매차익을 노린 투기가 일어난다. 투기는 다시 땅값을 이전보다 더 빠른 속도로 상승시키고, 더 많은 사람들이 땅값의 급상승을 보고서 부동산 시장으로 몰려든다. 그럴 경우 땅값은 더욱 상승하기 마련인데 이것은 다시 미래 땅값에 대한 기대치를 끌어올려서 투기를 더욱더 자극한다. 그야말로 악순환이 반복된다. 경제성장이나 인구증가와 같은 일반적인 요인 외에도 개발계획의 발표, 도로·철도·지하철 등 사회간접자본의 건설, 새로운 자원의 발견 등도 특정지역에서 부동산 투기의 메커니즘을 작동시키는 시발점이 될 수 있다.

저금리정책과 신용팽창, 부동산 대출의 팽창, 자본자유화 등 금융요인들은 이상의 메커니즘을 격화시키는 작용을 한다. 금융요인이 부동산 투기를 격화시키는 것은 부동산 가격의 변동과 대출의 변동 사이에 상호 촉진관계가 존재하기 때문이다. 즉 부동산 가격의 상승은 담보가치를 상승시켜 대출을 증가시키고, 대출증가는 다시 부동산의 구입을 부추겨 부동산 가격을 더욱 상승시키는 것이다. 2000년대 우리나라의 부동산 투기도 사상 초유의 저금리정책과 막대한 부동자금의 발생에 기인하는 바가 컸다.

부동산 거품은 붕괴한다
가격상승이 초과수요를 더 확대시키고 그것이 다시 가격을 더욱 폭등시키는 악순환이 일어나고 있는 부동산 시장에서는 과도한 낙관론에 사로잡혀 어떤 값을 치르더라도 부동산을 구입하려는 사람들이 늘어나고, 부동산의 가치를 과대평가하는 사람들의 견해가 시장을 지배하게 된다. 매매계약을 체결하고도 더 높은 가격을 제시하는 사람 때문에 다음날 계약을 취소하는 일이 비일비재하게 발생한다.

하지만 이처럼 비정상적인 상태가 언제까지나 계속될 수는 없다. 거품이 팽창하다가 언젠가는 터지듯이, 부동산 값 폭등으로 생긴 가격거품bubble도 언젠가는 터지기 마련이다. 가격폭등세를 역전시키는 요인은 바로 가격폭등을 이끌었던 사람들의 행동에서 찾을 수 있다. 경제학자들은 이를 '승자의 저주'(winner's curse, 일반적으로 불확실한 가치를 지닌 물건이 최고가로 입찰한 사람에게 팔릴 때 낙찰받은 사람이 그 물건에 너무 많은 금액을 지불하여 고통을 당하는 현상)라고 부른다.

투기가 기승을 부릴 때는 부동산 값의 상승에 관해 가장 어리석은 과대평가를 내리는 사람들이 부동산 가격의 결정을 주도하여, 비싼 값을 치르고 많은 부동산을 구입하고 보유한다. 그런데 문제는 그들이 지불한 부동산 값이 구입한 부동산의 사용을 통해 획득할 수 있는 수익에 상응하는 값을 초과한다는 사실이다. 만일 그들이 은행대출을 받아서 부동산을 샀다면, 부동산을 직접 사용하거나 임대해 얻을 수 있는 수익이 대출이자를 감당하지 못하는 상황이 된다. 조만간 이들은 상환불능의 상태에 빠지기 쉽다. 그렇게 되면 이들에 대한 대출은 부실채권으로 전락하고 이들의 판단이 틀렸다는 사실이 드러난다. 이 경우 가격폭등 때와는 정반대의 메커니즘이 작동한다. 즉 수요는 급격히 위축되고 초과공급이 발생해 부동산 값은 하락한다. 부동산 값 하락은 초과공급을 더욱 확대시키고 확대된 초과공급은 부동산 값을 더욱 하락시킨다.

부동산 거품붕괴에는 이자율의 상승도 한몫을 한다. 부동산 거품의 형성과 붕괴boom and bust를 경험한 많은 나라들에서 거품붕괴의 최대 원인은 금리인상이었다. 1990년대 부동산 거품이 붕괴하면서 극심한 금융위기와 경기침체를 경험한 일본의 경우, 거품붕괴를 촉발한 것은 중앙은행의 급격한 금리인상이었다. 1990년대 초 부동산 거품붕괴를 경험한 스웨덴과 핀란드의 경우도 마찬가지다.

부동산 값이 떨어지기 시작하면 부동산 값과 대출의 상호 촉진관계가 반대방향으로 작용한다. 즉 부동산 값의 급격한 하락은 담보가치를 하락시키는데, 이는 대출축소와 기존 대출의 회수를 유발해 부동산 수요를 위축시키는 동시에 자금압박을 못 이기는 가계와 기업이 보유토지를 방출하게 만들어서 부동산 값의 하락을 더욱 가속화시킨다. 그렇게 되면 투기에 몰두했던 사람들의 파산이 이어지고 금융기관의 부실

채권이 증가해 금융위기가 발생하며, 이는 다시 경제 전체의 불황으로 이어질 수 있다. 이제 부동산 투기가 어떤 경제적 해악을 끼치는지 좀 더 구체적으로 살펴보기로 하자.

부동산 투기는 양극화를 심화시킨다

부동산 투기가 양극화를 심화시킨다는 사실은 잘 알려져 있다. 많은 사람들이 산업간·기업간·근로자간의 양극화를 말하고 있지만, 사실 부동산 양극화야말로 사회적 양극화의 주범이다. 부동산 투기가 일어날 경우 부동산 소유자는 가만히 앉아서 엄청난 자본이득을 얻는 반면, 부동산을 소유하지 않은 사람이나 적게 소유한 사람은 자산가치의 상대적 감소를 피할 수 없다. 더욱이 부동산 값 상승이 지역별로, 부동산 종류별로 다른 양상을 띠고 진행될 경우에는 계층간 양극화와 함께 지역간 양극화, 부동산 종류간 양극화까지 초래된다.

물론 주식가격이 올라갈 때에도 자산 양극화는 일어난다. 그러나 그 경우에는 주식 소유자와 비소유자 간, 그리고 주식 소유자 계층간 자산가치의 양극화가 일어나지만, 비소유자가 금전적인 손해를 보는 것은 아니다. 주식은 생존에 필수적인 재화가 아니기 때문이다.

이처럼 주식은 손대지 않으면 금전적인 손해를 보지 않지만 부동산의 경우는 그렇지 않다. 주식과는 달리 부동산은 생산이나 주거에 반드시 필요한 필수재이기 때문이다. 부동산을 소유하지 않으면 부동산 가격이 올라갈 때 금전적인 손해가 불가피하다. 생산을 위해, 또는 주거를 위해 토지와 부동산을 구입하려면 전보다 더 많은 비용을 지출해야 하기 때문이다. 이처럼 부동산 투기는 비소유자나 하위 소유자에게 무책손실(無責損失, 자기 책임이 아님에도 입게 되는 손실)을 끼친다.

자산의 시세변동에 의해 발생하는 자본이득은 새로운 생산물과 가치를 만들어낸 결과 생기는 소득이 아니므로 본질적으로 불로소득이다. 부동산뿐만 아니라 주식이나 채권 등 모든 자산은 시세변동을 하기 때문에 언제라도 이런 불로소득이 생길 수 있다. 모든 불로소득은 사회와 사람들의 심리에 악영향을 끼치는데, 그 정도는 부동산 불로소득의 경우가 가장 크다. 사실 주식에서 발생하는 불로소득은 자금을 주식시장으로 집중시켜서 기업들의 투자자금 획득을 용이하게 하는 긍정적인 효과도 발휘한다. 그러나 부동산 불로소득, 특히 토지 불로소득의 경우에는 긍정적인 효과가 전혀 없다.

우리나라에서는 오랫동안 부동산 불로소득이 치부致富의 가장 중요한 수단으로 간주되어왔다. 실제로 부동산 투기가 일어날 때면 막대한 액수의 부동산 불로소득이 발생해 부동산 소유자들을 벼락부자로 만들어주었다. 필자가 추산한 바에 따르면, 우리나라에서는 2001~2003년에 토지에서만 총 212조 원의 자본이득이 발생했다. 연평균 약 70조 원의 토지 자본이득이 발생한 것이다. 특히 2002년에는 명목 국내총생산 GDP의 20퍼센트에 육박하는 자본이득(136조 원)이 발생했다. 같은 시기 전국 아파트에서도 연간 100조 원 이상의 자본이득이 발생한 것으로 추정되는데, 이를 더하면 최소한 연평균 170조 원의 부동산 불로소득이 발생한 셈이다. 이는 같은 시기 연평균 명목 GDP(약 670조 원)의 25퍼센트에 해당한다.

문제는 이처럼 막대한 불로소득이 극소수의 부동산 과다 소유자들에게 집중되었을 가능성이 크다는 점이다. 토지사유제를 채택하고 있는 나라들에서는 토지소유의 불평등이 나타나는 것이 일반적인 현상인데, 우리나라도 예외는 아니다. 다른 나라들에 비해 국토가 좁고 인구가 많은 만큼 토지와 부동산 소유의 편중도는 매우 높은 편에 속한다.

  2006년 10월 행정자치부가 발표한 "2005년 토지소유 현황통계"를 분석해보면, 토지소유의 편중도가 매우 높다는 것을 확인할 수 있다. 지니계수(소득분포나 자산분포의 편중도를 표시하기 위한 지표)의 값이 1에 가까우면 편중도가 높고, 0에 가까우면 편중도가 낮은 것으로 해석된다. 토지소유 세대만으로 지니계수를 계산하면 면적 기준으로 0.811, 가액 기준으로 0.644가 되고, 토지를 소유하지 않는 세대까지 포함해 계산하면 지니계수가 더 커져서 면적 기준으로 0.887, 가액 기준으로 0.787이 된다(이때 토지는 개인이 소유하는 민유지이다. 국공유지나 사유지 가운데 개인과 단체 등이 소유하고 있는 토지는 제외되었다. 여기서의 지니계수는 경북대학교 행정학과 김윤상 교수가 계산한 것이다.). 우리나라 소득분포의 지니계수가 0.3 전후이고, 금융자산 소유분포의 지니계수가 0.6 전후라는 사실과 비교하면 토지소유 분포의 편중도가 매우 높다는 것을 알 수 있다. 이처럼 부동산 소유의 불평등도가 높은 상황에서는 부동산 투기로 자본이득이 발생하면, 그것은 극소수의 부동산 과다 소유자에게 집중되고 그로 말미암아 소득과 부의 양극화가 심화될 수밖에 없다.

  부동산 양극화는 계층간 양극화의 형태로만 진행되는 것은 아니다. 부동산 가격이 어떤 양상으로 상승하느냐에 따라 지역간 양극화라든지 소유 부동산의 종류에 따른 양극화가 나타날 수 있다. 부동산 값 상승이 특정지역을 중심으로 발생하면 지역간 양극화가, 특정 부동산을 중심으로 발생하면 부동산 종류간 양극화가 진행된다.

  실제로 2000년대의 부동산 투기는 서울의 강남과 수도권의 분당 등 특정지역을 중심으로 그리고 아파트를 중심으로 일어났다. 이것은 1980년대 말의 부동산 투기와는 대조적인 양상이다. 1980년대 말의 투기가 전국적으로 부동산 소유자와 비소유자 간의 양극화를 낳았다면, 2000년대의 투기는 서울과 지방 간의 양극화, 강남과 강북 간의 양극화, 아파트 소유자와 다른 부동산 소유자 간의 양극화를 낳았다.

이런 형태의 양극화는 사회 곳곳에 눈에 보이지 않는 진입장벽을 설치하는 것이나 마찬가지다. 이제 지방민들의 수도권 진입, 강북 주민의 강남 진입, 단독주택이나 연립주택 소유자의 아파트 진입은 지난至難한 일이 되어버렸다. 혈관이 막혀 혈액순환이 중지되면 사람이 쓰러지듯이, 이처럼 진입장벽이 형성되고, 그로 인해 사회적 이동social mobility이 막히면 사회는 내부로부터 붕괴되기 시작한다.

부동산 투기는 경제의 효율성을 떨어뜨린다

부동산 투기는 일시적으로는 건설경기를 활성화해 전체 경기를 부양하는 효과를 낳을 수 있다. 그러나 그것은 환자에게 모르핀을 주사할 때 환자가 반짝 힘을 내는 정도의 효과에 지나지 않는다. 종합적으로 볼 때 부동산 투기는 경제기반을 취약하게 만들고 효율성을 떨어뜨리는 작용을 한다. 여기서는 부동산 투기가 어떻게 해서 경제의 효율성을 떨어뜨리게 되는지 살펴보기로 하자.

첫째, 부동산 투기는 노동자들의 근로의욕을 저해하고 기업가들의 기업심을 저해함으로써 경제 효율성을 떨어뜨린다. 부동산 투기가 기승을 부리는 가운데 부동산 소유자들이 손쉽게 막대한 불로소득을 얻는 것을 보면 누가 땀 흘려 노동하여 저축할 마음을 가질 것이며, 어떤 기업가들이 생산적 투자를 통해 이윤을 얻는 데 마음을 쏟겠는가? 부동산 소유자들도 토지와 부동산을 활용해 수익을 올릴 생각보다는 적기適期에 팔아치울 생각에 사로잡혀 부동산을 최선의 용도로 이용하려 하지 않는다. 이처럼 사회 구성원들이 생산활동에 관심을 갖지 않을 경우 경제의 효율성은 떨어질 수밖에 없다.

둘째, 부동산 투기는 경제기반의 취약성을 증대시킴으로써 경제의 효율성을 떨어뜨린다. 토지비용·임금·금리·물류비 등이 주요 생산비용들인데, 부동산 투기와 지가상승은 이 모두를 끌어올리는 작용을 한다. 즉 투기로 인한 지가상승은 고비용 경제구조를 만들어내는 주범이다. 더욱이 부동산 투기는 기업과 금융기관의 경영을 비효율적으로 만든다. 기업들은 생산적 투자와 이윤 극대화보다 부동산 투기를 통한 자본이득의 획득에 더 관심을 두게 되고, 금융기관들은 사업의 수익성 대신에 주로 담보의 안정성을 기준으로 자금을 대출하게 되기 때문이다. 즉 부동산 투기는 저효율 경제구조를 만들어내는 주범이기도 하다.

셋째, 부동산 투기는 도시의 난개발과 그로 인한 환경파괴를 초래함으로써 사회적 자원의 낭비를 초래하고 경제의 효율성을 떨어뜨린다. 토지를 투기목적으로 보유하는 사람들은 토지이용에는 관심이 없다. 따라서 그런 사람들이 많아지면 도심의 쓸모 있는 땅들이 유휴화되거나 저밀도로 이용되는 경향이 나타난다. 그러면 도시는 외곽으로 무질서하게 확대되면서 주변의 자연환경을 파괴하게 된다. 이것은 그 사회에 주어진 토지자원과 환경자원의 낭비를 의미한다. 도시의 외연이 확대되면 도로나 지하철 등의 추가적인 건설이 불가피해지는 경우가 많은데 이를 위해서는 막대한 재정이 소요된다. 이 또한 사회적 자원의 낭비이다.

토지보유세가 부동산 투기 없는 세상을 만들 수 있다

부동산 투기는 부동산을 통해 정상적인 수익 이상의 투기적 이익을 얻을 가능성이 있을 때 일어난다. 불로소득에 지나지 않는 이 투기적 이익을 근원적으로 차단하지 않으면 어떤 방법으로도 투기를 막을 수 없다.

부동산 투기는 부동산을 통해 정상적인 수익 이상의 투기적 이익을 얻을 가능성이 있을 때 일어난다는 말을 간단한 수식으로 표현해보자.

부동산 이용수익 + 자본이득의 기대치 > 이자소득 ·········· 식(1)

이 부등식에서 좌변은 부동산 소유자가 부동산 소유를 통해 얻을 것으로 기대하는 수익이며, 이자소득은 부동산 구입을 위해 지출할 금액을 은행에 예금할 경우 얻을 수 있는 소득을 가리킨다.[8]

여기서 부동산 이용수익이란 부동산을 이용함으로써 얻게 되는 순수익을 가리킨다. 예컨대 땅을 사서 농사를 짓거나 공장을 지어 공업제품을 생산하면 남의 땅을 빌리는 경우보다 수입이 늘어난다. 땅을 다른 사람에게 임대하면 임대료를 받을 수 있으며, 주택을 지어서 살면 주거 안정의 이익을 누릴 수 있다. 이처럼 부동산을 이용해서 얻을 수 있는 수익에서 이용에 소요되는 경비를 뺀 순수익을 부동산 이용수익이라고 부른다. 땅의 경우 이것은 토지 사용료, 즉 지대와 같다.

부동산 소유를 통해 얻을 것으로 기대하는 수익에는 미래에 그 부동산을 매각할 때 얻을 수 있으리라 기대하는 매매차익, 즉 자본이득의 기대치가 포함되어야 한다. 이것은 부동산의 이용과는 관계없이 단지 부동산을 소유한 덕분에 얻게 되는 이익이다.

이자소득은 한 사회에서 일정금액을 투입해서 거둘 수 있는 정상적인 수익을 대표한다고 볼 수 있다. 그러니까 식(1)은 부동산 소유를 통해 얻을 것으로 기대하는 수익이 정상적인 수익을 초과하고 있는 상태를 표현하고 있다. 이럴 경우 합리적인 투자가라면 당연히 은행에 예금하거나 다른 사업에 투자하지 않고 부동산을 매입하려 할 것이다. 식(1)의 양변이 같아지지 않는 한 투기적 이익을 노린 부동산 투기는 계속될 것이다.

부동산 이용수익이 커지고 자본이득 획득 가능성이 높아지면 양변의 차이가 커지고 투기적 이익이 증대하므로 부동산 투기는 격화된다. 반대로 부동산 이용수익이 감소하고 자본이득 획득 가능성이 떨어지면 부동산 투기는 완화된다. 양변이 같아지면 투기적 이익은 소멸하고 부동산 투기는 사라진다. 만일 부등호의 방향이 반대로 될 경우 사람들은 부동산을 매각하고 대신 은행이나 주식시장을 찾거나 다른 사업에 투자하게 된다. 부등호 방향이 갑자기 바뀔 경우 부동산 투매가 일어나기 쉽다. 이 경우 부동산 값은 거꾸로 폭락하게 된다.

부동산 시장이 정상적이라면, 식(1)과 같은 부등식이 성립하는 상태가 될 경우 시장의 자기조절 기능이 작동한다. 즉 부동산 값 상승에 발맞추어 토지개발과 주택건설이 활발해지면서 토지와 주택공급이 늘어난다. 그 결과 토지임대료와 주택임대료가 떨어지게 되는데 이는 부동산 이용수익의 감소를 의미한다. 부동산 이용수익이 감소하는 것을 보면 사람들은 미래의 부동산 값에 대한 기대치를 낮추게 된다. 이는 사람들이 기대하는 자본이득의 감소를 의미한다. 이렇게 되면 식(1)의 좌변의 값은 떨어지게 된다. 반면 투기를 위해 자금이 금융시장이나 다른 부문에서 빠져나와 부동산 시장으로 몰리면 이자율이 올라가게 된다. 이는 식(1)의 우변의 값을 상승시킨다. 결국 식(1)의 좌변과 우변은 같아지게 된다.

그러나 부동산 시장은 이와 같은 자기조절 기능이 제대로 작동하는 정상적인 시장이 아니다. 부동산 값이 올라갈 때 토지와 주택공급은 일반 생산물처럼 쉽게 증가하지 않는다. 특히 강남이나 분당과 같은 좋은 위치에서는 토지공급을 증가시키는 것은 아예 불가능하며 주택공급도 증가시키기가 무척 어렵다. 토지와 주택공급을 증가시키기 위해 도시 외곽에 택지를 개발하고 신도시를 건설하면 중심지의 토지임대료와 주택임대료는 하락하는 것이 아니라 오히려 올라간다. 잘 알려진 차액지 대설에 의하면 한계지가 확장될수록 중심지의 지대는 올라가게 되어 있다. 부동산 값이 폭등하는 상황에서 부동산 이용수익이 떨어지지 않고 오히려 올라간다면 자본이득에 대한 기대치도 올라가게 된다. 부동산 값이 올라가는데 식(1)의 좌변의 값은 떨어지지 않고 더 커지는 상황이 벌어지는 것이다. 이는 부동산 투기를 더욱 격화시키게 된다.

요컨대 부동산 투기는 시장의 자기조절 기능에 의해 해소되기 어렵다. 물론 마지막에 가서는 거품붕괴라는 파국적 상황을 통해서 투기가 해소되기는 하지만 그 부작용이 너무 크다. 이처럼 시장이 자기조절 기능을 발휘하지 못할 때는 정부가 정책을 통해 개입해야 한다.

부동산 불로소득, 즉 투기적 이익은 부동산 소유수익이 정상적인 투자수익을 초과하는 부분이므로 '부동산 이용수익 + 자본이득 − 이자소득'으로 표현할 수 있다. 이 부동산 불로소득을 제로(0)로 만들면 부동산 투기는 일어나지 않을 것이다. 부동산 투기는 본질적으로 토지투기이다. 건물 값의 상승은 대부분 건축물이 아니라 토지의 가치가 올라가서 생기는 현상이기 때문에, 부동산 불로소득 또한 본질적으로 토지 불로소득이다.

토지 불로소득을 제로로 만들려면 이자율을 높이거나, 조세를 통해 부동산 이용수익과 자본이득의 기대치를 낮추면 된다. 부동산 이용수익과 자본이득의 기대치를 낮추고자 할 때 흔히 사용되는 조세는 토지보유세와 양도소득세이다. 결국 토지 불로소득을 제로로 만들 수 있는 정책은 금리인상, 토지보유세 강화, 양도소득세 강화로 집약된다. 이제 이 세 가지 정책의 장단점에 대해 살펴보기로 하자.

우선 금리인상은 이자소득을 높여서 투기적 이익을 줄일 뿐 아니라 부동浮動자금을 감소시켜서 투기수요를 억제하기 때문에 투기 억제효과가 매우 확실하다. 그러나 급격한 금리인상은 부동산 시장의 경착륙을 초래할 위험성이 크다. 더욱이 금리인상은 부동산 시장뿐만 아니라 거시경제 전반을 위축시키는 효과가 있으므로 부동산 정책으로 활용하기에는 적합하지 않다. 부동산 값을 잡기 위해 금리를 인상할 경우, 자칫 잘못하면 빈대 잡으려다 초가삼간 태우는 격이 되기 십상이다.

토지보유세와 양도소득세를 강화함으로써 토지 불로소득을 제로로 만들 수도 있다. 보유세는 부동산 이용수익의 일부를 조세로 징수하는 것이고 양도소득세는 부동산 매각시 발생하는 자본이득의 일부를 직접 조세로 환수하는 것이다. 토지보유세는 부동산 소유자에게 돌아가는 부동산 이용수익을 줄일 뿐 아니라 자본이득에 대한 기대치도 낮추는 효과를 발휘한다. 땅값은 미래에 토지소유로부터 발생할 모든 수익을 현재가치로 환산하여 합한 값과 같아지는데, 토지보유세를 부과하면 미래에 토지소유로부터 발생할 수익이 세금 크기만큼 줄어들기 때문에, 땅값도 미래의 토지보유세를 현재 가치로 환산하여 합한 값만큼 떨어지게 된다. 사람들은 토지보유세가 땅값을 끌어내리는 효과가 있다는 것을 잘 알고 있기 때문에, 그것을 강화한다고 하면 바로 자본이득의 기대치를 하향 조정한다. 단 토지와 건물의 구별 없이 부동산 보유세를 강화하는 것은 그다지 좋은 방법은 아니다. 토지에 대한 세부담과 함께 건물에 대한 세부담이 증가하기 때문이다. 건물에 대한 세부담이 증가하면 사람들이 건물보유를 꺼리게 되고 그것은 결과적으로 건물의 신축·증축·개조를 위축시킨다. 그러나 건물의 신축·증축·개조는 중요한 생산활동인데 이를 위축시키는 것은 바람직하지 않다.

자본이득을 직접 과세대상으로 삼는 양도소득세는 당연히 자본이득의 기대치를 낮추는 작용을 한다. 자본이득을 직접 과세대상으로 삼는다는 점 때문에 많은 사람들이 양도소득세를 토지 불로소득 차단의 대표적인 방법으로 생각하지만, 사실은 토지보유세를 강화하는 것이 더 근본적이고 좋은 방법이다. 양도소득세는 토지 불로소득을 환수하기는 하지만 부동산의 매각을 꺼리게 만드는 소위 '동결효과'lock-in effect를 낳는다는 점에서 결함이 있다. 양도소득세는 부동산을 매각해야 부과할 수 있기 때문에, 이를 강화할 경우 사람들이 앞으로 언젠가는 다시 완화될 것이라는 기대로 팔지 않고 버티면서 부동산 이용수익을 누리는 쪽으로 마음을 바꾸기 쉽다.

그렇다면 금리인상, 토지보유세 강화, 양도소득세 강화, 이 세 가지 가운데 부작용이 없는 최선의 정책은 토지보유세 강화라는 결론이 나온다. 단 당장 토지 불로소득을 완전히 차단할 정도로 토지보유세를 급격히 강화하기가 어렵기 때문에 양도소득세 강화를 병행하는 것이 바람직할 때가 많다.

부동산 이용수익과 자본이득의 기대치 중 부동산 투기에 직접적인 영향을 미치는 것은 후자이다. 보유세 강화를 통해 부동산 이용수익을 환수하면 자본이득에 대한 기대치도 함께 떨어지는 것이 보통이지만, 부동산 시장이 과열된 상황에서는 그렇게 되지 않을 수도 있다. 특히 시장 참가자들 사이에 정부정책이 계속해서 유지될 것이라는 믿음이 없는 경우 자본이득의 기대치는 쉽게 떨어지지 않는다. 참여정부 출범 이후 비교적 강한 부동산 대책들이 계속해서 발표되었음에도 불구하고 부동산 투기가 잡히지 않는 것은, 앞으로 이 대책들이 유지되기가 어려울 것이라는 전망이 시장 참가자들 사이에 강하게 형성되고 있기 때문이다. 그러므로 정책의 방향을 분명하게 정하고 흔들림 없이 추진함으로써 시장 참가자들의 신뢰를 얻는 일은 정책 내용을 올바로 정하는 일 못지않게 중요하다.(〈문학동네〉 50호, 2007년 봄)

토지가치세의 성공사례, 덴마크 정의당

덴마크는 국가적 차원에서 헨리 조지의 아이디어를 적용시켜본 최초의 나라이다. 덴마크인들은 전통적으로 토지에 대한 권리는 모든 국민들이 함께 나누어야 한다는 생각을 가지고 있었다. 그러나 18세기 후반 영국에서 시작해 19세기까지 유럽 전역으로 번져간 산업혁명과 인클로져 운동은 덴마크인들이 가지고 있던 '평등한 토지권'의 전통을 급속히 무너뜨렸다. 19세기 말이 되자 많은 농민들이 토지를 잃고 도시 노동자로 전락하였으며, 대토지 소유자들이 생겨났다.

때마침 미국에서 헨리 조지의 《진보와 빈곤》이 발간되었고, 그의 사상은 덴마크 대중의 인기를 얻게 되었다. 1902년에는 덴마크 헨리조지협회Danish Henry George Union가 설립되었으며, 그 협회의 일부 멤버들은 나중에 '평등한 토지권'을 현실정치에서 실현하기 위해 정의당Justice Party이라는 이름의 정당을 결성했다.

정의당은 헨리 조지가 주창한 정책대안을 주요 정강으로 채택했다. 그 기본내용은 토지가치의 환수, 근로소득과 자본소득에 대한 과세의 폐지, 무역자유화 등 세 가지였다. 1952년 총선에서 처음으로 의회 진출에 성공한 정의당은 1957년 총선에서 9석을 획득했다. 179석 중 9석을 차지한 데 불과했기 때문에 정치적 영향력도 미미했으리라 생각하기 쉽지만, 사실은 그렇지 않았다. 정의당은 당시의 정세를 절묘하게 활용해 사회민주당(Social Democratic Party, 70석)과 급진자유당(Radical Liberal Party, 14석)과 함께 연립정부를 수립하는 데 성공했다. 정의당은 사회민주당과 급진자유당으로부터 토지가치세에 대한 지지를 끌어냈으며, 자기 당의 정강정책을 연립정부의 공동정책으로 만드는 데도 성공했다. 그래서 당시의 연립정부를 '토지세 정부'Ground Duty Government라고 부르기도 한다.

당시 보수당과 자유당의 연립정부 탄생을 기대하고 있던 덴마크의 기득권 세력은 '토지세 정부'의 탄생에 큰 충격을 받았다. 그래서 그들은 자신들이 장악하고 있던 언론을 총동원하여 연립정부를 공격하였는데, 공격의 초점은 세 정당 중 정의당이었다. 이것은 당시 연립정부에서 정의당이 주도적 역할을 하였다는 것과 기득권 세력이 토지문제의 중요성을 인식하고 있었다는 것을 보여준다.

당시 덴마크 주요 언론들의 선전과는 반대로, '토지세 정부'는 눈부신 경제적 성과를 거두었다. 연립정권이 수립된 직후부터 벌써 토지가치세의 효과는 나타나기 시작했다. 소위 공표효과announcement effect가 작용하여, 국민들은 '토지세 정부'가 어떤 형태로든 강력한 토지가치세를 곧 도입할 것이라고 예상하게 되었고, 바로 그 예상 때문에 토지투기가 중단되었다. 이용하지도 않을 토지를 보유해보았자 세금만 물게 되리라는 것을 알고 있었기 때문이다.

'토지세 정부'는 1957~1960년까지 약 3년 반 동안 지속되었다. 짧은 기간이기는 하지만 그동안 토지가치를 환수하는 조치는 계속 강화되었다. 도시의 토지 보유세율은 두 배 이상 상승하였으며, 토지가치증가세增價稅도 대폭 강화되었다. 반면 건물에 대한 세금이나 노동과 자본에 대한 세금은 감면하는 조치가 취해졌다. 실제로 1957~1960년 사이 가구당 세금 부담은 10퍼센트 이상 감소했다.

연립정부는 이와 같이 토지가치세제를 강화하는 동시에 '공급 및 수입통제부' 폐쇄, 수입규제 철폐, 관세인하 등 무역자유화 조치를 단행하였다.

'토지세 정부'의 토지가치 환수와 무역자유화 조치에 힘입어 덴마크 경제는 놀랄 만한 부흥을 이루었다. 사실 1957년 선거 이전 덴마크는 상당한 규모의 국제수지 적자, 대규모 외채, 높은 이자율, 높은 실업률을 나타내고 있었고, 인플레이션 비율이 연 5퍼센트에 달했으며 통화는 평가절하의 위기에 놓여 있었다. 그러나 '토지세 정부' 집권 이후 국제수지는 적자에서 흑자로 전환되었으며, 16억 크로네 규모의 외채는 4억 크로네 규모로 크게 감소했다. 그리고 연 5퍼센트에 달하던 인플레이션 비율은 1퍼센트 수준으로 떨어졌고, 실질임금은 사상 최고의 상승세를 보였다. 생산과 투자도 상당한 정도로 증가하였으며, 실업은 거의 해소되어 완전고용 상태가 실현되었다. 그 결과 파업이 완전히 사라지고 산업평화가 도래하였다.

그러나 1960년 총선에서 반대당 연합은 3당 연합 중 최소당이었던 9석의 정의당을 타겟으로, 덴마크 선거 사상 최대의 자금을 사용해 집중 공격했다. 이 자금은 보수파와 지주계층의 연합세력이 마련한 자금이다. 반면 정의당은 극도로 약세에 빠져 있었다. 의원 9명 중 3명이 사망했고, 2명은 건강문제로 제대로 활동을 하지 못할 형편에 있었다. 자금 면에서는 턱없는 열세에 있었고 주요 일간지의 지원도 얻지 못했다. 결국 정의당은 반대세력의 공세를 이겨내지 못하고, 선거에서 단 한 석도 차지하지 못하는 참패를 맛보았다.

총선 후에는 토지가치세에 반대하는 움직임이 강력하게 전개되었고, 약체였던 새 정부는 지주계층의 강력한 압력에 못 이겨 토지가치세 철폐를 약속했다. 그리하여 1964년에 토지가치세가 폐지되었고, 다음 해에는 토지가치 증가세가 폐지되었다. 그 이후 덴마크에는 다시 토지 투기 열풍이 불었으며, 경제는 어려움에 처했다. 국제수지는 다시 적자로 변했고, 외채도 엄청나게 늘었다. 1퍼센트대에 머물던 인플레이션 비율은 5퍼센트 내지 7퍼센트로 상승했고, 세금부담은 크게 증가했다. 지가와 주택 임대료가 폭등한 것은 물론이다.

덴마크는 토지가치세의 경제적 효과를 여실히 보여주는 좋은 사례이기는 하지만, 결과적으로는 실패한 경우이다. 한국에서 덴마크 정의당보다 더 지혜롭고 강한 정치세력이 주도하는 모범적인 성공사례가 만들어질 수는 없을까?(〈위클리 솔〉, 2003년 2월)

토지보유세 강화, 김대중 정부가 놓쳐버린 탁월한 부동산 정책

　김대중 대통령은 취임 초기 경제정의를 구현한다는 차원에서 토지보유세 강화를 천명했다. 역대 정부가 근본적인 부동산 대책은 마련하지 않은 채 투기억제와 경기부양이라는 두 가지 목표 사이를 오락가락하면서 '땜질식' 처방으로 일관해왔던 점을 생각할 때, 이 방침은 실로 획기적인 것이었다. 왜냐하면 지대소득의 상당 부분을 흡수할 정도로 토지보유세를 강화할 경우, 투기억제와 경기부양이라는 두 마리 토끼를 동시에 잡을 수 있기 때문이다. 뿐만 아니라 그것은 토지 불로소득을 공적으로 환수하는 것이기 때문에 경제정의에도 부합된다.
　김대중 정부가 이렇게 탁월한 부동산 정책을 수립할 수 있었던 것은 경실련운동의 성과라고 할 수 있다. 마침 초기 경실련의 핵심멤버들이 김대중 정부의 경제정책 입안에 관여하고 있었다. 하지만 김대중 정부는 스스로 천명한 정책이 얼마나 탁월한 정책인지, 어떤 효과를 갖고 있는지 제대로 알지 못했다. 사실 토지보유세 강화에 대해 햇볕정책에 대한 애착의 절반만 가졌더라도 부동산 투기는 막을 수 있었을 것이다.

김대중 정부는 토지보유세를 강화하면 경제위기를 극복할 수 있는 길이 열린다는 것을 몰랐다. 그래서 경제위기를 극복한다는 명분 하에 토지보유세 강화방침을 사실상 철회하고는, 적극적인 부동산 시장 부양책을 실시했다. 아파트 청약제한 완화, 분양권 전매허용, 양도소득세 감면, 소형 아파트 건축 의무제 폐지, 토지공개념 관련법의 폐지 및 완화조치 등이 그것이다. 토지 불로소득에 대한 대비책을 세우지 않은 상태에서 실시된 이 부양책들은 말이 부동산 시장 부양책이지, 사실상 부동산 투기 조장책이었다고 해도 과언이 아니다. 여기에다 저금리정책이 더해지면서, 부동산 투기의 재연은 불을 보듯 뻔한 일이 되었다.

예상대로 서울의 강남을 중심으로 아파트 투기가 일어나기 시작하자, 정부는 처음에는 '떴다방' 단속과 아파트 거래 관련 세무조사를 강화하는 식의 졸렬한 방법으로 대처하면서 귀중한 시간을 흘려보냈다. 그 사이에 투기바람은 광풍으로 발전했다. 즉 아파트 투기가 지역적으로 확대되는 동시에 아파트 값 폭등세가 이어졌으며, 오피스텔, 주상복합건물, 상가, 토지 등에까지 투기바람이 불기 시작한 것이다. 그제서야 정부는 그동안의 부동산 시장 부양책들을 철회하고, 부동산 보유과세 강화를 포함하는 '강도 높은(?)' 투기억제책을 발표하기 시작했다.

2002년 9월 정부가 발표한 부동산 대책은 부동산 보유과세 강화를 내걸었다는 점에서 주목할 만하지만, 여러 가지 면에서 미흡하고 또 즉흥적으로 작성되었다는 느낌을 준다. 정부 부처간의 의견조정도 제대로 이루어진 것 같지 않았다. 정책이 공평성을 결여하고 있다는 비판이 여기저기서 나오고 있었다. 이것이 근본적인 해결책이 되지 못한다는 것은 투기가 정부가 지정한 투기과열지역 외의 지역으로 번지고 있다는 데서 단적으로 드러났다. 이렇게 보면 김대중 정부도 부동산 경기부양과 투기억제라는 두 가지 정책 목표 사이에서 오락가락하면서 땜질식 처방으로 일관하는 1960년대 이래의 고질적 병폐를 답습했다고 해야 할 것이다.

김대중 정부의 정책실패는 경제위기 극복을 위해 토지보유세 강화 방침을 사실상 철회하면서부터 시작되었다. 토지보유세가 경제정의를 실현하는 수단은 되지만, 경제위기를 극복하는 데는 도움이 되지 않는다고 판단한 것일까? 그러나 토지보유세가 제대로 부과될 경우, 그것은 경제정의를 실현할 뿐 아니라 경제를 활성화시키는 일석이조의 효과를 발휘한다. 이 점은 19세기 후반 토지가치세를 주창했던 헨리 조지에 의해 분명하게 밝혀진 사실이다.

토지보유세를 지대의 상당 부분을 흡수할 정도로 높이면 토지투기는 원천적으로 불가능해진다. 아파트 투기도 본질적으로 위치location의 가치를 둘러싼 투기이기 때문에 토지투기의 성격이 강하다. 따라서 토지보유세를 강화해 토지투기를 억제하면 아파트 투기도 자동적으로 해소할 수 있다. 토지의 중요한 속성 중 하나인 위치의 가치는 부동산 소유주 개인이 만드는 것이 아니라 공동체가 함께 만드는 공적 가치이다. 따라서 그것을 공적으로 징수하는 것은 정의로운 일이다.

제대로 부과하는 토지보유세는 토지와 부동산의 투기적 보유를 억제해 토지와 부동산의 효율적 사용을 가능하게 한다. 또한 토지보유세를 획기적으로 강화하면 그만큼 공공수입이 증가한다. 이 수입증가를 배경으로 각종 노력소득에 부과되는 세금(소득세, 소비세, 법인세 등)을 감면할 수 있다. 임금과 저축에 대한 조세가 감면되면 근로의욕과 투자의욕은 증대하고 이는 경제의 활성화로 이어진다.

1997년 한국을 비롯한 아시아 주요국을 덮친 경제위기는 부동산 투기와 그로 인한 경제구조의 취약성의 증대에서 기인했다. 일본의 장기 침체가 부동산 투기에서 비롯되었다는 것도 너무나 잘 알려져 있다. 그 유명한 '고비용-저효율 경제구조'의 배후에는 토지문제가 가로놓여 있다. 토지보유세 강화를 통해 부동산 투기를 근원적으로 차단하지 않고서는 아시아 경제위기의 진정한 해결은 기대하기 힘들다.

이렇게 탁월한 부동산 대책을 놓치고 나서 정부가 내놓은 부동산 대책은 미흡하기 짝이 없고 결함투성이라서, 졸속 행정이라는 비판을 받았다. 아파트 청약요건 강화, 양도소득세 비과세요건 강화, 투기과열지구에서의 재산세 중과, 신도시 추가 개발, 강북 재개발 등의 조치들은 부동산 보유세 강화라는 면에서는 너무도 미흡하며, 다른 정책 목표들과 충돌을 일으키거나 형평성을 저해하는 결함을 갖고 있었다.

김대중 정부는 부동산 문제를 해결할 수 있는 근본대책을 알고 있었다. 토지보유세를 강화하고 다른 세금을 대폭 감면해보라. 그러면 건물시장을 침체시키지 않고 부동산 투기를 근절할 수 있을 것이다. 노동자들의 근로의욕과 기업가들의 투자의욕은 높아질 것이다. 불로소득에 과세하고 노력소득을 면세하므로 경제정의 또한 제대로 구현될 것이다.

취득세, 등록세, 양도소득세 등 부동산 거래를 저해하는 세금들은 점차 줄여나가는 것이 바람직하다. 투기억제 효과는 적고 공연히 형평성 논란만 야기하고 있는 건물분 재산세도 폐지하는 것이 좋다. 토지보유세를 제대로 부과하면 재산세의 지역간 불평등의 문제는 자연스럽게 해결할 수 있다.

토지보유세 강화 이야기를 꺼내면 조세저항을 근거로 반대하는 사람들이 있다. 그러나 토지보유세에 대한 조세저항이란 것은 부동산을 많이 가진 지주들과 투기꾼들, 그리고 그들과 같은 편에 서 있는 경제학자들과 언론의 저항일 뿐이다. 토지보유세를 강화하는 대신 다른 세금을 그만큼 감면해주는데, 집 한 채 가지고 있거나 약간의 땅을 보유하고 있는 일반 사람들 중에 저항할 사람들이 있겠는가?(《월간 경실련》 2002년 10·11월호)

부동산 시장을 배회하는 세 가지 망령

한국의 부동산 시장에서는 2002년 부동산 투기가 발생한 이래 최대의 위기상황이 전개되고 있다. 통계조사를 시작한 이래 최고의 상승률이라고 할 정도로 집값 폭등세가 두드러지고 있을 뿐 아니라, 소위 '버블 세븐' 지역의 중대형 아파트를 중심으로 나타났던 가격 폭등세가 수도권 전역의 모든 주택으로 확산되고 있다.

매매계약 체결 후 매도인이 위약금을 물고 계약을 취소하는 사태가 속출하거나 과도한 낙관론에 사로잡혀 어떤 값을 치르더라도 부동산을 구입하려는 사람들이 늘어나고, 부동산의 가치를 과대평가하는 사람들의 견해가 시장을 지배하는 경향이 나타나면 부동산 투기 국면의 최종 단계가 시작되었다고 본다.

그런데 바로 이런 일이 지금 한국의 부동산 시장에서 일어나고 있다. 이 단계가 지나면 부동산 거품이 꺼지면서 집값이 거꾸로 폭락하는 파국적 상황이 전개된다.

정부의 정책이 신뢰를 받고 있고 쓸 수 있는 정책 카드가 남아 있다면 부동산 시장의 이상열기를 가라앉히면서 파국을 피해갈 수 있다. 하지만 참여정부 부동산 정책에 대한 신뢰는 이미 무너졌고 사용할 수 있는 정책 카드는 바닥이 났다. 시장에서는 파국적 상황이 시작되려 하고 있는데 정부의 정책적·정치적 역량은 최악의 수준으로 떨어져 있다는 점에서, 현재의 위기는 악성 위기이다.

이런 위기상황에서는 현 정부의 정책 당국자들, 여당과 야당의 책임 있는 정치인들, 시민사회 단체들, 일반 국민들이 하나가 되어 위기를 타개하기 위한 방안을 모색해야 한다. 지금까지 부동산 정책을 정쟁의 도구로 이용하는 경우가 적지 않았는데, 그런 짓은 즉각 중단되어야 한다. 부동산 시장의 파국은 모두를 파멸시키기 때문이다.

그러나 유감스럽게도 지금 부동산 시장에는 혼란을 가중시키고 문제해결을 오히려 어렵게 만드는 세 가지 포퓰리즘의 망령이 배회하고 있다. 그 셋은 '보유세·양도세 완화론', '분양제도 개혁론', '금리인상론'이다.

보유세 완화론의 허구성

부동산 문제의 근원은 부동산을 소유할 때 생기는 불로소득이다. 부동산 투기는 불로소득 획득 가능성 때문에 일어나고, 부동산 양극화는 이 불로소득이 일부 계층에 편중되기 때문에 발생한다. 따라서 부동산 문제를 근본적으로 해결하기 위해서는 부동산 불로소득을 차단하거나 공적으로 환수해야 한다.

부동산 불로소득을 차단하는 가장 좋은 방법은 토지보유세를 강화하는 것이라고 알려져 있다. 양도소득세 강화는 이를 보완하기 위한 대책으로 활용할 수 있다. 보유세 강화정책을 제외하고 다른 방법으로 부동산 투기를 해결할 수 있다고 주장한다면, 그것은 고의로 내뱉는 거짓말이거나 무지의 표출이다.

문제는 부동산 부자들은 물론이고 집 한 채 달랑 갖고 있는 일반 시민들도 자신들의 세부담이 늘어나는 것을 싫어한다는 사실이다. 일찍부터 이 사실을 간파한 보수언론들과 한나라당은 참여정부 부동산 정책으로 인해 모든 부동산 소유자들의 세부담이 엄청나게 늘어난다는 내용의 '세금폭탄론'을 집요하게 제기해왔다.

아무리 엉터리 주장이라도 반복해서 들으면 받아들이게 되는 것일까? 참여정부의 부동산 정책이 집값 잡기에 실패했다는 인식이 확산되면서 세금폭탄론과 '보유세·양도세 완화론'을 받아들이는 사람들이 늘고 있는 듯하다. '집값은 잡지도 못하고 세금만 올렸다'는 것이 많은 사람들의 생각이다.

최근의 위기상황을 맞아서 한나라당은 참으로 의기양양하게 종합부동산세 완화와 양도세 완화를 추진하겠다고 밝히고 있다. 세부담 증가를 혐오하는 대중의 심리에 편승하는 전형적인 포퓰리즘이다.

집값을 잡지 못한 무능한 정부라고 참여정부를 공격하면서, 정작 가장 탁월한 투기대책인 보유세 강화정책을 후퇴시키겠다고 주장하고 있으니 이 어찌 포퓰리즘이라 하지 않을 수 있겠는가? 집권 가능성이 어느 때보다도 높아진 만큼, 한나라당은 부동산 문제가 단지 참여정부 공격에 써먹을 재료가 아니라 자기의 숙제가 되고 있음을 깨달아야 할 것이다.

부동산 투기에 적극 대처하면서도 세부담 증가를 혐오하는 대중의 심리를 어느 정도 해소할 수 있는 방법이 존재한다. 그것은 토지보유세를 강화하는 대신 다른 세금들을 감면하는 '패키지형 세제개혁'을 추진하는 것이다. 이런 방법이 있다는 것을 모를 리 없는 한나라당이 종부세 완화와 양도세 완화를 포함하는 무차별적인 감세정책을 주장했다는 사실은 아직까지 명실상부한 수권 정당의 면모를 갖추지 못했음을 말해주는 것은 아닌가?

과녁이 빗나간 분양제도 개선론

작금의 부동산 값 폭등이 잘못된 분양제도와 분양가 상승 때문에 일어났다고 보는 사람들이 있다. 시민단체인 경실련의 일부 인사들이 이런 인식을 가지고 있다. 실제로 1998년 분양가 자율화 조치가 취해진 이후 아파트 분양가는 급격히 상승하였다. 서울과 수도권에서는 분양가 상승이 주변의 기존 아파트 값을 끌어올리는 선도 역할을 한 것도 사실이다.

분양가 자율화 조치 덕에 건설업체는 마음껏 높은 분양가를 책정하면서 엄청난 호황을 누렸다. 경실련이 분양원가 공개운동을 펼치면서, 공공택지의 공급제도와 분양제도에 문제가 많다는 점이 밝혀졌고 토지공사와 주택공사, 그리고 건설업체들이 이를 이용해 폭리를 취하고 있다는 사실도 드러났다.

분양원가 공개를 대선공약으로 내걸었던 노무현 대통령이 입장을 바꿔서 공개불가를 선언하면서 분양가 문제는 정치적 이슈로까지 발전하였다. 그러나 2006년 9월 28일 노 대통령은 분양원가 공개를 반대한 지 2년여 만에 "많은 국민들이 아파트 분양원가 공개를 바라고 있어 이제 분양원가 공개제를 반대할 수 없게 됐다"고 하며 반대입장을 철회했다.

이 과정에서 우리 사회에는 부동산 문제는 분양가 문제이고, 분양제도만 제대로 개혁하면 부동산 투기를 근절할 수 있다는 생각이 널리 퍼지게 되었다. 분양원가를 공개하고 분양가를 규제하기만 하면 부동산 값을 잡을 수 있다는 주장이 국민들의 광범한 지지를 얻기에 이르렀고, 건설업체의 폭리를 막아서 아파트 값 거품을 빼자는 주장이 아무런 거부감 없이 받아들여지게 된 것이다.

참여정부의 부동산 정책이 부동산 값 하향 안정화라는 성과를 제대로 거두지 못하면서, 분양제도 개혁론은 더욱더 힘을 얻고 있다. 국민들 중에는 분양원가 공개를 거부한 것이야말로 참여정부의 부동산 정책이 실패한 최대 원인이라고 생각하는 사람들도 많다.

분양제도 개혁론자들이 제시하는 투기대책은 두 가지이다. 하나는 분양원가를 공개하여 건설업체들과 토지공사·주택공사가 택지공급 과정에서 취하는 폭리를 막고 분양가를 인하하라는 것이다. 다른 하나는 아파트 후분양제를 실시하든지, 아니면 공공택지를 민간 건설업체에 넘기지 말고 공공이 맡아서 임대주택을 건설하여 공급하라는 것이다.

공공택지 공급제도에 문제가 많다는 점, 이를 이용해 건설업체가 폭리를 취하고 있다는 점, 아파트 선분양제도가 건설업체에 큰 특혜라는 점 등은 모두 사실이다. 우리나라에서 건설업이 부패의 온상처럼 된 것도 이런 사실과 무관하지 않다. 따라서 택지공급제도와 분양제도는 반反특혜·반反부패의 차원에서 하루빨리 개혁되어야 한다.

그러나 분양제도는 부동산 투기와 부동산 값 폭등의 근본 원인이 아니다. 건설업체가 부당하게 분양가를 끌어올려 폭리를 취하기 때문에 부동산 값이 폭등하는 것이 아니라는 말이다. 원인과 결과가 뒤바뀌었다. 투기로 인해 부동산 값이 폭등했기 때문에 건설업체들이 분양가를 끌어올릴 수 있었고 또 어려움 없이 아파트를 분양하면서 폭리를 취할 수 있었다.

단기간에 공급을 증가시킬 수 없는 물건의 경우, 물건 값은 수요에 의해서 결정된다는 것은 경제학에서 잘 알려진 사실이다. 부동산 투기와 부동산 값 폭등은 분양제도의 문제점과 분양가 인상이라는 공급 측 요인 때문에 일어나는 것이 아니라 기본적으로 투기적 가수요 때문에 일어난다.

신규 아파트의 분양가는 인근지역에서 아파트 값을 정할 때 잣대가 된다는 점에서 기존 아파트의 가격을 선도하는 기능을 어느 정도 할 수 있다. 하지만 그 영향은 국지적이며, 그것도 투기적 가수요가 없을 때는 발휘되지 않는다. 예를 들어 투기적 가수요가 수도권보다 작은 대구 지역에서는, 높은 분양가에도 불구하고 주변의 기존 주택가격은 올라가기는커녕 오히려 떨어지고 있다. 기존 주택 거주자들이 신규 아파트에 입주하면서 기존 주택을 매각하려 하기 때문이다.

불로소득 차단 못하면 백약이 무효

분양원가를 공개하고 분양가를 정책적으로 낮춘다고 해서 부동산 투기가 사라지는 것도, 부동산 값이 안정되는 것도 아니다. 건설업체로 들어가던 불로소득이 최초 분양자에게 돌아갈 뿐이다. 그리고 후분양제를 실시한다고 해도 부동산 값이 안정되지 않는다. 건설업체가 누리던 특혜가 사라질 뿐이다. 요컨대 불로소득을 차단하지 않는 한, 분양제도의 개혁은 투기억제의 효과를 발휘하지 않는다.

본질상 투기억제와는 상관이 없는 분양제도 개혁론이 최선의 부동산 값 안정대책으로 둔갑한 데는 경실련의 책임이 크다. 반특혜·반부패 운동으로 자리매김했다면 올바른 역할을 했을 것을, 반反투기운동으로 만들어 버림으로써 큰 혼란을 야기한 것이다. 대중의 높은 지지에 매몰된 포퓰리즘의 발로이다.

거품이라는 용어는 투기로 인해 부동산 값이 시장의 근본가치를 넘어서 상승할 때 생기는 실제 가격과 근본가치의 차이를 의미함에도 불구하고, 경실련은 그것을 분양가에 포함되는 건설업체의 폭리를 가리키는 용어로 둔갑시켜버렸다. 예컨대 경실련은 '아파트 값 거품빼기 운동'을 전개하고 있는데, 이때 '거품'은 바로 건설업체의 폭리를 의미한다.

그래 놓고는 건설업체의 폭리를 막아서 분양가를 낮추면 아파트값 거품을 뺄 수 있고 거품이 빠지면 부동산 값은 안정될 것이라고 호언장담하고 있다. 자의적인 용어 사용이 얼마나 큰 착각을 만들어낼 수 있는지 잘 보여주는 사례이다. 그러나 불로소득을 차단하여 투기수요를 억제하지 않으면 부동산 값 거품은 결코 사라지지 않는다.

분양제도 개혁론자들은 공공택지에는 공공임대주택만 지어서 공급하라는 주장을 하기도 한다. 분양제도 개혁론을 반투기운동으로 자리매김해보려는 노력의 일환이 아닌가 생각된다. 물론 아예 거래의 대상이 되지 않는 주택만을 공급한다면, 그것을 대상으로 한 투기가 일어날 리 없다. 신규주택 시장에서 투기가 일어나지 못하도록 하는 것이니 얼마나 효과적인 투기대책이냐고 자평할지 모르겠다.

그러나 이는 기존 주택시장에서의 부동산 값 폭등에 대해서는 거의 영향을 미칠 수 없다. 실수요를 일부 흡수하여 부동산 값을 하락시키는 효과는 있을지 모르겠지만, 이보다는 민간주택의 신규공급이 크게 줄어들 것이라는 사실을 파악한 시장 참가자들이 기존의 민간주택을 투기적으로 구입하려고 하면서 부동산 값 폭등세가 오히려 심해질 가능성이 더 크다.

공공택지에 공공임대주택만 지어서 공급하는 것도 부동산 불로소득 차단정책과 함께 시행되지 않는다면 결코 투기억제의 효과를 발휘할 수는 없다.

출범 당시 경실련 투기대책의 핵심은 보유세를 강화하고 다른 세금을 감면하는 '패키지형 세제개혁'이었다. 요즘 경실련이 반투기운동의 핵심정책은 방기한 채 엉뚱하게 반특혜·반부패운동의 정책들을 '거품빼기'의 주요 수단으로 끌어들이는 모습은 원래의 궤도를 벗어난 것이다. 경실련이 포퓰리스트적 과욕에서 속히 벗어나기를 간절히 바란다.

빈대 잡으려다 초가삼간 태울 금리인상

부동산 정책의 신뢰가 무너지고 백약이 무효인 상황이 되자, 우리 사회 일각에서는 금리인상을 통해 집값을 잡아야 한다는 주장이 고개를 들고 있다. 이성태 한국은행 총재의 성향이 '금리인상론'에 가깝다는 것을 근거로 조만간 금리가 인상될 것이라 예상하는 사람들도 많다.

실제로 이 총재는 2006년 11월 9일 금리동결을 결정한 금융통화위원회 직후 기자간담회를 갖고 "최근 수도권 아파트 가격이 크게 상승하고 있는 것은 매우 우려할 만한 상황이라 판단하고 있고, 이러한 상황 전개를 면밀히 주시하고 있다"고 말함으로써 이런 예상을 어느 정도 뒷받침하였다.

금리인상은 이자소득을 높여서 투기적 이익을 줄일 뿐 아니라 부동浮動자금을 감소시켜서 투기수요를 억제하기 때문에 투기억제 효과가 매우 확실하다. 그러나 급격한 금리인상은 부동산 시장의 경착륙을 초래할 위험성이 크다. 더욱이 금리인상은 부동산 시장뿐만 아니라 거시경제 전반을 위축시키는 효과가 있으므로 부동산 정책으로 활용하기에는 적합하지 않다. 부동산 값을 잡기 위해 금리를 인상할 경우, 자칫 잘못하면 빈대 잡으려다 초가삼간 태우는 격이 되기 십상이다.

부동산 거품이 발생했을 때 금리인상을 통해 대처했던 사례는 적지 않다. 1990년대 초반의 스웨덴, 핀란드, 일본, 1990년 중반의 태국 등이 대표적이다. 이 나라들은 모두 금리인상 후 부동산 값은 잡았지만, 그에 연이어 부동산 가격의 폭락과 금융위기, 그리고 심각한 경기침체를 경험하였다.

이런 사실은 우리나라의 금융당국이나 경제학자들 사이에 잘 알려져 있다. 그동안 금융당국이 집값이 잘 잡히지 않는 어려운 상황을 지켜보면서도 금리인상을 단행하지 않은 것은 그것이 갖는 위험성을 잘 알고 있었기 때문이다.

어떤 결과가 올지 예상되는데도 대중의 압력에 밀려서 금리인상을 단행하는 것은 포퓰리즘이다. 앞서 말한 대로 지금 부동산 값 폭등세를 진정시켜야 할 필요성은 어느 때보다 높은데 쓸 수 있는 정책 카드가 없다는 사실 때문에 금융당국이 금리인상 쪽으로 몰고 가는 듯하여 심히 걱정스럽다.

부동산 거품은 애초에 발생하지 않도록 하는 것이 최선이지만 이미 거품이 발생한 경우에는, 비록 그것이 과거의 느슨한 금융정책과 그로 인한 신용팽창에 기인한 것이라 할지라도 금융정책은 계속해서 느슨하게 운용할 필요가 있다. 금융정책의 기조를 급격히 바꾸는 것은 부동산 시장의 경착륙을 초래할 위험성이 매우 크다.

부동산 시장의 연착륙을 유도하려면, 금융정책은 느슨하게 유지하면서 부동산 불로소득 차단정책과 같은 확실한 투기대책을 일관성 있게 밀고 나가야 한다.(《오마이뉴스》, 2006년 11월 11일)

3장

'보유세 혁명'의
전개와 좌절

토지정의를 위해 노무현 대통령 당선자께 드리는 공개서한[9]

민주당 대통령 후보 경선에 나선 이후 대통령으로 당선되기까지 노무현 대통령 당선자께서 걸으신 행로는 많은 사람들에게 큰 감동을 주었습니다. 그래서 국민들은 역대 어느 대통령보다도 더 큰 기대를 노 당선자께 걸고 있는 것 같습니다.

노 당선자는 많은 국민들에게 원칙을 존중하고 정의를 실천할 분으로 인식되고 있습니다. 우리는 노 당선자께서 이런 국민들의 기대에 부응해서 참으로 원칙을 존중하고 정의를 실천함으로써 퇴임 후까지 존경받는 대통령이 되시기를 진심으로 기원합니다.

우리가 이 공개서한을 드리는 것은 경제정의의 실현에 필수적인 정책대안 한 가지를 제안하기 위한 것입니다. 이 대안은 경제정의를 실현하는 데 그치지 않고 경제의 효율성을 획기적으로 높이는 효과가 있다고 알려져 있습니다.

우리가 제안하고자 하는 대안은 토지와 자연자원에서 발생하는 지대rent소득을 공적으로 징수하는 대신 각종 노력소득에 부과되고 있는 세금들―소득세, 부가가치세, 법인세 등―은 감면하는 것입니다. 물론 지금도 세금과 사용료의 징수를 통해 지대소득의 공적 징수가 이루어지고 있지만, 극히 불충분한 상태입니다.

토지가치세제 혹은 지대조세제land value taxation로 알려진 이 대안은 경제정의의 정신에 정확하게 부합합니다. 토지와 자연자원은 개인이 만들지 않은 것이기 때문에, 한 개인이 사유화해서 거기서 나오는 지대소득을 사적으로 전유專有하는 것은 부당한 일입니다. 반면 기업과 노동자들이 땀 흘려 벌어들인 노력소득은 원칙적으로 그 개인에게 모두 귀속되어야 합니다. 오늘날의 많은 나라의 정부들은 공공의 복지를 구현한다는 명분 하에 노력소득에 대한 과세를 아무 거리낌 없이 행하고 있는데, 이 또한 부당한 일입니다. 지대조세제는 노력소득은 보장하고 불로소득은 환수함으로써 '개인의 것은 개인에게, 사회의 것은 사회로' 돌아가게 하는 정의로운 정책입니다.

오늘날 적지 않은 경제학자들이 시장경제의 원활한 작동을 위해서는 모든 것에 사적 소유권을 인정해야 한다고 믿고 있는데, 이것은 잘못된 생각입니다. 생산물의 사유화와 노력소득의 사적 전유는 시장경제의 원활한 작동을 촉진하지만, 인간이 만들지 않은 토지와 자연자원의 사유화와 지대소득의 사적 전유는 시장경제의 작동을 저해하고 경제의 효율성을 떨어뜨리기 때문입니다. 《진보와 빈곤》이라는 불후의 명저를 남긴 미국의 경제학자, 헨리 조지는 지대소득의 사적 전유가 토지와 자연자원에 대한 투기를 낳고, 투기는 주기적 불황을 발생시킨다는 것을 명쾌하게 논증한 바 있습니다. 현대경제를 분석해보더라도 토지투기가 불황을 유발한다는 것이 여러 나라에서 확인되고 있습니다. 따라서 시장경제의 원활한 작동을 촉진한다는 명분 하에 토지와 자연자원에까지 사적 소유권을 인정해야 한다고 주창하는 사람들은 사실은 시장경제의 원활한 작동과 경제적 효율성이 아니라 독점적 기득권을 옹호하고 있는 것입니다.

지대소득을 공적으로 징수하면 투기를 원천적으로 봉쇄할 수 있고 그로 인해 발생하는 주기적 불황을 방지할 수 있습니다. 지대세 수입이 추가적으로 발생하기 때문에 기존의 세금들을 감면할 수 있는데, 이와 같은 세금감면은 근로의욕과 투자의욕을 촉진해 경제를 크게 활성화시킬 것입니다.

지대세의 효과는 경제의 효율성을 높이는 데 그치지 않습니다. 그것은 노무현 당선자께서 매우 중시하는 분배개선의 효과도 갖고 있습니다. 부동산 투기가 부와 소득의 불평등 분배를 유발한다는 것은 잘 알려진 사실입니다. 지대세를 제대로 징수하면 부동산 투기를 근원적으로 잠재울 수 있고 그만큼 분배의 상태를 개선할 수 있습니다. 실제로 1950년대 말 덴마크에서는 지대조세제를 정강정책으로 내건 정의당 Justice Party이 집권한 이후 극심했던 부동산 투기가 잠잠해지고 분배가 획기적으로 개선되는 일이 일어났습니다. 노무현 당선자께서는 분배개선을 통한 성장촉진을 약속하셨는데, 그것은 실현 가능한 일입니다. 지대조세제가 그 공약을 현실로 만들 수 있습니다.

지대세는 토지세만을 의미하지 않습니다. 그것은 토지와 자연자원에 대한 공적 부과금을 통칭하는 말입니다. 지대세는 토지세, 환경세, 지하자원 채굴세, 물 사용료, 혼잡세, 어로세, 주파수대 사용료 등을 포함합니다. 현재 우리 정부에서 파악해서 징수하고 있는 지대세는 극히 불충분합니다. 모든 자연자원의 지대를 제대로 파악해서 그 상당 부분을 공적으로 징수한다면 그 수입은 막대할 것입니다.

이와 같이 지대세가 자연자원의 사용료를 포함하고 있기 때문에, 현대사회를 괴롭히고 있는 환경문제의 해결에 기여할 수 있습니다. 많은 경우 환경문제란 개인이 아무 대가 없이 혹은 극히 적은 대가만을 지불하고 환경(즉 자연자원)을 사용하는 데서 발생합니다. 지대세를 부과하면 자연자원의 사용에는 대가가 따르기 때문에 낭비를 막을 수 있고, 이는 환경문제의 완화로 이어질 것입니다.

지대조세제가 생소하게 느껴질지 모르지만, 사실은 오랜 역사와 전통을 가지고 있는 정책대안입니다. 이 대안을 주창했던 대표적인 인물은 헨리 조지이지만, 제퍼슨, 링컨, 처칠, 톨스토이, 쑨원 등 많은 지도자와 사상가들이 이를 지지하였으며 그중에는 지대조세제의 실현을 위해 헌신적으로 노력한 사람들도 있습니다. 우리나라 임시정부의 정강정책 속에도 이와 유사한 경제정책이 들어 있습니다.

이 정책은 세계 곳곳에서 다양한 형태로 시행되어 왔습니다. 대만, 홍콩, 싱가포르, 덴마크, 호주, 뉴질랜드 등에서는 전 국가적으로 이 정책을 실시한 적이 있거나 지금도 실시하고 있습니다. 펜실베이니아 주를 비롯한 미국의 몇 개 주에서는 지방정부 차원에서 이 정책을 시행한 곳이 적지 않습니다. 이 정책을 제대로 시행한 곳에서는 경제적 부흥과 도시의 회복, 환경보전 등의 효과가 나타났습니다. 이 정책을 시행하다고 후퇴시킨 곳에서는 어김없이 경제적 쇠퇴가 뒤따랐습니다.

이제 우리는 지대조세제의 정신을 좀더 구체화해 세 가지 분야에 관한 정책제안을 하고자 하오니, 새 정부의 정책방향에 반영해주시기를 바랍니다.

세제개혁

근로소득세, 법인세, 부가가치세와 같은 '나쁜 조세'를 경감하고 토지보유세, 각종 환경세, 각종 자연자원 사용료 등 '좋은 조세'를 대폭 강화하는 세제개편을 단행해야 합니다. 이 세제개편은 총조세수입을 증가시키지 않는 범위 안에서 행해지기 때문에 국민의 조세부담은 늘어나지 않습니다. 따라서 특정 기득권층의 조세저항은 있을지 몰라도, 전 국민적인 조세저항은 일어나지 않을 것입니다.

이 세제개편이 이루어진다면, 경제의 왜곡이 상당 부분 사라질 것입니다. 그와 함께 부동산 투기가 근절될 것이며, 환경파괴나 자연자원의 낭비도 크게 억제될 것입니다.

행정수도 건설

신도시건설의 선구자로서 도시계획계에 큰 영향을 주어온 영국의 하워드(Ebenezer Howard, 1850~1928)는 지대조세제의 원리를 도시건설에 적용했습니다. 그가 주창한 원리는 다음과 같습니다.

- 필요한 토지를 시장가격으로 매수한다. 매수에 필요한 자금은 매수 토지를 담보로 하여 차입한다.
- 토지는 4인으로 구성된 토지신탁위원회에 신탁한다.
- 신탁위원회는 토지를 임대하여 지대를 완전히 환수한다. 지대의 크기는 수요자간의 경쟁에 의해 결정되는 가격으로 한다.
- 신탁위원회는 환수한 지대로 차입자금 이자와 원금분할상환금을 우선 지불하고 잔액을 도시정부에 납부한다.
- 도시정부는 이 수입으로 도로, 학교, 공원 등 공공사업 비용에 충

당하고 또 노년연금, 재난 및 건강 보험에 충당한다.

하워드는 자신이 구상한 도시를 전원도시Garden City라고 불렀는데, 이 구상에 따라 레치워스Letchworth와 웰윈Welwyn에 신도시를 건설하는 데 앞장을 섰습니다. 런던 북쪽 54km, 30km에 위치한 두 도시는 아직도 전원도시의 모범사례로 주목되고 있습니다. 하워드는 자신이 건설한 웰윈에 살았으며 사망하기 한 해 전인 1927년에는 전원도시 건설의 공으로 기사작위를 받았습니다.

이러한 구상은 헨리 조지가 주창한 지대조세제와 다를 바 없습니다. 우리는 노 당선자께서 행정수도 건설을 공약하신 만큼, 하워드의 원리에 따라 그것을 추진할 것을 제안합니다. 행정수도 건설에서 가장 큰 난제는 아마도 토지투기일 것입니다. 지대조세제의 정신과 전원도시의 원리에 따라 행정수도 건설을 추진하신다면 토지투기를 원천적으로 봉쇄하면서 이상적인 도시를 건설할 수 있을 것입니다.

통일 후 북한 지역의 토지제도 개혁
통일 후 북한 지역에 어떠한 토지제도를 구축할 것인가는 매우 중대한 문제입니다. 이와 관련하여 많은 연구가 이루어졌지만, 한결같이 궁극적으로 북한 지역에 남한과 동일한 토지사유제를 도입한다는 결론을 내리고 있습니다. 하지만 북한의 토지 사유화는 다음과 같은 문제점을 낳을 것입니다.

- 민간에게 넘겨져야 할 토지가 너무 많아서 그 모두를 단기간에 처분하려 한다면 가격이 극단적으로 떨어지는 결과를 초래할 것이다.

또 자금이 토지로 집중되어서 금융공황이 발생할 가능성이 있다.
- 토지를 효율적으로 이용할 수 있는 사람들 중 토지 구입비용이 없어서 토지를 확보하지 못하는 사람들이 다수 나올 것이다.
- 토지를 불하받은 후 그것을 유지하지 못하고 팔아버리는 사람들이 많을 것이다. 그 과정에서 토지 투기꾼이 활개를 치며 막대한 이익을 챙기게 될 것이다.
- 장기적으로 보면 토지와 자연자원의 사유화와 지대의 사적 전유를 완전히 허용하고 있는 자본주의 국가들이 겪고 있는 부동산 투기, 빈부격차의 확대, 주기적 불황, 환경파괴 등의 문제를 피하기 어렵게 될 것이다.

우리는 지대조세제의 정신을 따라 북한의 토지제도와 조세제도를 개혁한다면 이런 심각한 문제를 피할 수 있다고 믿습니다. 구 사회주의 국가들처럼 이미 토지와 자연자원이 국유화되어 있는 경우에는, 그것을 공공임대제로 운용하여 토지와 자연자원 이용의 효율성을 높이면서 사유화로 인한 폐해는 방지할 수 있습니다. 싱가포르는 자본주의국으로서 이 같은 제도를 채택해서 눈부신 경제적 성공을 거둔 대표적 사례입니다. 북한 지역에 시장경제, 사유재산제도와 함께 토지 공공임대제를 도입하면 북한 경제는 빠른 속도로 회복될 것이며, 통일과정은 우리가 예상하던 것보다 훨씬 순조로울 것입니다. 우리는 노 당선자께서 북한 정권에 이 같은 정책대안을 권유하는 것이 바람직하다고 생각합니다. 이만큼 평화통일의 조건을 조성하는 데 도움이 되는 정책대안을 찾기는 어려울 것입니다.

토지와 자연자원의 문제는 잘 드러나지 않는 경우가 많지만, 실제로는 이 문제를 해결하면 사회정의와 경제효율을 동시에 잡을 수 있습니다. 우리는 노 당선자께서 이 문제에 관한 정책방향을 바로 수립함으로써 경제정의를 실현하고, 우리 경제의 효율성을 높이며, 통일한국의 초석을 마련하는 귀중한 업적을 남기시기를 기원합니다. 이 길은 '깨끗한 노 당선자'께서 '성공한 대통령'으로 남는 첩경이 될 것입니다.

보유세 강화정책 포기 요구에
굴복해선 안 된다

부동산 보유세 강화는 참여정부 부동산 정책의 핵심이다. 기존의 부동산 보유세(종합토지세와 재산세)의 과표 현실화와 종합부동산세의 신설을 주요 내용으로 하는 참여정부의 보유세 강화정책은 역대 어느 정부도 해내지 못했던 일을 실행하고 있다는 점에서 일단 긍정적으로 평가해야 할 것이다. 보유세 강화가 부동산 문제를 근본적으로 해결할 수 있다는 것은 이 분야 전문가들에게는 오래된 상식이다.

하지만 참여정부의 보유세 강화정책에는 몇 가지 결함이 내포되어 있음을 지적하지 않을 수 없다.

현재 추진되고 있는 보유세 강화정책의 가장 큰 결함은 토지와 건물의 차이를 인식하지 못하고 있다는 점이다. 천부天賦자원인 토지에는 중과세하고 개인 노력의 소산인 건물에 대해서는 과세하지 않는 것이 바람직하다는 것은 토지경제학의 상식이다. 건물세는 건물의 신축, 개조 등을 억제하는 나쁜 영향을 초래하기도 한다.

부동산 투기의 핵심대상은 토지이다. 부동산 중 건물은, 토지만 있으면 추가로 공급할 수 있으므로 일시적인 투기대상은 될지언정 근본적인 투기대상이 아니며, 따라서 사치성 건물 억제 등의 필요가 없는 한, 건물은 과세대상에 넣을 이유가 없다.

작금의 부동산 투기는 토지나 자연자원에 대한 투기가 아니고 아파트 투기라고 말하는 사람도 있을 것이다. 그러나 아파트 투기는 좋은 위치에 대한 투기이고, 위치는 토지를 구성하는 대표적 요인이다. 즉 아파트 투기의 본질은 토지투기이다. 수억 원씩 하는 강남의 낡아빠진 아파트를 생각해보라. 그 가치가 건물의 가치인가 토지의 가치인가?

본질적으로 토지투기인 부동산 투기를 근본적으로 해결하기 위해서는, 토지보유세를 획기적으로 강화해서 토지 불로소득의 근원을 차단해야 한다. 정부가 면적 기준을 국세청 기준시가 기준으로 과표를 바꾸어 건물분 재산세를 인상하는 것은 편법이다. 그렇게 하면 건물분 재산세의 과표 속에 토지가치가 포함되게 된다. 이번 과표 현실화를 통한 재산세 인상에 대해 '종합토지세와 이중과세'라고 비판하며 소송을 준비하는 사람들이 있다고 하는데, 그들의 주장이 전혀 터무니없는 것은 아니다.

참여정부가 마련하고 있는 종합부동산세 법안에도 토지와 건물의 근본적 차이에 대한 인식은 들어 있지 않다. 이 법안과 관련해 2004년 5월 말 재경부가 발표한 방침과 재경부 용역을 받아 조세연구원이 작성한 보유세 개편 관련 보고서에 의하면, 건물에 대해서도 토지처럼 인별 합산 과세하는 방안을 제시하고 있다. 이는 성격이 전혀 다른 토지와 건물을 동일한 방식으로 과세하려는 것으로서 큰 잘못이다.

참여정부 보유세 강화정책의 또 다른 결함은 보유세 강화의 목표가 분명하지 않다는 점이다. 부동산 문제를 근본적으로 해결하기 위해서는 토지보유세의 실효세율을 2퍼센트 정도로 끌어올려야 한다. 필자가 추산한 바에 의하면, 이 정도로 토지보유세를 부과할 경우 정부가 토지 임대가치의 50퍼센트 정도를 환수할 수 있으며, 그렇게 되면 토지 불로소득은 크게 제한될 것이다. 이런 방식으로 토지 불로소득의 근원을 차단하지 않고서는 부동산 문제를 근본적으로 해결할 수 있는 길이 없다. 투기가 발생한 후에 대중적 규제책으로 대처하는 것은 갖가지 부작용을 유발할 수밖에 없다.

그런데 참여정부 경제관료들은 토지보유세를 그런 수준까지 강화할 생각이 없는 것으로 보인다. 오히려 그들은 보유세 과표 현실화와 종합부동산세 도입으로 인해 세액부담이 급증할 사람들의 조세저항을 걱정하느라 여념이 없는 듯하다. 개혁이 정의롭고 효율적인 방향으로 추진될 때에는 저항이 생겨도 그리 걱정할 필요가 없다. 하지만 개혁방안 자체가 원론에 어긋나고 정의와 효율을 침해할 경우에는 저항은 큰 세력을 형성하게 된다. 지금 일부 아파트 단지를 중심으로 강력한 조세저항 운동이 전개되기 시작했는데, 자칫하면 후자로 흐를 가능성이 크다.

참여정부는 2003년 10월 대통령이 토지공개념을 언급했던 당시의 자세로 돌아갈 필요가 있다. 그리하여 토지와 자연자원을 가진 사람들은 그에 상응하는 대가를 사회에 지불하도록 하는 제도를 마련해야 한다. 불황이 지속되고 부동산 경기는 침체하고 있는데 무슨 소리냐고 반박하는 사람이 있을 것이다. 정책의 '장기주의'를 표방하고 있는 참여정부가 이런 소리에 흔들려서는 안 된다. 보유세 강화를 장기간에 걸쳐서 점진적으로 추진하면 부동산 시장의 경착륙 따위는 걱정할 필요가 없다. 경착륙만 없다면 부동산 가격의 하락은 오히려 경제의 체질을 강화하고 경제를 활성화하는 작용을 할 것이다.

마지막으로 지적할 수 있는 결함은 '나쁜 조세'를 '좋은 조세'로 대체하는 소위 '조세대체'의 원리를 적용하지 않고 있다는 점이다. 보유세를 의미 있게 강화하면 당연히 세수가 증가할 것이다. 그렇게 증가하는 세수는 경제에 부담을 주는 다른 조세를 감면하는 데 사용되어야 한다. 감면되어야 할 조세로는 건물분 재산세, 부동산 거래세(취득세와 등록세 등), 소득세와 법인세 등을 들 수 있다. 이들 세금은 건축활동, 부동산 거래, 기업활동 등을 위축시킨다는 점에서 '나쁜 조세'에 속한다.

이처럼 토지보유세 강화와 다른 조세감면을 패키지형으로 묶으면 투기억제와 경제 활성화라는 두 마리 토끼를 한 번에 잡는 셈이 되고, 조세저항의 문제도 상당 부분 해소할 수 있다. 지금 정부는 보유세 강화방침만 밝히고 그 증가하는 세수의 용도에 대해서는 아무런 언급을 하지 않고 있으니, 많은 사람들이 '또 세금 더 걷으려 하는구나'라고 생각하는 것도 당연하다. 세금을 더 걷으려는 것이 아니라 '나쁜 세금'을 '좋은 세금'으로 대체하려고 한다고 하면 누가 수긍하지 않겠는가?

보유세, 즉 토지보유세를 의미 있게 강화하기 위해서는 반드시 해결해야 할 과제가 있다. 그것은 아파트 대지 공시지가의 저평가 문제이다. 대체로 우리나라 공시지가는 토지시가의 70~80퍼센트 수준이다. 그러나 아파트 대지의 경우에는 용적률이 지가평가에 반영되지 않기 때문에 공시지가가 토지시가의 20~30퍼센트에 불과하다.

이처럼 시가에서 크게 괴리된 공시지가로 과표를 산정해서는, 토지보유세를 의미 있게, 그리고 공평하게 강화할 수가 없다. 아파트 시가에서 건물가치를 공제해 대지가치를 평가하는 '잔여가치법'을 활용해서 아파트 대지의 저평가 문제를 우선적으로 해결해야 한다.

이처럼 토지보유세를 강화하면 토지 불로소득이 차단되니 부동산 투기가 소멸할 것이고, 토지를 사용하는 사람은 사용하는 만큼 대가를 지불해야 하므로 토지의 공공성은 자연스럽게 확립될 것이다. 세수를 다른 세금감면에 활용하는 만큼 경제를 활성화시키는 효과도 발생할 것이다. 이것은 '진정한 토지공개념', '시장친화적 토지공개념'을 실현하는 길이다.

2004년에는 경제불황과 부동산 시장의 침체를 이유로 보유세 강화정책을 포기 내지 연기하라고 하는 요구가 도처에서 나왔다. 심지어 국회까지 이런 움직임에 가담했다. 이러한 요구는 정부정책의 결함에 기인하는 것도 있겠지만, 부동산 문제를 근본적으로 해결하고자 하는 노력에 찬물을 끼얹고자 하는 불순한 의도에서 나온 것도 적지 않은 것으로 보인다. 이 같은 불순한 의도에 대응하는 방법은 보유세 강화정책을 포기 내지 연기하는 것이 아니라, 보유세 강화정책의 결함을 해결한 올바른 보유세 강화방안을 마련하는 것이다.(《오마이뉴스》, 2004년 7월 30일)

부동산 시장 이상한 조짐,
부양책을 막아라

참여정부는 집권 후 부동산 투기 때문에 골머리를 앓았다. 2003년 '10.29대책'의 발표 이후 부동산 가격 폭등세는 진정되는 듯하지만, 지금은 또 수년 간 형성된 부동산 거품의 후유증 때문에 어려움을 겪고 있다(참여정부의 불황은 부동산 거품의 후유증이라는 성격이 강하다).

사실 지난 몇 년간의 부동산 거품은 김대중 정부의 작품이다. 부동산 가격은 1990년대에는 줄곧 안정세를 보이고 있었다. 많은 사람들의 머릿속에는 이제 부동산으로 돈을 벌 수 있는 시대는 끝났다는 인식이 자리잡을 정도였다. 이러한 상황을 한꺼번에 역전시킨 것은 1999년부터 시작된 김대중 정부의 부동산 시장 부양책이었다.

김대중 정부의 부동산 정책이 처음부터 그랬던 것은 아니다. 집권 초기 김대중 정부는 경제정의를 구현한다는 차원에서 토지보유세 강화를 강력하게 천명했다. 취임 직후 대통령이 직접 토지과세를 거래세 중심에서 보유세 중심으로 바꾸라는 획기적인 지시를 내릴 정도였다. 역대 어느 대통령도 이렇게 정곡을 찌른 부동산 대책을 직접 제시하지 않았다.

3장 '보유세 혁명'의 전개와 좌절

김대중 정부의 부동산 정책 실패

그러나 얼마 지나지 않아서 김대중 정부는 경제위기를 극복한다는 명분 하에 토지보유세 강화방침을 사실상 철회해버렸다. 그리고는 부동산 시장 부양책을 마구 쏟아내기 시작하였다. 아파트 청약제한 완화, 분양권 전매허용, 양도소득세 감면, 소형 아파트 건축 의무제 폐지, 토지공개념 관련법의 폐지 및 완화 등의 조치가 그것이다. 토지 불로소득에 대한 대비책을 전혀 갖추지 않은 상태에서 실시된 이 부양책들은 말이 부동산 시장 부양책이지, 사실상 부동산 투기 조장책이었다. 때마침 시행된 저금리정책은 불이 붙기 시작한 부동산 투기에 기름을 붓는 역할을 하였다.

김대중 정부에 비하면 참여정부는 부동산 문제에 대해 훨씬 확고한 자세로 대처했다. 많은 사람들은 이러한 자세를 두고, '더불어 사는 균형발전사회'를 실현하겠다는 참여정부의 정책의지가 발현된 것으로 간주해왔다.

김대중 정부가 말만 하고 흐지부지 철회해버렸던 보유세 강화정책을, 참여정부는 과표 현실화와 종합부동산세의 도입을 통해 꾸준히 추진해왔다. 보유세를 강화하고 거래세를 인하하는 것은 우리나라 부동산 정책의 오랜 숙제이자 장기대책의 골간을 이룬다. 이와 함께 참여정부는 투기적 가수요를 잠재우기 위해서 투기지역 및 투기과열지역 지정, 다주택자에 대한 양도세 중과, 주택거래 신고제 도입 등의 단기대책을 아끼지 않고 시행했다. 노무현 대통령은 '토지공개념 제도를 도입할 수도 있다'는 식의 발언으로 이러한 정책을 강력하게 뒷받침했다.

경기침체가 본격화하기 전까지 이 같은 내용의 부동산 정책은 비교적 일관성 있게 추진되었으며, 그 결과 참여정부가 다른 방면에서는 많은 비판을 받았지만 부동산 정책만큼은 성공적이었다는 평가를 받았다.

그러나 2004년 6월 들어 참여정부는 이러한 성과를 스스로 짓밟는 이상한 행보를 보이기 시작했다. 이헌재 장관이 건설경기 '연착륙'의 필요성을 역설하기 시작하면서부터 시작된 이 이상한 행보는 부동산 경기부양이라는 형태로 점점 구체화되었다.

정부는 이미 지방의 7군데 주택투기지역을 해제한다고 발표했으며, 분양권 전매허용을 의미하는 투기과열지구 해제를 검토하고 있다고 한다. 우리나라 부동산 정책의 골간을 바로잡겠다고 시작한 보유세 강화 방침까지도 철회할 가능성이 높아 보인다. 이미 종합부동산세는 과세 대상을 최소화하는 것으로 결정이 나서 보유세 강화의 효과를 내기 어려운 내용으로 변질되어버렸다. 일부 언론의 보도에 의하면, 이헌재 장관은 심지어 과표 현실화를 통한 종합토지세 인상까지도 백지화할 수 있다는 발언을 했다고 한다.

투기적 가수요를 억제하기 위해 시장규제책을 과도하게 사용하면 투기가 억제되는 것을 넘어서 시장이 냉각되는 경우가 있다. 그럴 경우 단기적 규제책을 완화하고 취득세와 등록세를 인하하는 정도로 대처하면 충분하다. 그런데 참여정부는 부동산 정책의 골간을 뒤흔드는 분양권 전매허용이나 보유세 강화 백지화 등을 고려하고 있다고 하니, 이것은 거래 활성화를 통해 시장냉각을 해소하려는 정도가 아니고 전면적인 부동산 시장 부양책을 시행하겠다는 것 아닌가?

경제관료들의 '내심'

요즈음 이헌재 장관이나 김광림 차관은 이런 '내심'을 숨기고 부동산 정책의 기조는 유지할 것이라는 말을 반복하고 있다. 2004년 8월 23일에는 노무현 대통령까지 나서서 주택가격 안정이 최우선 정책과제라고 밝혔다. 만일 참여정부가 진정으로 처음의 부동산 정책기조를 유지하겠다는 마음을 가지고 있다면, 부동산 정책의 기조를 유지하겠다는 추상적인 원칙을 앵무새처럼 반복할 것이 아니라, 분양권 전매금지와 보유세 강화방침은 무슨 일이 있어도 계속 추진해갈 것을 약속하고 그 실행방안을 구체적으로 제시해야 한다.

노무현 대통령과 경제관료들의 언명에도 불구하고, 불황이 계속되고 현 경제팀이 존속할 경우 참여정부는 적극적인 부동산 시장 부양책으로 돌아설 가능성이 매우 크다. 노무현 대통령이 부동산 정책의 지휘봉을 이헌재 장관에게 넘기면서부터 이미 그 과정은 시작된 것으로 보인다.

만약 노무현 정부가 김대중 정부의 전철을 밟아서 적극적인 부동산 시장 부양책에 나선다면, 어떤 일이 일어날까? 당장 부동산 수요가 살아날 것이다. 물론 상당 부분이 투기적 가수요일 것이다. 한국은행은 당분간 금리를 계속해서 인하해갈 것이기 때문에 투기에 동원될 수 있는 자금도 늘어날 것이다. 아파트 분양은 활기를 띨 것이고 그에 따라 건설경기는 회복될 것이다. 건설경기의 회복은 고용을 창출하고 경제 전체를 일정 기간 동안 활성화시키는 작용을 할 것이다. 이러한 경제 활성화는 적어도 노무현 대통령의 임기 말까지는 계속될 것이다.

그런데 그 다음은 어떻게 될 것인가? 그동안 부풀려질 부동산 거품은 어떻게 될 것인가? 그것은 서민경제에 어떤 영향을 끼칠 것인가? 부동산 거품이 경제의 붕괴로 이어진 전 세계의 많은 사례를 검토해보면, 부동산 거품은 결코 그냥 사라지지는 않는다는 것을 알 수 있다. 건전하고 정밀한 부동산 정책을 통해 거품을 점진적으로 빼지 않으면, 그것은 금융위기나 경제 전체의 붕괴를 촉발하고서야 소멸한다.

참여정부의 부동산 시장 부양책의 쓴 열매는 차기 정부에 고스란히 떠넘겨질 것이다. 현 대통령이 임기 중에 반짝 경기의 단물을 맛보는 대가로, 차기 대통령은 부동산 거품의 쓴 열매를 감수해야 하는 것이다. 그런 점에서 차기 대권주자들에게는 현재의 부동산 정책의 방향에 대해 발언할 수 있는 권리가 주어져야 한다.

물론 모든 경제정책에는 집행과 결과 사이에 시차가 존재하기 때문에, 유독 부동산 정책만 가지고 그런 주장을 할 수는 없다고 말할 사람도 있을 것이다. 그러나 다른 정책들에 비해 부동산 정책은 정책의 효과가 오래갈 뿐 아니라, 정책내용에 따른 결과의 차이가 엄청나다.

'대통령 되는 과정이 얼마나 험난한데, 또 될지 안 될지 알 수 없는데, 그런 일까지 생각할 여유가 없다'거나, '주제넘게 나섰다가는 대권주자 대열에 서보는 것조차 곤란해질 것'이라고 말할지도 모르겠다. 그러나 생각해보라. 대통령이 되어서 임기 5년 내내 전임 대통령의 정책오류를 뒷감당하는 일로 지새운다면, 그런 대통령을 해서 무엇 하겠는가?

대통령이 되고 싶다는 막연한 소원을 가진 채 한번 애써 보고, '되면 좋고 안 되면 그만'이라고 생각하는 대권주자들은 나서지 말라. 그러나 꼭 대통령이 되어야 하겠고, 또 될 수 있다고 믿는 주자들은 지금 나서라. 그래서 다른 정책들은 모두 참여정부에 맡겨둘지라도, 부동산 정책의 후퇴만큼은 막아라. 당신들은 그럴 권리를 갖고 있다.(《오마이뉴스》, 2004년 8월 24일)

부동산 대책에 쏙 빠져버린
보유세 강화, 왜?

강남과 수도권 일대의 부동산 투기가 심각한 모양이다. 부동산 투기와의 전쟁을 선포했던 정부가 실제로 '전쟁'에 돌입했다는 느낌을 주니 말이다. 2005년 4월 17일 분양가를 과다책정하는 건설사와 투기를 조장하는 기획 부동산에 대해 세무조사를 의뢰하겠다는 '강도 높은' 대책을 내놓았고, 18일에는 아파트 값 급등세를 보였던 용인시 5개 동을 주택거래 신고지역으로 추가 지정하는 한편, 주택거래 신고제 위반 혐의자에 대해 정부 합동조사를 실시하겠다고 밝혔다.

참여정부 핵심 아젠다에서 빠져버린 '보유세 강화'

그런데 정부 인사들의 발언이나 정부 대책 가운데 한 가지 이상한 점을 발견할 수 있다. 부동산 문제를 근본적으로 해결할 수 있는 대표적 정책수단인 보유세 강화에 대한 언급이 완전히 빠져 있다는 점이다. 토지 보유세를 강화하면 토지 불로소득이 근원적으로 차단되기 때문에 부동산 투기는 미연에 방지되고 부동산 시장은 실수요자 중심 시장으로 전환된다.

참여정부의 정책 당국자들도 이 사실을 잘 알고 있었던 것 같다. 그래서 정권 출범 초기부터 보유세를 강화해서 부동산 문제를 근본적으로 해결하겠다고 공언했고, 노무현 대통령은 임기 말까지 보유세를 현재의 두 배 수준으로 끌어올리겠다고 약속한 바 있다.

그러나 어느 틈엔가 보유세 강화정책은 참여정부 부동산 정책의 아젠다에서 빠져버렸다. 2004년 연말 지방세법 개정안과 종합부동산세 법안을 통과시키면서 보유세제 개편을 완료했다고 생각하기 때문일까?

하지만 2004년 연말의 보유세제 개편은 단지 세부담의 불공평이라는 문제를 시정해 보유세제를 부분적으로 정상화시킨 것에 불과하며, 보유세 강화와는 거리가 먼 개편이었다. 그것이 보유세제의 정상화일 뿐 강화가 아니라는 사실은 정부 당국자들도 인정하고 있다.

그럼에도 불구하고 이 개편을 통해 참여정부가 보유세 부담을 엄청나게 높였다는 잘못된 인식이 퍼져 있는데, 그것은 그동안 재산가치에 비해 형편없이 낮은 세금을 부담해온 지역의 부동산 소유자들이 세부담 정상화를 자신들을 겨냥한 보유세 강화로 받아들였고, 이들의 인식이 이리저리 전파되어왔기 때문일 것이다.

토지보유세를 강화함으로써 천부자원인 토지를 차지해 이익을 얻는 사람들이 상응하는 대가를 지불하도록 하는 것은 우리나라의 토지세제를 선진국형으로 개편하는 일로서, 절대로 포기해서는 안 되는 중대한 정책과제이다.

또다시 부동산 투기가 문제가 되고 있는 이때에, 참여정부는 보유세 강화정책을 다시 탁자 위에 올려놓아야 한다. '보유세제를 정상화하는 것만 가지고도 그 엄청난 저항을 받았는데 하물며 보유세 강화를 어떻게 추진할 수 있겠는가'라는 생각은 하지 마시라. 대부분의 국민들은 선진국의 보유세 부담이 우리나라보다 엄청나게 높다는 사실을 잘 알고 있다.

우리 사회를 선진화시키는 것은 우리 모두의 바람 아닌가? 그리고 토지보유세를 강화하는 대신 다른 세금을 깎아주는 '패키지형 개편방식'을 채택하고 그 사실을 국민들에게 적극적으로 홍보한다면, 얼마든지 국민적 동의를 확보할 수 있을 것이다.

토지세를 중심으로 보유세를 강화해야

보유세제 강화의 절차와 방법에 관해 몇 가지 제안을 하고 싶다.

첫째, 보유세 강화의 중장기적 목표와 시간계획을 구체적으로 제시할 필요가 있다. 지금까지 이와 관련하여 참여정부가 밝힌 것으로는 2004년 9월 15일 노무현 대통령이 임기 중에 보유세 실효세율을 현재의 2배 수준으로 끌어올리겠다고 약속한 것이 거의 유일하지 않은가 생각한다. 최소한 10년 정도의 시간계획을 미리 밝히고 국민들의 동의를 구하지 않으면 개혁은 성공할 수 없으며, 일시적으로 성공하더라도 차기 정권에서 얼마든지 뒤집을 수 있다. 장기적 목표는 앞서 말한 바와 같이 선진국 수준으로 실효세율을 끌어올리는 정도는 되어야 할 것이다.

둘째, 2004년 연말의 보유세제 개편에 문제가 있었다는 것을 인정하고 보완책을 마련할 필요가 있다. 2005년부터 새롭게 적용되는 재산세(지방세)와 종합부동산세(국세)로는 앞으로 보유세 강화를 추진하기가 곤란하다. 원칙적으로 모든 부동산 소유자에게 부과되는 재산세는 세율이 낮은데다 지방정부가 탄력세율 적용을 통해 더 낮출 수 있기 때문에 보유세 강화의 정책수단으로는 적절하지 않다.

국가적 과제를 지방정부를 통해 달성하겠다는 것 자체부터 문제가 있다고 볼 수도 있다. 그리고 종합부동산세는 과세대상이 너무 제한되므로 전반적인 보유세 강화를 달성할 수 있는 정책수단이 될 수 없다.

이 문제를 해결하기 위해서는 현행 재산세는 그대로 두고 종합부동산세의 부과기준을 대폭 끌어내릴 필요가 있다. 조세저항이 생기겠지만 그것은 지방정부가 아니라 중앙정부가 담당할 것이기 때문에, 훨씬 바르게 또 효과적으로 대응할 수 있을 것이다.

세금의 이름을 종합부동산세가 아니고 국토보유세로 고치는 것도 생각해봄 직하다. 국토보유세는 소수의 부동산 과다 보유자에게만이 아니라 일정 가액 이상의 토지를 소유하는 사람 모두를 과세대상으로 하는 세금이 될 것이다. 필자의 생각으로는 대도시 주변의 보통 주택 1채에 해당하는 금액(약 2억 원)을 기준으로 하면 좋을 것 같다.

즉 소유하고 있는 토지가치(시가기준)가 2억 원 이상인 사람들에게 국토보유세를 단일세율로 부과하는 것이다. 물론 그 이하를 소유하고 있는 사람들에게는 과세하지 않는다. 단일세율로 부과하는 이유는 그것이 조세가 초래하는 왜곡을 최소화시키기 때문이다.

셋째, 천부자원인 토지와 인간 노력의 산물인 건물의 차이를 인식하고 양자에 대한 과세를 차별화할 필요가 있다. 이론적으로 볼 때, 건물세는 낮추고 토지세는 올리는 것이 경제정의와 효율 모두에 부합하는데, 이번 보유세제 개편방안에서는 주택의 토지와 건물을 구별하지 않고 통합평가, 통합과세하는 것으로 결정했다.

이렇게 하면 건물과세가 증가하여 건물의 신축, 개조가 억제될 수 있고, 토지가치는 높은데 건물가치가 낮은 아파트와 반대로 토지가치는 낮은데 건물가치가 높은 아파트를 동일하게 취급하는 새로운 형태의 불공평이 발생할 수 있다.

보유세 강화에 반대하는 학자들 중에는 보유세가 건물의 신규공급을 위축시키는 효과를 갖고 있다는 점을 지적하는 사람들이 있는데, 그들의 지적이 전혀 근거 없는 것은 아니다. 보유세를 토지세 중심으로 강화하고 건물세는 폐지 내지는 인하하는 쪽으로 방향을 잡는 것이 옳다.

공급확대는 토지보유세 강화와 함께
한덕수 경제부총리는 부동산 투기에 엄정하게 대처하겠다고 하면서 토지 및 주택공급의 확대를 궁극적인 대책으로 제시하였다. 공급확대는 보유세 강화와 함께 추진될 때 실효성 있는 부동산 투기대책이 될 수 있다.

그런데 부동산 투기는 사회적으로 바람직한 효과를 낳는 측면도 있으니 그냥 방임하자는 입장을 갖고 있는 자칭 부동산 '시장주의자'들은 보유세 강화에 반대하기 위해 앵무새처럼 공급확대를 주장한다. 한 부총리가 어떤 입장을 마음속으로 지지하고 있는지 궁금하다.(〈오마이뉴스〉, 2005년 4월 21일)

'5.4대책'마저 좌초 위기, 이정우 위원장 지지

2005년 6월 6일 〈프레시안〉은 필자가 〈역사비평〉 2005년 여름호(통권 71호)에 기고한 "부동산 양극화의 실태와 해소방안"이라는 논문의 내용을 소개하면서, '헨리 조지 연구회'의 주요 멤버인 필자가, 그 모임을 주도적으로 결성했던 옛 동지 이정우 청와대 정책기획위원장을 우회적으로 비판했다는 해석을 보탰다.

    필자의 논문내용을 상세하게 다루어준 데 대해서는 감사하게 생각하지만, "옛 동지였던 이정우 위원장을 우회적 비판했다"는 것은 사실상 동떨어진 해석이고 당사자에게 상당한 오해를 불러일으키는 것이어서 유감스럽다.

이정우 위원장의 정책기조에 전적으로 공감

물론 기사가 소개하고 있는 대로, 필자의 논문에는 참여정부의 부동산 정책을 비판하는 내용들이 포함되어 있다. 그러나 이 내용을 이정우 위원장에 대한 비판으로 해석한 것은 커다란 비약이다. 필자가 알기에 이정우 위원장은 부동산 문제를 근본적으로 해결해 '더불어 사는 균형발전사회를 건설'하겠다는 참여정부 출범 초기의 정신을 지금까지 견지하고 있다. 필자는 이 같은 이정우 위원장의 생각에 전적으로 공감하고 있다.

참여정부 부동산 정책에 대한 비판을 이정우 위원장에 대한 비판으로 연결시킨 것은 그가 부동산 정책을 좌지우지하고 있고, 따라서 모든 책임은 그가 져야 한다고 생각했기 때문이 아닌가 여겨진다.

2004년도의 보유세제 개편과정을 면밀히 살펴보면 이런 생각이 잘못임을 금방 확인할 수 있다. 애초에 청와대가 확정한 보유세제 개편의 기본방향은 분명히 보유세를 강화한다는 것이었다. 아마도 이정우 위원장은 이 방향을 수립하는 데 중요한 역할을 했을 것이다. 하지만 이같은 보유세 강화방침은 이헌재 장관의 지휘 하에 있던 재경부의 내부 논의, 그리고 당정협의와 국회심의를 거치면서 크게 후퇴하였다. 여기에는 보수언론들의 집요한 공격과 지방자치단체들의 반발이 강하게 작용했다.

그 결과 2004년 연말 보유세 정상화라고 할 수 있을지는 몰라도 결코 보유세 강화라고 볼 수 없는 내용을 담은 법안들(종합부동산세법과 개정 지방세법)이 국회를 통과했다. 종합부동산세와 개편된 재산세가 부과되는 2005년, 보유세액의 증가율은 겨우 10퍼센트 정도에 머물 것으로 예상되고 있다. 필자의 비판은 이정우 위원장이 아니라, 그가 주도적으로 입안한 보유세 강화정책을 무산시킨 세력들을 향한 것이었다.

필자가 〈역사비평〉 논문을 탈고한 직후 정부는 '5.4대책'을 발표하였다. 이 대책의 내용을 검토한 결과, 필자는 참여정부가 출범 초기의 정신을 담은 부동산 조세정책을 시행하려고 한다는 것을 확인했다. 이

때부터 필자는 참여정부 부동산 정책에 대한 비판의 자세를 일단 거두고, '5.4대책'이 실제 정책으로 시행될 수 있도록 후원과 감시의 역할을 해야 한다고 마음을 먹었다. 언론보도에 따르면 이 대책은 이정우 위원장이 아니라 정문수 경제보좌관 주도로 만들어졌다고 하는데, 이정우 위원장이 어느 정도 영향을 미쳤는지 알 수 없다.

'5.4대책'은 우리나라의 부동산 문제를 근본적으로 해결할 수 있는 중요한 방안들을 담고 있다. 보유세를 연차적으로 강화해서 선진국 수준으로 높이는 대신 경제에 부담을 주는 부동산 거래세를 보유세 증가분만큼 완화하는 일종의 '패키지형 세제개편'을 추진하는 동시에, 양도소득세와 기반시설 부담금제를 정비·개편하여 투기적 이익의 환수비율을 높이겠다는 것이다. 보유세 강화와 개발이익 환수장치의 확대·강화는 부동산 투기를 근본적으로 해결하는 가장 좋은 정책수단이다. 부동산 투기는 기본적으로 불로소득에 대한 기대로 인해 발생하는데, 이 둘은 부동산 불로소득을 근원적으로 차단하는 역할을 한다.

보유세 강화의 장기목표와 시간계획 제시는 처음

더욱이 보유세 강화의 장기목표와 그 목표를 달성하기 위한 시간계획을 밝혔다는 점도 인상적이다. 과거에 보유세 강화를 언급했던 정부는 있지만, 그 장기목표와 시간계획을 구체적으로 제시하고 이에 대한 국민적 합의를 도출하겠다는 의지를 밝힌 것은 처음이다. 이것이 중요한 이유는 국민적 합의만이, 이 중요한 개혁정책을 차기 정권에서 뒤엎어버리는 것을 방지할 수 있기 때문이다.

'5.4대책'이 발표된 이후에 이에 대한 공격과 이정우 위원장 및 헨리 조지에 대한 비판이 쏟아져나왔다. 보수언론들이나 자칭 부동산 '시장주의자'(?)들은 반대하거나 비판하는 정도를 넘어서 색깔론까지 동원하면서 매도하는 모습을 보이고 있다.

예컨대 이 대책이 나온 직후 〈한국경제신문〉의 정규재 논설위원은 이정우 청와대 정책기획위원장을 비롯한 한국의 조지스트들이 전국의 토지를 전면 국유화하자는 논리를 발전시키면서 혁명의 깃발을 내걸고 있는 듯 묘사했다. 자유기업원의 김정호 원장은 〈중앙일보〉에 기고한 시론에서 이번 대책을 사실상 토지국유제로 가려는 정책이라고 매도했다. 세제개편으로는 투기를 잡을 수 없고 공급확대가 유일한 대안이라는 근거 없는 주장이 광범하게 유포되고 있다. '5.4대책'을 무산시키기 위해 보수언론들과 논객들이 총동원되고 있는 느낌이다.

'5.4대책' 마저 좌초될 위기, 이정우 위원장 적극 지지

이러다가는 부동산 문제를 근본적으로 해결할 수 있는 탁월한 정책이 또다시 좌초될지 모른다. 한나라당이 '5.4대책'에 반발하는 움직임에 편승하기 시작했고, 여당인 열린우리당의 일각에서도 이 대책에 반기를 들기 시작했다.

보수언론들과 논객들, 그리고 이들에 영합하는 정치권 인사들은 한결같이 이정우 위원장을 공격의 대상으로 삼는다. 필자는 '5.4대책'의 입안에 이정우 위원장이 어떤 역할을 했는지 모르지만, 이들의 불순한 주장에 정면으로 맞선다는 의미에서 이정우 위원장을 적극 지지한다.

그런데 〈프레시안〉 기자는 필자가 이정우 위원장을 비판했다고 썼으니, 필자의 입장이 얼마나 난감했겠는가? 하지만 이렇게 해명 글을 새로 써서 '5.4대책'의 탁월성과 이에 반발하는 세력의 불순한 의도를 알릴 수 있게 되었으니, 전화위복의 감이 없지 않다.(〈프레시안〉, 2005년 6월 8일)

부동산 불로소득 환수하라

서울 강남과 경기 분당, 용인 등을 중심으로 아파트 값이 또다시 폭등세를 보이고 있다. '2.17대책'과 '5.4대책' 등 고강도 부동산 대책이 나왔지만 투기바람은 오히려 강해지고 있어서 정책 당국자들은 당황하는 기색이 역력하다.

이 기회를 틈타 세제개편으로는 투기를 잡을 수 없다느니, 정부의 잦은 부동산 대책 발표가 투기를 조장했다느니, 공급확대만이 부동산 투기를 막을 수 있다느니 하는 근거 없는 주장들이 언론을 통해 여과 없이 유포되고 있다.

부동산 투기는 무슨 일이 있어도 막겠다는 노무현 대통령의 약속을 여러 번 들어왔기 때문에 다시 불어대는 투기바람 앞에서 이 같은 주장들에 귀를 기울이는 사람이 늘고 있는 듯하다.

노무현 대통령의 단호한 의지 표명과 고강도 부동산 대책발표에도 불구하고 투기심리가 수그러들지 않고 아파트 값 폭등세가 이어지는 진짜 이유는 무엇일까? 투기세력의 개입 때문인 것 같기도 하고 판교

개발의 영향 때문인 것 같기도 하지만, 조금만 깊이 생각해보면 좀더 근본적인 원인이 존재한다는 것을 쉽게 확인할 수 있다.

마땅한 투자처를 찾지 못한 엄청난 규모의 부동자금의 존재가 투기심리를 근저에서부터 자극하고 있다. 부동산 불로소득을 제대로 환수하지 못하는 현행 부동산 세제도 한몫을 한 것으로 보인다. 돈은 넘치고 불로소득 획득의 기회가 주어져 있는데 어찌 투기심리가 발동하지 않겠는가?

정부가 적절한 정책을 시행하면 이런 상황을 극복할 수 있을 것 같지만 문제는 그리 간단하지 않다. 우선 금리인상을 통해 부동자금을 해소하는 정책은 거시경제 전반에 악영향을 끼칠 위험성이 있으므로 사용하기가 곤란하다. 세계적으로 부동산 거품을 해소하기 위해 금리인상을 단행했다가 부동산 값 폭락과 그로 인한 금융위기에 시달린 사례가 적지 않다.

그렇다면 부동산 불로소득 환수비율을 높이는 쪽으로 가야 하는데 이 또한 만만한 일이 아니다. 이 정책은 시간이 필요할 뿐 아니라 기득권 세력의 조세저항에 직면하기 쉬운 정책이기 때문이다.

참여정부는 보유세 강화를 통해 부동산 불로소득을 환수하려는 정책을 계속해서 시도해왔다. 특히 '5.4대책'에서는 보유세 강화 로드맵을 구체적으로 제시했을 뿐 아니라 양도소득세와 개발이익 환수제도를 정비·강화하겠다는 방침을 분명하게 밝혔다.

그러나 부동산 부자들의 이해를 대변하는 것으로 보이는 언론들과 논객들이 벌떼같이 들고 일어나서 '5.4대책'을 비난하기 시작했다. 이들은 참여정부가 토지국유화를 꾀하고 있다는 식의 색깔론을 펴기도 하고, 세금으로 투기를 잡으려는 철부지 행동을 하고 있다고 비아냥거리기도 한다.

　야당은 보유세 완화와 양도소득세 세율인하를 내용으로 하는 세법 개정안을 발의함으로써 이들의 장단에 덩달아 춤을 춘다. 정부와 여당 내에서도 공급확대가 유일한 대안이라고 앵무새처럼 반복하는 자칭 부동산 '시장주의자'(?)들의 주장에 동조하는 인사들이 나온다.

　이쯤 되면 시장 참가자들은 '5.4대책'이 무산될 것이라고 예상하게 된다. 이들은 2004년도의 보유세제 개편과정에서 보유세 강화방침이 결국 유야무야되었다는 사실을 기억하고 있다. 정부가 고강도 대책을 발표했음에도 시장참가자들의 투기심리가 수그러들지 않는 것은 여기에 기인하는 바가 크다.

　시중에는 '2년 남짓 참으면 불로소득 환수정책은 끝'이라는 이야기가 무성하다고 한다. 최근 계속되는 의혹 사건들과 여권의 분열은 이러한 전망에 힘을 더해주고 있다. 참여정부는 과연 '5.4대책'을 지켜낼 수 있을 것인가?(〈한국일보〉, 2005년 6월 9일)

참여정부 부동산 정책의 종합판, '8.31대책'

2005년 8월 31일 발표된 부동산 종합대책은 가히 '종합대책'이라 불릴 만하다. 서민주거 안정정책, 부동산 거래 투명화 정책, 부동산 세제개혁, 택지 및 주택공급 확대정책, 주택공급제도 개편(주택 공영개발 확대 및 분양가격 결정방식 개선) 등 그동안 부동산 문제와 관련해 거론되었던 정책들이 대부분 망라되었을 뿐 아니라, 다소 소홀히 취급되었던 토지문제에 대한 대책까지 포함되었기 때문이다.

대책의 내용을 검토해본 결과, 전체적인 방향은 2005년 6월 17일 노무현 대통령이 천명했던 '부동산 거래 투명화, 투기이익 철저 환수, 공공부문의 역할 확대' 등 '부동산 정책방향 3대 원칙'을 따르고 있다는 느낌이 든다. 한 가지 특기할 만한 것은 6월 17일 이후 당정 협의과정에서 추가되었던 '중대형 아파트 공급확대' 원칙이 큰 비중을 차지하고 있다는 점이다. 그동안 부동산 정책을 둘러싸고 첨예하게 대립했던 '투기수요 억제론'과 '공급확대론'을 절충한 결과가 아닌가 생각한다.

이번 대책의 이름이 재미있다. '서민주거 안정과 부동산 투기억제를 위한 부동산 제도 개혁방안'(이하 '8.31대책'이라 약칭함)인데, '서민주거안정'이라는 말이 유독 눈길을 끈다. 참여정부가 출범 초기부터 신경을 써온 정책목표이기는 하지만, 특별히 부각시킨 감이 있다. 이번 대책이 부동산 투기를 잡는다고 하면서 결국은 서민층의 부담을 증가시킬 것이라는 보수언론과 자칭 '시장주의' 학자들의 공격에 무척 신경을 썼구나 하는 느낌을 받는다.

보유세 강화 크게 후퇴하지 않아 다행

좀더 구체적으로 이번 대책의 내용을 검토해보기로 하자. 평소 부동산 불로소득을 환수하여 부동산 투기를 근본적으로 차단하려면, 토지보유세를 강화하는 대신 다른 세금들(건물보유세, 부동산 거래세, 부가가치세, 근로소득세, 법인세 등)을 감면하는 '패키지형 세제개편'을 단행해야 한다고 주장해온 필자로서는 우선 부동산 세제개혁에 눈을 돌릴 수밖에 없다.

부동산 세제개혁의 기본 내용은 종합부동산세 과세강화를 통해 보유세를 강화하고 거래세를 완화한다는 것과 1세대 2주택에 대한 양도세를 강화한다는 것이다. 이 원칙은 주택뿐 아니라 토지에도 적용되고 있다. 과세기준의 인하(주택의 경우 공시가격 9억 원 → 6억 원, 토지의 경우 공시지가 6억 원 → 3억 원), 과표 적용률의 인상, 세대별 합산과세, 세부담 상한조정 등 종합부동산세 강화의 방법도 구체적으로 제시하고 있는데, 이 방법들을 사용해 2009년까지 종합부동산세 대상자에 대해 보유세 평균 실효세율을 1퍼센트 수준으로 끌어올리겠다는 것이다.

그 대신 거래세는 개인간 주택거래에 한해 세율을 1퍼센트 포인트 인하한다. 양도소득세 과세는 실거래가 기준으로 전환하고, 1세대 2주택에 대해서는 50퍼센트의 세율을 적용해 과세를 강화하는 동시에 동결효과를 유발하는 장기보유 특별공제 적용을 배제하겠다고 한다.

'8.31대책'에서 세제개혁 부분은 그동안 소위 '세금폭탄론'을 내세운 보수언론의 맹렬한 공격에도 불구하고, 언론을 통해 알려진 당초의 보유세 강화방침에서 크게 후퇴한 것 같지 않아서 다행스럽다. 보유세 부담 상한을 아예 철폐하려고 했던 것이 200퍼센트로 상향조정하는 것으로 완화되었으며, 양도세 중과 대상자가 크게 축소되고 중과세할 때 적용세율이 60퍼센트에서 50퍼센트로 낮추어지는 등, 일부 후퇴한 부분이 있기는 하지만, 전체적인 기조는 크게 흔들리지 않았다.

'8.31대책'은 이처럼 부동산 과다 보유자에게는 중과세하는 대신, 중산층 이하 서민층의 세부담은 증가하지 않도록 배려하고 있다. 즉 종합부동산세의 경우 과표 적용률을 급격히 끌어올려(2006년에 20퍼센트 포인트, 2007년부터는 매년 10퍼센트 포인트) 2009년에 100퍼센트를 달성한다는 목표이지만, 재산세의 경우 2008년(당초 계획은 2006년)부터 5퍼센트 포인트씩 서서히 끌어올린다는 것이다.

이와 같이 중산층과 서민들의 보유세 부담이 급증하지 않도록 배려하고 보유세를 강화하는 만큼 거래세를 인하하는 '패키지형' 방식을 활용하고 있기 때문에, 정부가 단지 세금을 더 걷으려 한다는 오해는 불식될 것으로 보인다. 또 보수언론들이 집중 유포시켰던 '세금폭탄론'도 존립 근거를 잃어버릴 것 같다.

보유세 강화속도 너무 느려

그러나 보유세 중과대상이 여전히 극소수로 제한된다는 점과 함께, 종합부동산세 부과대상이 아닌 경우 보유세 강화속도가 너무 느리다는 사실은 지적되어야 할 것 같다. 언론에서는 이들에 대해 2017년까지 실효세율 1퍼센트를 달성하려고 한다고 보도되었으나, 막상 '8.31대책' 어디에도 이런 목표가 제시되지 않고 있다. 서민들의 세부담이 증가하지 않도록 한다는 데 너무 신경을 쓴 나머지, 부동산 보유자는 마땅히 보유세를 사회에 납부해야 한다는 또 하나의 중요한 원칙을 허물고 있는 것은 아닌지 걱정된다.

필자의 생각으로는 부동산 보유 가액이 2억 원(금액은 달라질 수 있다.) 미만인 사람과 그 이상인 사람은 구분되어야 한다. 전자에 대해서는 보유세 세부담이 올라가지 않도록 하거나 좀더 적극적으로 보유세를 감면해줄 필요가 있지만, 후자에 대해서는 보유세를 강화하는 것이 옳다.

'8.31대책'에서는 주택에 대한 과세와 함께 토지세를 강화하고 있는 점이 주목된다. 즉 비사업용 토지에 대한 종합부동산세를 주택과 비슷한 방식으로 강화하고, 부재지주 소유 농지 등의 양도소득에 대해서는 60퍼센트의 무거운 세율을 적용하면서 장기보유 특별공제 적용대상에서 배제한다는 것이다. 법인소유 토지를 양도할 때 세율 30퍼센트의 법인세 특별부가세를 부과함으로써 개인에 대한 과세와 균형을 맞추려고 한 점도 주목할 만하다.

흔히 양도소득세는 불로소득을 환수하는 효과가 크지만 매각을 꺼리게 만드는 동결효과를 낳는다는 지적이 있다. '8.31대책'의 세제개혁에서는 양도세 중과에 1년의 유예기간을 두는 동시에 장기보유 특별공제 적용을 배제하는 장치를 통해 이 문제에 대처하고 있다. 1년 후부터 양도세를 중과한다고 하면 그 전에 사람들이 보유 부동산을 매각하려고 할 것이며, 장기보유 특별공제 적용을 배제하면 장기보유를 통해 양도소득세 부담을 줄일 수 있는 여지가 사라지므로 매각 기피현상이 크게 줄어들 것이다. 다만 상속을 통해 양도세 부담을 회피할 여지가 남아 있다는 점은 문제로 지적될 수 있다.

요컨대 '8.31대책'의 부동산 세제개혁은 보유세 강화와 거래세 인하를 패키지형으로 추진하고 있고, 양도세를 통해 부동산 과다 보유자의 불로소득을 환수하고자 하며, 서민층의 세부담이 증가하지 않도록 배려하고 있다는 점에서 긍정적으로 평가할 수 있다. 특히 '보유세 강화·거래세 인하'는 학계에서는 상식이 되다시피 한 정책과제임에도 불구하고 역대 정부 중 이를 실행에 옮긴 정부는 없다는 점에서 이번 방안의 의미가 크다. 그러나 보유세 강화의 장기목표가 낮고 추진속도가 여전히 느리다는 점, 보유세 중과의 대상이 극소수 과다 보유자로 제한되고 양도세 중과의 대상이 당초 계획보다 크게 축소되었다는 점은 문제다.

개발이익 환수제도는 부동산 불로소득 환수 측면에서 세금과 함께 중요한 위치를 차지한다. '8.31대책'에서는 기반시설 부담금제를 도입하는 동시에 2004년 1월부터 부과가 중지되었던 개발부담금제를 부활시킬 것이라 한다. 얼마 전 개발이익 환수제도는 기반시설 부담금제로 일원화하고 개발부담금제는 재도입하지 않을 방침이라는 보도가 나온 적이 있는데, 양자를 병행 실시하는 것으로 결론을 내린 것은 잘한 일이다. 보유세가 충분히 강화되기 전까지는 개발이익 환수제도를 통해 국지적으로 발생하는 부동산 불로소득을 환수해야 한다.

그러나 부과대상이 너무 제한적이어서 누락되는 개발사업들이 적지 않고, 부과율 또한 낮아서(25퍼센트) 개발이익 환수의 효과가 작았다는 기존 개발부담금제의 결함을 보완하지 않고 있는 점은 문제점으로 지적되어야 할 것 같다. 개발 주변지역의 우발이익 문제는 개발이익 환수와 관련해 큰 논란거리인데, '8.31대책'에서 이에 대해 언급하지 않고 있다는 점도 문제다.

공급확대, 투기적 가수요 잠재울 수 없어

'8.31대책'을 검토하면서 필자는 큰 고민에 빠졌다. 왜냐하면 부동산 세제와 관련해서는 분명한 진전이 있지만, 그와 동시에 공급확대론을 대폭 수용하여 택지 및 주택의 적극적인 공급확대 방안을 제시하고 있기 때문이다.

그동안 자칭 '시장주의자'들과 보수언론들은 보유세 강화를 통한 투기수요 억제는 극력 반대하는 대신, 공급확대를 앵무새처럼 주장해왔다. 수요에 비해 공급이 부족해서 가격이 올라가는 것이므로 공급을 확대해 주면 가격이 잡힐 것 아닌가 하는 것이 이들의 주된 논거이다. 시장원리를 존중하는 그럴싸한 논리인 것 같지만, 조금만 생각해보면 터무니없는 허구라는 것을 알 수 있다.

주택공급이 실수요에 못 미치고 있고 그래서 집값이 상승하고 있는 상황이라면, 이들의 말대로 공급확대로 대처하는 것이 옳다. 그러나 투기심리가 발동하여 투기적 가수요를 팽창시키고 그것이 집값 폭등을 야기하고 있는 상황이라면, 공급확대로는 결코 문제를 해결할 수 없다. 강남과 분당권 일대의 상황은 후자에 해당한다.

공급을 확대한다고 해서 실수요가 아닌 투기적 가수요를 충족시킬 방법은 없다. 뿐만 아니라 실수요에 대한 면밀한 판단 없이 무작정 공급을 확대했다가는, 투기가 사라진 다음 주택공급이 과잉상태에 빠져서 지금과는 반대로 집값이 폭락할 가능성이 크다. 세계 여러 나라에서 부동산 거품이 발생하는 시기에 주택공급이 급증하고 그로 인해 거품이 꺼지면서 집값이 폭락했던 사례가 허다하다.

더욱이 현재의 집값 폭등은 바로 공급확대책 때문에 발생한 측면이 강하다. 강남과 분당권에서 2004년 잠잠해졌던 부동산 투기에 다시 불을 붙인 것은 2004년 말 재건축 규제 완화방침 발표와 판교 신도시 개발인데, 이는 바로 공급확대책의 일환이다. 신도시 개발과 같은 인위적인 공급확대책은 확실한 개발이익 환수장치 없이 추진될 경우, 투기세력에게 개발 호재를 제공함으로써 투기의 불쏘시개로 작용하기 마련이다.

그런데 '8.31대책'에서는 이런 위험성을 가진 공급확대 정책에 큰 비중을 할애하고 있다. 강남지역의 안정적인 주택수급을 위해 국공유지를 택지지구로 개발하고, 개발이 진행 중인 기존 택지지구 주변을 확대 개발하여 거점도시로 육성하며, 공공택지 내 중대형 아파트 건설 비중을 확대하고, 광역적 공공개발 방식을 통해 기존 도시의 재개발 사업을 적극 추진한다는 것이다. 지금까지 공급확대론자들이 요구해온 것들 가운데 재건축 규제완화만 빼고는 거의 대부분 받아들여진 것으로 보인다. 벌써부터 정부가 '보유세 강화 건지려고 공급론자와 타협한 것 아니냐'는 비판이 나오고 있는데 일리가 있다고 생각한다.

'8.31대책' 중 '재건축 관련 검토' 부분에서 "개발이익의 철저한 환수가 전제되고 주택가격의 안정세가 정착된 이후, 재건축에 대한 규제완화를 신중하게 검토" 할 방침을 밝히고 있다. 정부가 공급확대책을 추진할 때는 반드시 견지해야 할 자세라고 생각한다. 그런데 정부는 이 원칙을 왜 재건축에만 적용하는가? 다른 공급확대책들이 이 원칙의 적용대상에서 빠져야 할 특별한 이유가 있는가?

참으로 난감한 처지에 빠졌다. 이런 식의 무책임한 공급확대책에는 반대하지만, 이를 이유로 '8.31대책' 전체를 거부하자니, 다른 한쪽에 그래도 우수한 불로소득 환수대책이 들어 있다. 부동산 투기에 대해 상호 모순되는 효과를 낳는 두 대책을 함께 포함시켜 놓고 있으니, 그 결과가 어떻게 나올지 예측하기가 무척 어렵다. 송파 거여지구의 땅값이 이미 급상승 중이라는 보도도 나오고 있다.

'8.31대책'에는 이상에서 검토한 내용 외에도 분양가 결정방식이라든지 공영개발의 방법과 같은 중요한 내용들이 포함되어 있지만, 글이 너무 길어져서 그것까지 검토할 여유가 없다.

'8.31대책'은 우리 모두에게 큰 고민거리를 던져주고 있다. 지지하자니 공급확대책으로 인한 투기재연의 가능성이 너무 커 보이고, 반대하자니 그 속에 담긴 불로소득 환수정책이라는 '보화'가 소실될 것 같다. 뿐만 아니라 이런 정도의 대책조차도 국회 심의과정에서 크게 후퇴할 가능성이 있다. 열린우리당의 소위 경제통들은 뒤에서 반대의사를 밝히고 있는 것 같고 한나라당은 거의 반대로 돌아선 것 같은 분위기가 감지된다. 이런 분위기라면 한 언론에서 풍자했듯이, 또 다시 호랑이를 그리려다 고양이를 그리고 끝날 가능성이 있다.

국민들과 시민단체의 역할이 매우 중요하다. 잘못된 공급확대책에 대해서는 확실한 반대의사를 밝히자. 그리고 국회의원들이 불로소득 환수정책에 '물타기'하는 것은 두 눈 부릅뜨고 감시하자. 정부와 국회가 제 역할을 못할 경우에는, 국민들이 나서야 한다.(〈오마이뉴스〉, 2005년 8월 31일)

집 부자들 자신의 의무 기꺼이 감당해야

'8.31부동산 종합대책'은 서민주거 안정정책과 부동산 거래 투명화 정책, 주택 공급제도 개편(주택 공영개발 확대 및 분양가격 결정방식 개선) 등을 포함하고 있지만, 핵심은 부동산 세제개혁과 택지 및 주택공급 확대정책이다.

양자 가운데 어느 쪽이 투기대책의 근간이 되어야 하느냐고 묻는다면, 전자라고 대답하고 싶다. 보유세와 양도세를 합리적인 방법으로 강화해 부동산 불로소득을 환수하지 않고서는 투기적 이익이 정상적 이익을 초과하는 것을 막을 수 없고 따라서 투기를 잡기는 어렵기 때문이다.

참여정부는 '5.4대책'에서 이미 보유세 강화 및 거래세 인하를 내용으로 하는 부동산 세제개혁의 장기목표와 일정을 제시한 바 있는데(2017년까지 보유세 실효세율 1퍼센트 달성), 이번에는 종합부동산세 과세 대상자에 한해 그 일정을 2017년에서 2009년으로 앞당기기로 했고, 또 1세대 3주택부터 적용하던 양도세 중과를 1세대 2주택에까지 확대 적용하기로 했다.

부동산 불로소득 환수 측면에서 일정한 진전이 있다고 평가할 수 있다. 개발부담금제를 재도입하여 기반시설 부담금제와 병행 실시키로 한 것은 국지적으로 발생하는 부동산 불로소득을 환수하기에 적합한 조치다.

보수언론들, 세금폭탄론 접고 '부자 잡기론'으로 선회
대책 발표 이전부터 '세금폭탄' 등의 자극적 표현과 세부담 관련 사실의 왜곡으로 불로소득 환수정책을 저지하고자 안간힘을 다했던 보수언론들은 대책발표와 함께 보유세 및 양도세의 중과대상이 극소수에 그칠 것이라는 사실이 분명하게 드러나면서 '세금폭탄론'을 접고 예전의 '계층갈등론' 내지 '강남때리기론'으로 선회하고 있다.

며칠 전까지만 해도 중산층 이하 서민층의 세부담이 증가할 것이라고 열을 올리며 서민과 강북 주민의 편을 드는 듯했던 보수언론들이 이번 대책을 '땅 부자, 집 부자 때려잡기', '가진 자와 못가진 자, 강남 거주자와 비강남 거주자 편가르기'라고 비판하며 부동산 부자들을 적극 옹호하는 자세를 보이고 있는 것이다.

지금까지 보수언론들은 참여정부의 부동산 정책을 '강남때리기'로 매도함으로써 명분상 우위를 차지해왔는지도 모른다. 아무리 부동산 투기를 잡는 것이 중요하다고 할지라도, 특정지역을 겨냥해서 세금중과와 규제를 퍼붓는 것은 잘못이라고 주장할 때 선뜻 반박하기가 곤란하기 때문이다.

그러나 터무니없는 '세금폭탄론'을 고안해서 열을 올리다가 대책발표 후 '강남때리기론'으로 되돌아가는 바람에, 이들의 꼴이 우스꽝스럽게 되었다. 서민과 강북 주민을 걱정한 것은 실은 일부 부동산 부자들을 옹호하기 위한 것이었음이 드러났고, 서로 모순되는 두 주장을 아무렇지 않게 오락가락함으로써 비판을 위한 비판을 하고 있다는 사실도 저절로 확인되었기 때문이다. 한나라당 박근혜 대표가 철 지난 '세금폭탄론'을 수용했다는 것이 성과였다고나 할까.

이 세상에는 사람들이 싫어하는 '금'이 두 가지가 있다고 한다. 하나는 죽음(소리나는 대로 읽을 때 '주금'이 되기 때문)이요, 다른 하나는 세금이다. 그런 세금을 자기들에게만 중과한다고 하니 강남 등지의 주민들과 부동산 부자들은 불만일 것이다.

세금은 국가나 사회가 주는 혜택에 대한 대가

그런데 세금은 국가와 사회로부터 받는 혜택에 대한 대가라는 성격을 갖는다는 점을 기억할 필요가 있다. 국가와 사회가 아무런 혜택도 주지 않고서 세금만 더 거둬가려고 한다면 거기에 불만을 느끼고 거부하는 것은 정당하다. 하지만 국가와 사회로부터 큰 혜택을 받고 있음에도 불구하고 그에 상응하는 대가(즉 세금)를 내지 않으려고 한다면 그것은 부당한 일이다.

이 대가를 제대로 내지 않으면 부동산 불로소득이 발생하고 부동산 불로소득은 투기를 유발한다. 어느 지역의 부동산 값이 폭등하는 것은 기본적으로 그 지역의 부동산 보유자들이 마땅히 내야 할 대가를 제대로 내지 않는 데 기인한다.

이처럼 국가와 사회로부터 받는 혜택이나 부동산 값 상승 등을 생각할 때, 강남 등지의 부동산 보유자들에게 좀더 많은 부동산 세금을 부과하는 것은 결코 잘못이 아니다. 그것은 가진 자의 부를 빼앗는 것이 아니라, 국가와 사회로부터 받는 혜택에 상응하는 대가를 징수하는 것이자 부동산 보유자의 노력과는 아무런 관계없이 발생하는 불로소득을 환수하는 것이기 때문이다.

요즈음 집값이 폭등한 강남과 분당권의 부동산 보유자들은 가시방석에 앉아 있는 느낌일 것이다. 정부는 자기들을 범죄인 취급하는 것 같고, 일반 국민들은 자기들을 보고 배 아파 못 견디는 것 같다. 불안감 또한 보통이 아닌 모양이다. 오죽하면 골목골목 CCTV를 설치하고, 택시기사에게 자기 아파트에 가자는 말을 못한다고 하겠는가?

부자들이 의무 기꺼이 감당할 때 존경받을 것
2004년 강남 등 부유한 자치구의 아파트 주민들은 보유세 인상에 반대해 연대서명을 하고 구청장에게 압력을 가하는 등 강력한 조세저항 움직임을 보였다. 소위 '재산세 파동'이 일어났는데, 구청장들은 탄력세율 제도를 활용해 보유세 세율을 낮추어줌으로써 이들의 조세저항에 굴복하고 말았다. 이때 강남 등지의 부동산 보유자들은 부동산 세금 얼마 아끼고, 집값 하락을 막아내는 이익을 얻었다고 기뻐했을지 모르지만, 실은 눈에 보이지 않는 국민들의 존경과 신뢰, 그리고 거기서 오는 평안을 잃어버리는 엄청난 손해를 보았다.

부자들도 얼마든지 국민들의 존경과 신뢰를 받을 수 있다. 최선의 방법은 자신들의 의무를 기꺼이 감당하고 다른 사람들의 권리를 보장하기 위해 노력하는 것이다. 부동산 부자들이 국민들의 존경과 신뢰를 받으려면, 국가와 사회로부터 받는 혜택에 상응하는 대가를 내는 일부터 시작해야 한다. 종합부동산세를 중과해서 보유세를 강화하는 것과 1세대 2주택에 대해 양도세를 중과하는 것은 이들에게 그렇게 할 수 있는 기회를 제공하는 것이다.

부동산 불로소득 환수정책은 투기를 억제하여 서민들의 고통을 덜고 부동산 부자들에게는 국민들의 존경과 신뢰를 안겨주는 '윈-윈win-win정책'이다. 부동산 부자들은 이런 초보적인 노블레스 오블리주를 기꺼이 감당하는 것이 낫지 않을까?("국정브리핑", 2005년 9월 5일).

부동산 세제개혁 놓고 보인 한나라당의 이중행보

우리나라의 부동산 보유세가 다른 나라에 비해 극히 낮은 수준이라는 것은 잘 알려진 사실이다. 그리고 보유세를 높이고 거래세를 낮추는 부동산 세제개혁이 필요하다는 것은 재정학계의 공식의견이다.

2005년 10월 방한했던 2004년 노벨 경제학상 수상자 프레스코트 교수 같은 사람도 한국 부동산 시장의 거품에 관한 질문을 받고는, 부동산 관련 세제는 거래세율을 올리는 것보다는 보유세율을 올리는 것이 바람직한 방법이라고 밝혔다. 프레스코트 교수는 세금부과를 혐오하는 시카고 학파의 계보를 잇고 있는 소위 '정통 시장주의자'임에도 보유세 강화를 주장하고 있는 것이다.

부동산 문제의 근본원인, 불로소득

부동산 문제의 근원은 부동산을 소유할 때 생기는 불로소득이다. 부동산 투기는 불로소득 획득 가능성 때문에 일어나고, 부동산 양극화는 이 불로소득이 일부 계층에 편중되기 때문에 발생한다. 따라서 부동산 문제를 근본적으로 해결하기 위해서는 부동산 불로소득을 공적으로 환수하지 않으면 안 된다. 부동산 불로소득을 환수하는 가장 좋은 방법은 보유세를 강화하는 것이다. 양도소득세 강화는 이를 보완하기 위한 대책으로 활용할 수 있다.

보유세 강화(와 거래세 인하)와 양도세 강화는 부동산 세제를 정상화시키는 차원에서나 부동산 투기를 근본적으로 차단하는 차원에서나 필수불가결한 정책수단이다. 이런 사실은 일반 국민들에게도 잘 알려져 있어서 그런지, 부동산 정책 관련 여론조사에서 이에 대한 지지도는 압도적으로 높았다.

'8.31대책' 중 세제개혁 부분은 보유세 실효세율 1퍼센트라는 목표를 포기했고 양도세 중과대상을 크게 축소했다는 점에서 당초 기대에 못 미치기는 하지만, 보유세 강화와 양도세 강화를 통해 부동산 불로소득을 환수하고자 하는 정책방향을 따르고 있다는 점에서 긍정적으로 평가할 수 있다.

부동산 투기의 재연을 막지 못한 정부 여당에 대한 국민들의 강한 질책, 보유세와 양도세 강화정책에 대한 높은 지지도, 대통령을 비롯한 여권 인사들의 강력한 의지 표명, 한나라당의 투기근절 의지 표명 등을 종합해보았을 때, 부동산 세제 관련법안들은 어렵지 않게 국회를 통과할 줄 알았다.

그러나 대책발표 후 부동산 시장이 진정세를 보이고 투기에 대한 국민들의 기억이 흐려지기 시작하자, 국회의원들의 개혁법안 무력화 전략이 등장했다.

'10.29대책'의 무력화에는 열린우리당이 앞장서더니, 이번 '8.31대책'의 무력화에는 한나라당이 앞장섰다. 강남지역이 지역구인 한나라당 국회의원들의 부동산 세제개혁 무력화 행태는 〈오마이뉴스〉 기사와 칼럼, '토지정의시민연대' 등 시민단체의 성명과 논평을 통해 상세하게 밝혀진 바 있다.

한나라당 의원들, "당론이 아니므로"

재미있는 것은 이들 국회의원들이 발의한 법안들이 '8.31대책'을 무력화시키는 내용이라는 시민사회의 비판에 대처하는 한나라당의 태도다. 개별 의원들의 법률 개정안은 당론이 아니므로, 그것을 가지고 한나라당이 '8.31대책'을 무력화시키려 한다고 비판하지 말라는 것이다. 당론을 내놓으라는 요구가 빗발치자, 11월 29일에 가서야 내놓은 내용이 종부세 과세기준 유지, 종부세 세대별 합산과세, 투기목적의 1세대 2주택 양도세 중과, 부동산 거래세의 단계적 폐지 등이다.

1세대 1주택 혹은 저소득 노령자에 대한 종부세 면제, 양도소득세율 인하, 양도소득세 장기보유 특별공제 상향 조정 등 개별 의원의 발의법안에 담긴 내용은 차치하고라도, 당론이라고 밝힌 것 중 종부세 과세기준 유지와 세대별 합산과세에 각종 예외 인정은 명백히 '8.31대책'을 후퇴시키는 내용들이다.

한나라당은 부동산 부자 옹호 정당이라는 비판이 듣기 싫었던 모양이다. 개별 의원들의 법안과 당론 가운데 '8.31대책'의 세제개혁을 무력화 내지 후퇴시키는 내용들을 다수 포함시켜 놓고서도(한나라당이 1세대 1주택자 혹은 '서민'(?)들의 세부담 증가를 핑계로 내세우는 점이 흥미롭다.), 막상 대책 자체를 철회하라는 요구는 하지 못하니 말이다.

입으로는 서민을 말하고 마음으로는 부동산 부자를 옹호하는 분열된 상태가 얼마나 오래 가겠는가? 여당이 12월 7일 밤 재경위 법안심사 소위에서 표결로 쟁점법안들을 처리하자, 8일 한나라당은 "여당이 뒤통수를 쳤다"며 "현 상황을 국회 비상사태로 규정한다"고 밝히고, 예결위를 제외한 모든 국회 일정을 보이콧할 것임을 밝혔다고 한다.

말로만 서민을 위하는 당?

울고 싶던 차에 뺨을 때려준 격이랄까? 여당이 정치 도의를 깼다는 이유를 내세워, 마음 놓고 부동산 세제개혁 법안들의 입법화를 저지할 수 있게 되었으니 차라리 잘된 일 아닌가?

최근 한나라당이 차기 대권을 위해 이념적 위치 이동을 시도하고 있다는 보도가 종종 나온다. 지지율 40퍼센트 돌파는 그와 같은 행보의 열매라는 분석도 있다. 그래서 그런지 요즈음 한나라당 인사들의 입에서 '서민'이라는 단어가 자주 나온다. 여당이 한나라당의 감세안을 수용하지 않고 부동산 세제 관련법안들을 표결처리한 것을 두고, 박근혜 대표가 '노무현 정권은 서민의 정권이 아니다'라고 비판하는 식이다.

'8.31대책' 후속 입법과정에 대처하는 한나라당의 태도를 보면 이념적 위치 이동은 무늬만 이동에 그치고 있는 것 같다. 진정으로 서민을 위한 부동산 세제개혁을 원했다면, 무엇보다도 먼저 재경위나 재경위 법안심사 소위에서 반서민적 행태를 보일 수밖에 없는 의원들을 배제했어야 한다. 또 개별 의원들이 발의한 법안들 가운데 '8.31대책'을 무력화시키는 내용을 담은 법안들은 자진 철회했어야 한다.

입으로만 서민을 위하는 척하면 얼마 못 가 들통이 난다. 한나라당이 진정으로 중산층과 서민을 위한 정당으로 거듭나기를 간절히 바란다.

(〈오마이뉴스〉, 2005년 12월 8일)

참여정부 부동산 정책의 실책

정책방향만 가지고 평가할 때 참여정부의 부동산 정책은 역대 정부에 비해 상대적으로 높은 점수를 받을 것 같다. 불황기에도 부동산 경기부양책을 쓰지 않은 것, 보유세 부담의 형평성을 실현한 것, 보유세 강화와 거래세 인하를 추진한 것, 부동산 과다 보유자에 대해 양도세를 강화한 것, 부동산 거래의 투명성을 제고한 것, 서민용 장기임대주택 공급확대를 추진한 것 등은 분명히 부동산 정책의 역사상 큰 진전이다.

하지만 국민들 중 다수는 참여정부 부동산 정책에 그리 높은 점수를 주지 않고 있다. 언론보도에 의하면, 참여정부 부동산 정책에 대한 찬반 여부를 묻는 한 여론조사에서 응답자의 61퍼센트가 반대한다고 답했고, 심지어 세입자 중에서도 42퍼센트가 반대의사를 밝혔다고 한다. 역대 정부에 비해 우수한 정책을 펼치고도 일반 국민들과 서민들의 지지를 받지 못하게 된 이유는 무엇일까?

크게 보면 노무현 대통령과 참여정부 정책 전반에 대한 실망감이 투영된 것으로 볼 수 있겠지만, 부동산 정책의 추진과정에도 원인이 있는 것 같다. 두 가지만 지적하기로 하자.

참여정부 부동산 정책의 최대 실책은 집값에 대한 과도한 단언들을 계속해왔다는 것이다. 얼마 전에는 '버블세븐' 지역을 발표하면서 집값 하락의 로드맵까지 발표하는 지나친 모습을 보이기도 했다. 그러나 집값은 정책이나 의지만으로 결정되는 것이 아니며 정책 당국자가 확신을 가지고 말할 수 있는 영역도 아니다. 실제로 지금까지 부동산 값은 정부의 단언과는 반대로 지속적인 상승세를 보여왔다. 그러니 참여정부를 믿고 의사결정을 했던 사람들이 배신감을 느끼는 것은 당연하지 않은가?

참여정부는 그동안 쏟아낸 과도한 발언이 부메랑으로 돌아와서 모든 책임을 질 수밖에 없는 입장이 되자 이를 모면하기 위해 더 강한 발언을 내놓을 수밖에 없는 '집값 함정'에 빠져버렸다. 집값 수준을 정책의 목표로 제시한 것은 큰 실수다. 집값 자체를 정책목표로 내세울 것이 아니라 부동산 불로소득을 차단할 수 있는 제도적 장치를 마련하겠다고 했어야 한다. 병에 비유하자면 부동산 불로소득은 병의 근본원인이고 집값 폭등은 통증 내지는 병의 증상이다. 훌륭한 의사는 환자에게 즉시 안 아프게 해주겠다고 하지 않는다. 당분간 아프겠지만 병의 근본원인을 제거해주겠다고 한다.

두 번째로 지적할 수 있는 실책은 정책을 뒷받침해줄 철학 내지는 패러다임을 확립하지 못했다는 점이다. 수많은 부동산 대책이 쏟아져 나왔지만 그것이 어떤 패러다임에 입각해 추진되었는지 분명치 않다. 제대로 된 패러다임이 제시되지 않으니, 참여정부의 부동산 정책에 대해 '잡기' 혹은 '때리기'라는 단어를 붙여서 비난하기도 쉽지 않겠는가?

필자는 오래전부터 부동산 정책의 새로운 패러다임으로서 '시장친화적 토지공개념'을 제안해왔다. 이 제도는, 토지와 자연자원이 모든 사람의 공공재산이라는 성격을 갖고 있는 만큼 그것을 보유하고 사용하는 사람은 토지가치에 비례해 사용료를 공공에 납부하게 하고, 사용료 수입은 공공의 목적을 위해 사용하는 것을 기본원리로 한다. 토지보유세를 획기적으로 강화하는 대신 그 세수 증가분만큼 경제에 부담을 주는 다른 세금들을 감면하는 '패키지형 세제개편'과 국공유지를 대상으로 실시하는 토지 공공임대제가 대표적인 정책수단이다. 각종의 개발이익 환수제도도 시장친화적 토지공개념의 범주 속에 포함시킬 수 있다.

토지공개념 하면, 반시장적 규제를 떠올리는 사람들이 많다. 이런 오해는 과거의 토지공개념 제도가 토지소유에 대해 국가가 규제하고, 유휴토지의 미실현 자본이득에 대해 과중한 세금을 부과하는 등, 지나치거나 졸렬한 방법에 의존했고, 또 관련 법률들이 위헌 판정과 헌법 불합치 판정을 받았던 데서 비롯하는 것 같다.

시장친화적 토지공개념 제도는 이와는 다르다. 이것은 부동산의 소유나 처분을 정부가 직접 규제하지 않으며, 유휴토지라고 해서 무거운 세금을 부과하지도 않는다. 주택이나 토지의 거래를 제한하지도 않고 부동산 거래에 무거운 세금을 부과하지도 않는다. 즉 이 제도는 토지공개념의 정신을 시장친화적인 방법으로 실현한다.

참여정부는 시장친화적 토지공개념의 정책수단들을 부분적으로 채택했지만 그것을 하나의 패러다임으로 묶지는 못했다. 차기 정부는 참여정부의 실수를 잘 기억해야 할 것이다. 시장친화적 토지공개념을 실현할 수 있는 차기 정부를 기대하는 것은 지나친 꿈인가?(〈시민의 신문〉, 2006년 8월 24일)

집값 폭등, 정책의 실패인가
정치의 실패인가

2006년 10월의 집값 상승은 정말 대단하다. 집값이 미쳤다고 하는 사람도 있고 '단군 이래 최대 폭등세'라고 말하는 사람도 있다. 집값 상승의 패턴도 많이 달라졌다. 그동안에는 '버블세븐' 지역의 중대형 아파트를 중심으로 집값이 국지적·제한적 폭등세를 보였던 반면, 지금은 수도권 전 지역에서 크기와 주택 유형을 가리지 않고 가격이 폭등하는 양상이 나타나고 있다.

이런 상황은 올 상반기만 해도 전혀 예상치 못했던 일이다. 정책 당국자들은 물론이고 대부분의 부동산 시장 전문가들도 올 하반기의 부동산 가격은 안정될 것으로 예상했다. '8.31대책'(2005년)과 '3.30대책'(2006년)의 효과가 본격적으로 발휘될 것이라는 점과 금리가 두 차례 인상됐다는 점이 그런 예상을 하게 한 주요 근거였다.

하지만 실제 상황은 예상과는 정반대로 전개됐다. 어째서 이런 일이 벌어진 것일까? 사태의 시발점을 2006년 5월 31일의 지방선거로 잡고 싶다. 지방선거에서 열린우리당이 참패하고 나자, 곧바로 선거 참패의

원인은 잘못된 부동산 정책이라는 진단이 여당 내에서 터져나왔다. 열린우리당은 참여정부 부동산 정책의 근간을 이루는 보유세 강화정책을 완화하라고 청와대를 압박했고, 이는 결국 공시가격 6억 원 이하 주택에 부과되는 재산세의 강화 속도를 완화한다는 결정으로 이어졌다. 집값 폭등이 중저가 주택에서 더욱 두드러지는 현상은 이 결정과 무관하지 않은 것으로 보인다.

그러나 정책의 부분적 후퇴보다 더 중요한 요인이 있다. 5.31 지방선거의 결과가 열린우리당이 재집권할 가능성이 없음을 확실하게 보여주었다는 점이다. 열린우리당이 재집권에 실패한다는 말은 비교적 강도 높은 참여정부의 부동산 정책도 곧 끝난다는 것을 의미하는데, 이것이 이번에 시장 참가자들에게 강한 신호로 작용한 것이 아닐까 생각한다.

부동산 가격은 시장 참가자들의 미래 가격에 대한 기대에 큰 영향을 받는다. 앞으로 부동산 정책이 완화되고 부동산 값이 올라갈 것이 확실하다면, 지금 아무리 강도 높은 부동산 정책이 시행된다고 하더라도 수요는 증가하기 마련이다. 다주택 보유자들은 보유주택을 팔지 않고 버티게 되고 주택 구입시기를 저울질하던 무주택자들은 매입에 나서게 된다.

정부 여당의 '정치의 실패'가 정책에 대한 신뢰를 결정적으로 무너뜨렸고, 그것이 다시 시장 참가자들의 기대를 변화시켜서 예상치 못한 집값 폭등을 초래했다는 것이 이번 사태의 본질이라고 본다. 보수언론들의 '세금폭탄론'과 '공급확대론'에 부화뇌동해, 부동산 불로소득 차단정책(보유세 강화, 양도세 중과, 개발이익 환수 등)에 대한 흠집내기를 끊임없이 시도해온 한나라당의 행태도 정책 신뢰를 무너뜨리는 데 큰 역할을 했다.

부동산 불로소득을 차단하는 데 보유세 강화만큼 좋은 정책은 없다. 그리고 보유세가 충분히 강화될 때까지 불로소득을 효과적으로 차단하기 위해서는 과도기적으로 양도세를 중과하고 개발이익 환수장치를 강화할 필요가 있다. 보유세 강화와 양도세 중과, 개발이익 환수는 가장 효과적인 부동산 불로소득 차단정책이며 따라서 투기대책의 핵심이 되어야 함에도 이를 후퇴시키겠다는 것이 한나라당의 입장이다. 그런 한나라당의 집권이 확실시되는 마당에, 시장 참가자들이 정책 후퇴에 따른 집값 상승을 예상하는 것은 당연한 일 아닌가?

물론 정부 여당도 5.31 지방선거 이전부터 부동산 정책의 신뢰를 떨어뜨리는 데 한몫했다. 정책의 수립과 입법화 과정에서 오락가락하며 중요한 내용을 스스로 후퇴시켰던 것은 제쳐두고라도, 대통령을 비롯한 고위 정책당국자들이 집값과 관련해 과도한 단언들을 마구 쏟아낸 것은 치명적이었다. 과도한 단언들이 집값 안정에 대한 국민들의 기대감을 정도 이상으로 높인 상태에서 실제로 집값이 잡히기는커녕 꾸준히 상승하는 모습을 보이자, 참여정부 부동산 정책에 대한 실망감이 확산됐고 그것이 정책 신뢰성의 하락으로 이어졌던 것이다.

이번 집값 폭등의 원인을 정책 실패로 보건, 정치 실패로 보건, 한 가지 분명한 것은 참여정부 부동산 정책에 대한 신뢰가 완전히 무너졌다는 사실이다. 이런 상황에서는 기존의 방식대로 새로운 부동산 대책의 발표를 통해 집값 폭등세를 잠재우기는 무척 어렵다. 더욱이 '8.31대책'과 '3.30대책' 속에 웬만한 대책은 이미 다 들어 있기 때문에, 금리인상과 같은 극약 처방 외에는 새롭게 내보일 수 있는 카드도 별로 없다.

부동산 시장에서 초과수요가 가격을 상승시키고 가격상승이 초과수요를 더욱 확대시키는 악순환이 일어나고, 과도한 낙관론에 사로잡혀 어떤 값을 치르더라도 부동산을 구입하려는 사람들이 늘어나며, 부동산의 가치를 과대평가하는 사람들의 견해가 시장을 지배하는 경향이 나타나면, 그 시장은 파국을 향해 치닫기 시작했다고 보아도 좋다. 학자들은 이런 현상이 부동산 투기 국면의 마지막 단계에 나타난다고 본다. 이 단계가 지나면 거꾸로 부동산 값이 폭락하는 사태가 뒤따른다. 이 마지막 단계에서 자칫 잘못해서 금리인상이라는 극약처방을 쓰면 부동산 시장의 역전은 더욱 극적으로 진행되고, 그것은 금융을 비롯한 경제의 다른 부문에 엄청난 충격을 가해 금융위기와 경제침체로 이어지기 쉽다.

2006년 상반기까지는 우리나라 부동산 시장에 국지적인 불안은 있었지만 이런 파국적 상황이 시작될 조짐은 없었다. 참여정부가 그런대로 부동산 시장을 조절해왔던 셈이다. 그러나 최근의 상황은 지금까지와는 질적으로 달라 보인다. 부동산 투기 국면의 마지막 단계가 시작된 듯하다. 문제는 파국이 시작되는 위기상황에서 참여정부의 정책적·정치적 역량이 최악의 수준으로 떨어져 있다는 점이다.

정책 신뢰를 회복하는 것이 급선무인데, 참여정부에는 그럴 만한 힘이 없다. 차기 정부를 담당할 포부를 갖고 있는 대선주자들이 나서야 한다. 정책 신뢰의 추락이 차기 정부의 부동산 정책에 대한 예상에 기인하는 만큼, 대선주자들이 나서 부동산 불로소득의 차단을 내용으로 하는 투기억제 정책을 유지할 것이라 천명한다면, 나아가 그것을 내용으로 하는 협약이라도 맺는다면, 현재의 위기상황은 의외로 쉽게 해소될 수 있다.

현재 집권 가능성이 높은 한나라당 대선주자들은 더 이상 참여정부 공격용으로 써먹던 세금폭탄론이나 공급확대론에 기대서는 안 된다.

부동산 투기가 높은 불로소득 획득 가능성에서 비롯된다는 상식을 인정한다면, 그 불로소득을 차단하지 않고서는 투기를 잠재울 수 없다는 사실도 인정해야 한다. 부동산 불로소득을 근원적으로 차단할 수 있는 수단으로는 토지보유세가 꼽힌다는 사실, 우리나라의 보유세는 다른 선진국에 비해 너무 낮아서 항상 투기를 촉발할 제도적 환경을 제공하고 있다는 잘 알려진 사실도 이제는 받아들여야 할 것이다. 진정으로 집권을 꿈꾸는 대선주자라면 지금쯤이면 부동산 문제가 단지 참여정부 공격에 써먹을 재료가 아니라 자기의 숙제가 되고 있음을 느낄 것이다. 강력한 투기억제 정책의 대명사인 토지공개념 제도를 도입한 것이 누군가? 바로 한나라당(의 뿌리인 민정당) 아닌가?(〈한겨레 21〉 635호, 2006년 11월 14일)

집값 잡기 '비책', 코끼리 코 흔들지 마라

2006년 9월 이후 집값 폭등세가 재연되면서 부동산 가격 안정화는 우리 사회의 최대 화두로 떠올랐다. 많은 사람들이 2007년 대선은 '부동산 대선'이 될 것이라 전망하고 있을 정도다. 그래서 그런지 곳곳에서 집값을 잡을 수 있는 '비책'들을 내놓고 있다. 참여정부는 '11.15대책'을 통해서 분양가 25퍼센트 인하방안을 발표했고, 한나라당은 홍준표 의원의 '반값 아파트' 공급안(토지임대부 건물분양 방식)을 당론으로 채택했다. 경실련은 분양원가 공개를 통한 분양가 인하를 외치고 있다.

재미있는 것은 이같은 '비책'이 모두 직접 가격과 씨름하는 방안이라는 사실이다. 눈앞에서 가격이 폭등하고 있는 상황에서 이를 직접 끌어내리겠다고 하니 국민들도 솔깃한 모양이다.

신규주택의 분양가를 낮추어서 집값 폭등을 잠재우려고 하는 방안들은 나름대로 '일정한 의미'를 갖고는 있지만, 부동산 투기를 근본적으로 해결할 수 있는 대책이라고 보기는 어렵다. 여기서 '일정한 의미'를 갖고 있다는 것은 신규주택의 분양가가 주변 기존 주택의 가격을 선

3장 '보유세 혁명'의 전개와 좌절

도하는 기능을 어느 정도 발휘할 수 있고, 또 시장 참가자들의 미래 집값에 대한 기대에도 일정한 영향을 미칠 수 있기 때문이다.

그러나 신규 아파트 분양가의 상승은 9월 이후 진행되고 있는 수도권 전역 모든 주택의 가격폭등을 초래한 근본원인이 아니다. 이는 전체 주택의 재고에서 신규주택 공급량이 차지하는 비중이 3퍼센트에도 못 미친다는 사실만 생각해도 금방 알 수 있다.

직접 가격과 씨름하는 건 정답 아니다
신규주택 분양가를 낮추어서 집값 폭등을 잡겠다고 하는 것은 마치 코끼리의 코를 붙잡고 흔들면 코끼리가 공중에 들려 흔들릴 것이라 말하는 것과 같다. 코끼리의 코를 붙잡고 흔들면 코끼리를 움찔하게 만들 수 있을지는 몰라도, 들어서 흔들 수는 없다.

집값 폭등의 근본원인은 분양가 인상이 아니라 투기적 가수요다. 투기적 가수요가 없으면, 신규주택 분양가의 가격 선도기능은 발휘되지 않는다. 아니, 아예 분양가의 대폭 인상 자체가 불가능하다.

투기적 가수요가 없는 상태에서 분양가를 인상하면 미분양 사태가 초래될 것이고, 투기적 가수요가 약한 상태에서 분양가를 인상하면 분양가는 급등하는 반면 기존 주택의 가격은 떨어지는 양극화 현상이 나타날 것이다. 현재 부산과 대구의 부동산 시장에서는 바로 이런 현상이 나타나고 있다.

공급을 단기간에 변화시킬 수 없는 물건의 경우 가격이 수요에 의해 결정된다는 것은 경제학의 상식이다. 주택과 토지는 공급을 단기간에 변화시킬 수 없는 대표적인 물건들이다. 이런 물건들에 투기적 가수요가 발생하면 가격은 금방 폭등세를 나타내는데, 문제는 공급을 바로 증가시키기 어렵기 때문에 이 폭등세가 장기화한다는 점이다. 많은 경우 초과수요가 가격을 상승시키고 가격상승이 초과수요를 더욱 확대시키는 악순환이 나타난다.

투기적 가수요를 제거하지 않으면 집값 폭등 문제는 결코 해결할 수 없다. 직접 가격과 씨름하는 것은 인기는 끌지 모르지만, 정답은 아니다.

그렇다면 어떻게 투기적 가수요의 발생을 막을 수 있을까? 단기적으로는 정책의 신뢰성을 높이고 주택 담보대출을 규제하는 방안이 있지만, 근본적인 해결책은 아니다. 금리인상을 통해 투기적 가수요를 억제할 수도 있지만, 여기에는 거시경제의 침체라든지 부동산 시장 경착륙이라는 커다란 부작용이 따르기 쉽다. 결국 근본적인 제도개혁을 통해 정상적인 자산수익을 초과하는 부동산 불로소득의 획득 가능성을 원천적으로 차단하는 것이 정답이다.

부동산 불로소득 차단방법

제도개혁을 통해 부동산 불로소득을 효과적으로 차단할 수 있는 방법은 분명 존재한다. 그것은 패키지형 세제개혁과 토지 공공임대제이다.

패키지형 세제개혁은 토지보유세를 대폭 강화해서 부동산 불로소득이 아예 발생하지 못하게 차단하면서 경제에 부담을 주는 다른 세금들(건물보유세·부동산거래세·부가가치세·소득세·법인세 등)을 감면하는 정책이며, 토지 공공임대제는 국공유지나 공공택지를 민간에 넘기지 말고 임대하여 민간이 토지에서 불로소득을 챙기지 못하도록 원천적으로 차단하는 제도이다.

양 제도는 부동산 불로소득을 원천적으로 차단하는 정책수단인 동시에 토지공개념의 정신을 시장친화적인 방법으로 실현할 수 있는 방안이기도 하다.

　패키지형 세제개혁은 토지보유세를 획기적으로 강화하는 대신 경제와 서민생활에 부담을 주는 다른 세금들을 감면하는 정책이다. 부동산 보유세가 아니라 토지보유세를 강화하는 것은 부동산 투기가 본질적으로 토지투기이고, 부동산 불로소득이 본질적으로 토지 불로소득이기 때문이다.

　참여정부도 보유세 강화정책을 추진했지만, 보유세 강화의 장기목표가 낮았고 토지세 중심의 보유세 강화를 추진하지도 않았으며, 다른 세금을 감면하는 패키지형 방식을 적기에 적용하지도 않았다. 더욱이 그것조차 일관성 있게 추진하지 못하고 우왕좌왕하다가 후퇴하곤 했다.

　다른 세금을 감면하는 패키지형 방식, 즉 조세대체의 원칙을 준수하는 것이 매우 중요하다. 참여정부는 보유세 강화정책을 추진하면서 이 원칙을 제대로 지키지 않았으며 더구나 별도로 증세정책을 발표함으로써 국민들이 보유세 강화를 단순한 세수 증가책으로 오해하게 만들었다.

　조세대체의 원칙을 적용할 때, 어떤 세금을 감면할 것인지는 과세 기술상의 복잡한 문제를 수반하므로 단정적으로 말하기는 어렵다. 그러나 토지보유세 수입이 얼마 늘지 않는 초기 단계에는 건축활동을 저해하고 부동산 거래를 제한하는 다른 부동산 조세(건물보유세·취득세·등록세 등의 거래세)들을 감면하고, 나중에 토지보유세 수입이 상당한 수준에 달하게 되면 생산활동 또는 그 결과에 부과되는 조세인 부가가치세·소득세·법인세 등을 감면하는 것이 좋을 것 같다. 단 조세저항의 문제를 해결해야 할 필요성이 있을 경우에는, 서민 부담과 직접 관련이 있는 세금(예를 들면 자동차세나 부가가치세)을 먼저 감면할 수도 있다.

　토지보유세에는 지대세·이자공제형 지대세(혹은 지대이자 차액세)·

지가세 등 세 가지가 있다. 지대세는 토지의 임대가치, 즉 지대地代를 과세대상으로 하여 그 일정 부분을 징수하는 조세를 말한다. 지대는 토지의 사용료로서 토지 임대시장의 수요와 공급에 의해서 결정된다.

만일 어떤 사회가 토지를 완전한 공공의 재산으로 간주한다면, 정부가 이 지대의 전부를 조세로 징수하는 것이 옳다. 이럴 경우 매매가격, 즉 지가는 제로(0)가 된다. 왜냐하면 지가는 토지소유로부터 생기는 수익에 의해 결정되는데, 정부가 지대를 다 징수하면 소유자에게는 수익이 남지 않기 때문이다. 이럴 경우 부동산 불로소득도 제로(0)가 된다.

토지의 공공성을 실현하는 것도 좋지만, 최소한 토지 소유자가 자기 토지를 매입하기 위해 지불한 금액에 대해서는 소유권을 인정하는 것이 옳다고 하는 주장이 성립할 수 있다. 혹은 제도 시행 시점의 땅값만큼은 토지 소유자에게 소유권을 인정해주는 것이 옳다는 주장이 나올 수도 있다.

이에 대해 사회적 합의가 이루어질 경우, 정부는 지대 중에서 토지 소유자에게 매입지가나 제도 시행 시점의 지가에 대한 이자는 남겨두고 나머지 부분을 조세로 징수하면 된다. 이처럼 지대와 매입지가(혹은 제도 시행 시점의 지가)의 이자의 차액을 징수하는 조세를 특별히 이자공제형 지대세라고 부른다.

이자공제형 지대세를 부과할 경우, 땅값은 매입지가(혹은 제도 시행 시점의 지가)의 수준에서 고정된다. 우리는 어떤 자산이 매년 일정 금액의 수익을 발생시킬 것으로 예상될 때 그 자산의 원본가치를 계산하는 방법을 잘 알고 있다. 그 고정수익을 이자율로 나누면 된다.

만일 토지 소유자가 얻는 수익이 매입지가(혹은 제도 시행 시점의 지가)의 이자라면, 그 토지의 원본가치는 다름 아닌 그 매입지가가 될 것이다. 이처럼 이자공제형 지대세는 지대와 이자의 차액을 조세로 징수하면서 땅값을 일정 시점의 수준으로 고정시키기 때문에 토지 불로소득을 환수하는 데 효과적이라고 알려져 있다.

지대가 아니라 지가를 과세대상으로 하여 토지보유세를 부과할 수도 있는데, 경제학에서는 이를 지가세地價稅라고 부른다. 현재 전 세계 많은 나라들에서 지가세 형태의 토지보유세를 부과하고 있으며, 이는 우리나라도 마찬가지다.

지가세도 지대세나 이자공제형 지대세와 마찬가지로 결국은 지대의 일부를 조세로 징수하는 것인데, 지대를 직접 과세대상으로 하지 않기 때문에 목표로 하는 환수비율을 정확하게 달성하기 곤란하다는 결점이 있다. 그리고 지가세로 지대의 일정비율을 환수하려면 매년 과표를 인상하거나 세율을 높여야 하는 문제가 따른다. 지가세를 강화하면 지가가 하락하기 쉽고 지가가 하락하면 과표도 줄어들기 때문이다.

토지보유세를 강화하기 위해서는 지대세든 지가세든, 지대 환수비율을 높여야 한다. 토지보유세 강화의 최종 목표를 어느 정도로 잡을 것인가에 대해서는 사회적 합의가 필요하다. 사회적 합의의 내용에 따라 최종 목표는 '토지 불로소득의 차단'이 될 수도 있고, 더 나아가 '지대의 대부분 환수'가 될 수도 있다.

토지 불로소득의 차단에는 이자공제형 지대세가 효과적이고, 지대 환수에는 지대세가 효과적이지만, 현행 제도를 활용할 수 있다는 면에서는 지가세가 다른 두 세금보다 더 효과적이다.

어떤 방식으로 토지보유세를 강화하든, 단기간에 성급하게 최종 목표를 달성하려고 해서는 안 된다. 부동산 시장과 경제 전체에 큰 충격을 가하고 사회에 쓸데없는 혼란을 야기할 것이기 때문이다.

따라서 토지보유세 강화는 10~20년 정도의 시간을 두고 점진적으로 추진해야 한다. 정책의 장기목표와 시간계획을 미리 밝히고 국민들의 동의를 구하는 일도 매우 중요하다. 그래야 다음 정부가 마음대로 뒤집어버리는 것을 방지할 수 있기 때문이다.

우리나라의 현행 부동산 보유세(재산세와 종합부동산세)는 토지와 건물 모두에 부과되고 있고 특히 주택의 경우 토지와 건물을 통합평가·통합 과세하고 있다. 따라서 현행 제도를 활용할 경우에는 보유세를 강화하되 그것을 토지세 중심으로 전환할 필요가 있다. 이를 위해서는 부동산 평가 및 과세방식을 토지보유세 부과에 적합한 형태로 개편하는 것이 급선무다.

부동산 평가체계 및 과세방식의 개편이 이루어지기 전까지는 토지와 건물을 구별하지 않고 보유세를 강화하다가, 개편이 행해진 후에는 건물보유세를 폐지하고 토지보유세를 강화한다. 이럴 경우 현행 재산세와 종합부동산세라는 이름은 내용에 맞게 고칠 필요가 있을 것이다. 보유세 세액은 기본적으로 '공시가격×과표적용률×세율'이라는 공식에 의해 계산되므로, 보유세 강화는 공시가격 현실화, 과표적용률 인상, 세율 인상을 통해 추진할 수 있다.

패키지형 세제개혁이 경제정의와 효율에 모두 부합한다는 것은 잘 알려진 사실이므로, 지면 관계상 이에 관한 자세한 논의는 생략한다.

패키지형 세제개혁이 온전한 형태로 시행되기까지는 많은 시간이 걸릴 것이다. 그동안에 발생할 부동산 불로소득에 대해서도 대책이 필요하다. 즉 약간의 부작용이 있겠지만, 양도소득세와 개발이익 환수제도 등 개발이익 환수장치를 정비·강화하여 토지 불로소득을 가능한 한 많이 환수하는 것이 바람직하다. 이는 세수를 증가시켜서 다른 세금을 감면하는 패키지형 방식을 적용하는 데도 일조할 것이다.

토지 공공임대제의 원리와 효과

토지 불로소득을 환수하기 위해서는 토지 소유권을 사유로 둔 상태에서 토지보유세를 강화하는 방법과 함께 국공유지를 확충하여 그곳에 토지 공공임대제를 시행할 필요가 있다. 토지 공공임대제에서는 토지가 아예 국가와 공공의 소유로 되어 있기 때문에 제도를 잘 운용하기만 하면 토지 불로소득을 원천 봉쇄할 수 있다.

토지 공공임대제란 토지 소유권은 공공이 갖는 대신, 토지의 사용은 민간의 자율에 맡기는 제도이다. 즉 국가가 토지 임대인이 되고 민간이 토지 임차인이 되는 것이다. 토지 임차인은 임대 기간 중에는 자신의 토지 사용권을 자유롭게 처분(매각·임대·저당·증여·상속 등)할 수 있다.

공공이든 민간이든, 토지를 사용하는 사람은 사용료를 국가에 납부해야 한다. 사용료의 결정은 자유경쟁의 원리에 따른다. 토지 사용료 수입은 모든 국민에게 혜택이 공평하게 돌아갈 수 있는 방식으로 지출해야 한다.

이처럼 토지 공공임대제는 토지 사용자에게 사용하는 만큼 사용료를 징수하고 그 수입은 공공을 위해 지출하기 때문에, 토지 불로소득을 효과적으로 차단할 수 있다. 게다가 토지사용의 자유가 보장되고 사용권의 매매도 허용되기 때문에, 자유경쟁의 효력도 완벽하게 발휘된다. 즉, 토지 공공임대제는 시장친화적이다.

보통 토지 공공임대제는 구 사회주의 국가의 체제전환 문제를 다룰 때 자주 언급되지만, 우리나라에도 도입할 수 있다. 다만 현행 법체계 하에서는 바로 전국적으로 도입하는 것은 불가능하고, 공공택지나 국공유지에서 국지적으로 도입할 수 있다. 토지 공공임대제를 적극적으로 도입하기 위해서는 토지비축 제도를 활성화하여 국공유지 비율을 지속적으로 확충해갈 필요가 있다.

토지 공공임대제는 개발이익 환수, 도시계획 기능 제고, 부동산 투기억제, 사회간접자본 건설 등에 매우 유리하며, 토지보유세 강화정책만큼 강한 조세저항을 수반하지 않는다는 장점을 갖는다.

싱가포르와 홍콩은 토지 공공임대제를 성공적으로 정착시킨 대표적인 나라들이며, 유럽의 네덜란드·스웨덴·핀란드 그리고 이스라엘과 호주 등도 오랜 토지 공공임대제 시행 역사를 갖고 있다. 현재 한국에서 추진되고 있는 행정복합도시, 기업도시, 혁신도시 등의 개발에 토지 공공임대제의 원리를 적용했더라면, 도시개발로 인한 투기는 미연에 막을 수 있었을 것이다.

한나라당이 당론으로 채택한 '토지임대부 건물분양' 방식은 토지 공공임대제의 원리를 주택분양에 적용한 것이다. 요즈음 이 방식에 관한 논란이 한창인데, 지면 관계상 자세한 논의는 다음 기회로 미룬다.

단 이 방식의 핵심은 토지 불로소득의 환수임에도 불구하고, 분양가격 인하가 지나치게 강조됨으로써 본질이 흐려졌고 자칫 잘못하면 포퓰리스트적 정책으로 전락할 위험성이 있음을 지적해 둔다.

시장친화적 토지공개념 제도의 효과

토지보유세 강화, 양도소득세 중과 및 개발이익 환수제도 도입, 토지 공공임대제 시행 등은 부동산 불로소득의 환수라는 한 가지 목표 아래 한 묶음으로 추진할 필요가 있다. 나는 여기에 '시장친화적 토지공개념 제도'라는 이름을 붙였다.

시장친화적 토지공개념 제도란, 토지와 자연자원이 모든 사람의 공공재산이라는 성격을 갖고 있는 만큼 그것을 보유하고 사용하는 사람은 토지가치에 비례해 사용료를 공공에 납부하게 하고, 사용료 수입은 공공의 목적을 위해 사용하는 것을 기본 원리로 하는 제도이다.

부동산 정책을 지금까지처럼 부동산 투기억제나 부동산 세제개편의 차원에서만 다룰 경우 세제개편에 수반되는 복잡한 현실 문제를 이유로 내세우는 개혁 반대론이나 조세저항에 대응하기 곤란하고, 차기 정권에서 뒤집는 것을 막을 방법이 없다.

사실 그동안 부동산 정책에 관한 논의가 백가쟁명식으로 전개된 것도 올바른 패러다임의 부재에 기인하는 바가 크다. 정권교체에 상관없이 정책이 계속 유지되도록 하려면, 시장친화적 토지공개념의 철학과 원칙을 헌법 가운데 기록해 넣는 것이 가장 확실한 방법이다.

토지공개념에 대한 국민들의 지지는 예전부터 높았고, 더욱이 이번 집값 폭등 사태를 경험하면서 부동산 문제를 근본적으로 해결해야 한다는 인식은 훨씬 더 분명해졌을 것이므로, 시장친화적 토지공개념 헌법 명기 주장은 국민들로부터 압도적 지지를 받을 가능성이 크다.

그리고 현재 활발하게 논의되고 있는 부동산 대책들 가운데, 분양원가 공개, 토지임대부 분양, 환매조건부 분양, 공공임대주택의 확충 등 토지공개념의 정신에 부합하는 것들은 모두 시장친화적 토지공개념의 틀 안으로 가져와서 내용 조정을 거친 후 합리적인 위상을 부여하고 재배치할 수 있다.

시장친화적 토지공개념 제도가 시행되면 여러 가지 바람직한 경제적 변화가 일어난다. 대표적인 것 몇 가지만 지적해두기로 하자.

우선, 부동산 불로소득이 크게 줄어들고 투기가 근절될 것이며, 부동산 값은 지금보다 훨씬 낮은 수준으로 떨어져서 안정될 것이다. 부동산 값 변동이 안정화됨에 따라 부동산 시장 변동이 금융시장과 거시경제의 불안정성을 증폭시키는 효과도 사라질 것이다.

둘째, 토지보유세가 강화되거나 토지 공공임대제 하에서 공공 임대료가 제대로 부과되면 토지를 투기적으로 보유하면서 저사용 상태로 방치하는 경향은 사라질 것이고, 그에 따라 토지이용의 효율성이 높아질 것이다.

토지의 투기적 보유는 쓸모 있는 땅을 유휴화시키기 때문에 도시의 무질서한 확대와 그로 인한 환경파괴를 야기한다. 토지보유세 강화는 중심지의 토지이용의 효율성을 높여서 무분별한 도시개발과 환경파괴를 방지할 것이다. 토지 공공임대제 하에서는 토지 소유권을 공공이 가지므로 토지를 오남용하는 사람들을 제재하기가 쉽고 도시계획 기능도 높일 수 있다.

시장친화적 토지공개념 제도 하에서는 토지 공공임대제의 실시 범위가 확장될 것이므로 토지의 오남용은 줄어들고 도시의 개발은 지금보다 훨씬 더 질서 있는 모습을 갖추게 될 것이다.

셋째, 소득과 부동산의 분배가 지금보다 훨씬 평등해질 것이다. 부동산 불로소득이 차단되기 때문에 그로 인해 빈부격차가 확대되는 현상은 사라질 것이고, 토지와 부동산을 투기 목적으로 과다 보유하고 있던 사람들이 보유 부동산을 내놓게 될 것이므로 부동산의 분배 또한 크게 개선될 것이다.

넷째, 불로소득 획득 가능성이 줄어들기 때문에 노동자들의 근로의욕과 기업가들의 투자의욕, 그리고 사회 전체적으로 저축의욕이 높아질 것이며, 따라서 경제는 크게 활성화될 것이다.

높은 지가는 고비용-저효율 경제구조를 만들어내는 주범이다. 시장친화적 토지공개념 제도에 의해 지가가 하향 안정화되면 고비용-저효율 경제구조를 만들어내던 요인들이 크게 약화되고 경제 펀더멘털이 튼튼해질 것이다. 뿐만 아니라 토지보유세 강화는 경제에 부담을 주는 나쁜 세금들을 감면하는 조치와 함께 시행되므로 세금감면에 의한 경제 활성화 효과도 나타날 것이다.

패키지형 세제개혁의 경제적 효과
티드먼과 플래스먼Tideman & Plassman은 시장친화적 토지공개념의 한 축인 패키지형 세제개혁을 선진국(G7 국가)에서 단행할 경우 어떤 경제적 효과가 있을지 추정하였다.

이들에 의하면 총조세수입을 일정하게 유지하면서 토지 및 자연자원에 대한 과세를 늘리고 다른 세금을 감면하는 패키지형 세제개혁을 단행할 경우, 국내순생산NDP이 작게는 29퍼센트, 많게는 92퍼센트 증가할 것이며, 초과부담은 작게는 14퍼센트, 많게는 51퍼센트 감소할 것으로 전망되고 있다.

여기서 초과부담이란 납세자가 내는 세액 이상으로 조세가 경제에 부담을 초래할 경우 그 초과부분을 가리킨다. 이는 조세가 경제활동의 수준과 양상을 변화시키기 때문에 생기는 현상인데, 크기가 작을수록 바람직하다.

또한 각 국가의 저축률도 크게 증가할 것이며, 자본스톡은 세제개편 후 5년간 작게는 18퍼센트, 많게는 106퍼센트 증가할 것으로 전망되고 있다. 요컨대 이 연구의 결론은 선진국에서 패키지형 세제개혁을 단행할 경우 경제가 획기적으로 활성화된다는 것이다.

토지보유세를 강화하고 다른 세금을 감면하는 패키지형 세제개혁은 19세기 후반 미국의 경제학자 헨리 조지에 의해 본격적으로 주창된 이래 세계 여러 곳에서 다양한 형태로 시도되었다.

대만, 1950년대 말의 덴마크, 미국의 펜실베이니아 주 도시들과 알래스카 주, 19세기 말~20세기 초의 호주와 뉴질랜드 등에서 실시되었다. 그 사례들을 검토해보면 패키지형 세제개혁이 의미 있게 추진된 곳에서는 상당한 경제적 성과가 있었다는 사실이 확인된다.

하지만 이 개혁이 전 세계적인 대세를 이루었다고 보기는 힘들다. 더욱이 이 개혁이 한때 성공적으로 추진되었으나 그 원래의 정신이 유지되지 못하고 후퇴해버린 곳도 적지 않다.

어째서 많은 나라들이 그처럼 많은 장점을 가지고 있는 개혁정책을 간과한 채 부동산 투기가 초래하는 문제들을 고스란히 감수하고 있는 것일까? 많은 정책 입안자들과 경제학자들이 이 정책의 장점을 몰랐다고는 할 수 없을 것 같다.

다른 조세와는 달리 토지보유세의 경우 그것에 반대하는 강력한 이익집단이 존재한다는 것이 정확한 대답이 될 것이다. 이 집단은 토지보유세가 남에게 떠넘길 수 없는 유일한 조세이며, 따라서 토지세를 낮게 유지하면서 다른 조세를 부과하도록 하는 것은 자신들에게 직접적인 이익이라는 것을 잘 안다.

실제로 17세기 영국의 지주들은 봉건제 하에서 자신들이 부담하던 토지세 대신 모든 소비자가 부담하는 물품세를 확립시킨 바가 있다. 그리고 헨리 조지의 사상에 따라 무거운 토지보유세를 부과하여 상당한 성과를 올린 곳에서는 얼마 후 지주들의 반대 움직임이 일어나 정책이 결정적으로 후퇴했던 일이 비일비재하다.

강남을 중심으로 전개되었던 종합부동산세 납부 거부운동을 생각하면, 우리나라에서도 똑같은 일이 벌어졌음을 알 수 있다. 지주들의 반대를 극복하기 위해서는 대중이 패키지형 세제개혁의 의미와 효과를 제대로 이해하고 지주들의 움직임에 대응할 수 있는 정치세력을 형성하는 것이 급선무다.(〈오마이뉴스〉, 2006년 12월 7일)

종부세 흔들기 다시 시작되는가

 종합부동산세 계절이 돌아왔다. 2007년은 2006년에 비해 과세 대상자가 38퍼센트(13만 5000명) 늘었고 부과세액도 65퍼센트(1조 1287억 원) 증가해서 논란이 재연될 가능성이 높다. 보수언론들이 종부세 신고·납부 기간을 맞아 전가의 보도인 '세금폭탄론'을 다시 들고 나오는 걸 보니 또 한 번 종부세 흔들기에 나서려는 모양이다.

 2007년에 종부세 부과세액이 증가한 연유는 두 가지다. 하나는 2006년에 급등한 부동산 값이 공시가격에 반영됨으로써 신규 과세대상자가 생겼을 뿐 아니라 기존 납세자의 과세표준이 상승했기 때문이고, 다른 하나는 2006년에 70퍼센트였던 과표 적용률이 80퍼센트로 높아졌기 때문이다. 주택의 경우 종부세는 공시가격에서 과세기준인 6억 원을 뺀 금액에 과표 적용률을 곱해서 과세표준을 구한 후, 거기에 해당 구간의 세율을 곱해서 세액을 계산한다. 단 이중과세를 방지하기 위해 재산세 상당액은 공제한다. 여기서 공시가격과 과표 적용률이 높아지니 과세 대상자가 늘어나고 부과세액도 증가하게 된 것이다.

보수언론의 종부세 흔들기를 살펴보면 마치 정부가 주택 소유자를 벌을 주기 위해 종부세를 높이는 새로운 조처를 계속해서 취하고 있다는 인상을 받는다. 하지만 이는 사실이 아니다. 현재 진행되고 있는 종부세 강화는 이미 2005년의 '8.31대책'에서 설계돼 입법과정을 거쳤고 지금은 그 내용이 집행되고 있는 것에 불과하기 때문이다.

물론 2006년에 비해 종부세 부담이 크게 증가하는 개별 납세자도 있다. 그런 사람들 중에는 정부가 의도적으로 아무 죄도 없는 자신들을 괴롭힐 목적으로 세금을 높이고 있다고 생각하는 사람들도 많은 것 같다. 하기야 세금 더 내라는데 좋아할 사람이 어디 있겠는가? 말도 안 되는 '세금폭탄론'이 기생할 수 있는 현실적 조건이 존재하는 셈이다.

종부세는 부동산 보유세의 일종이다. 부동산 보유세는 다른 세금에 비해 장점이 많은데, 특히 불로소득을 근원적으로 차단하는 효과가 탁월하다. 부동산 보유세 중에서도 토지보유세는 효율성에서나 공평성 측면에서나 최고 점수를 받는 좋은 세금이다. 이런 세금은 높이는 대신, 불공평하고 경제의 효율을 떨어뜨리는 다른 세금들은 낮추는 것이 올바른 조세정책이다. 그러나 유감스럽게도 지난 수십 년간 우리나라의 보유세는 극히 낮은 수준에 머물렀다. 부동산 투기가 빈발하는 것은 이와 무관하지 않다.

사실 보유세를 강화하는 대신 거래세를 인하해야 한다는 것이나 보유세 강화는 토지세를 중심으로 해야 한다는 것은 학계에서는 오래전부터 거의 합의된 사항이다. 그럼에도 역대 정부는 시늉만 했을 뿐 보유세 강화정책을 실행에 옮기지는 못했다. 종부세는 이처럼 우리나라 부동산 정책의 오랜 숙제를 해결한 획기적인 세금인 것이다.

사실 주요 선진국의 부동산 보유세는 우리보다 훨씬 높은 수준이다.

국세청 집계로, 우리나라의 경우 2007년 종부세 대상이 되는 '고가 주택'의 보유세 실효세율(부동산 가격 대비 보유세 비율)이 0.26~1.01퍼센트 사이의 값을 갖지만, 미국의 경우 50개 주 대표도시의 '중위' 실효세율이 1.54퍼센트이다. 어떤 주는 실효세율이 무려 4퍼센트에 이른다. 조세총액 대비 보유세 비율이나 국내총생산GDP 대비 보유세 비율 등 다른 지표를 통해 보더라도 우리나라의 보유세는 선진국에 비해 무척 낮은 수준임을 알 수 있다.

개인 부담의 증가와 일부 계층의 조세저항을 수반하지 않는 세제개편이란 없다. 문제는 정책이 공평성과 효율성을 높이느냐 여부인데, 이에 대해서는 일언반구도 없이 세부담 증가만을 부각시키는 보수언론들은 사기私器인가 공기公器인가?(〈한겨레신문〉, 2007년 12월 3일)

재경부의 낯 뜨거운 변신에 감탄하다

재경부를 불쌍하다고 해야 할까, 기민하다고 해야 할까, 아니면 용감하다고 해야 할까? 감히 인수위조차 입에 담지 못하던 종합부동산세 무력화 방안을 서슴없이 내놓는다고 하니 말이다.

2008년 1월 6일자 언론보도에 의하면, 재경부는 7일 인수위에 대한 업무 보고에서 종부세 과세기준(주택의 경우)을 공시가격 6억 원 이상에서 9억 원 또는 10억 원 이상으로 끌어올리는 방안을 밝힐 예정이라고 한다.

그동안 종부세 과세기준을 9억 원 이상으로 끌어올려야 한다는 주장은 있었지만, 재경부는 한술 더 떠서 10억 원 이상으로 끌어올리는 파격적인 방안까지 검토한다고 하니 놀랍기 짝이 없다. 언론에서는 이렇게 될 경우 종부세 대상자가 얼마나 줄어들지 계산하느라 여념이 없다.

2005년의 '8.31대책'에 의해 종부세가 강화된 이후, 종부세 비판자들이 전가의 보도처럼 사용해온 논리가 있다. 그것은 소득이 없는 은퇴 고령자나 1세대 1주택 장기 보유자에 대해 무거운 종부세를 부과하는 것은 투기꾼이 아닌 사람을 벌주는 것과 같으므로, 그들에 한해 종부세 부담을 감면해서 '억울한 피해자'가 나오지 않도록 해야 한다는 주장이다.

그런 주장을 접할 때마다 내 머릿속에는 '전체 종부세 과세 대상자가 소수이고 그중에서도 은퇴 고령자나 장기 보유자는 정말 극소수에 불과한데 왜 이렇게 이들을 보호하지 못해서 안달일까? 이들은 진심으로 억울한 피해자를 구제하려는 것일까, 아니면 종부세 구멍내기를 통해 제도의 근간을 무너뜨리려는 것일까?' 하는 의문이 가시지 않았다.

2007년 7월 9일 이명박 후보 캠프에서 종부세를 재산세와 합치겠다는 공약을 발표했던 적이 있다. 이 방안을 발표하자마자 종부세 무력화 방안이라는 비판이 강력하게 제기됐고 여론의 집중포화가 이어지자, 이명박 후보 캠프에서는 이례적으로 이 공약을 자진 철회한 적이 있다. 그 이후 지금까지 이명박 당선자 측의 공식입장은 1세대 1주택 장기 보유자에 한해 양도세와 종부세를 감면하겠다는 것이었다.

1세대 1주택 장기 보유자에 한해 종부세를 감면하는 것과 종부세 부과기준을 상향 조정해서 부과 대상자를 대폭 줄이겠다는 것은 차원이 다른 이야기다. 전자는 본심이야 어디에 있든지 내용상으로는 종부세를 제도적으로 보완하겠다는 것이지만, 후자는 노골적으로 종부세 제도의 근간을 무너뜨리겠다는 것이기 때문이다.

재경부의 낯 뜨거운 태도 변화

재경부의 방안이 인수위와의 사전조율을 거쳐서 만들어진 것인지, 아니면 인수위가 일하기 편하도록 재경부 쪽에서 미리 '알아서 긴' 결과로 나온 것인지 알 수 없다. 하지만 얼마 전까지만 해도 재경부의 핵심 간부들이 대거 나서서 종부세 옹호에 열을 올리던 모습을 생각하면, 낯 뜨거운 태도 변화라 하지 않을 수 없다.

언론보도에 의하면, 재경부는 1주택 장기 보유자에 대한 조세감면을 넘어서 아예 종부세 과세기준을 올려 전체 대상자를 줄이는 방안을 마련하게 된 이유를, "1주택자에게만 과세기준을 완화해주면 9억 원짜리 1주택자는 종부세를 내지 않고 3억 5000만 원짜리 두 채로 7억 원 상당의 주택을 갖고 있는 사람은 세금을 내는 결과"를 가져와서 공평과세의 원칙이 무너진다는 데서 찾는다고 한다.

재경부는 그동안 이 논리를 '종부세 후퇴 절대 불가'의 의지를 표명할 때 사용해왔는데, 이것을 '종부세 무력화'의 논거로 둔갑시키는 것을 보니 그 '명민함'에 감탄이 절로 나온다.

종부세는 보유세 강화정책의 핵심으로서 우리나라 부동산 정책의 오랜 숙제를 해결한 획기적인 세금이다. 중앙정부의 공공 서비스에 대한 대가를 걷기 시작했다는 점(종부세는 국세 보유세다)에서나, 2017년까지의 정책내용을 구체적으로 예고했다는 점에서도 의미가 크다. 우리나라에서 이처럼 정책내용을 장기적으로 예고한 예는 거의 없는데, 이런 방법은 다른 경제정책을 수립할 때 모델로 삼을 만하다.

종부세는 부동산 정책의 오랜 숙제를 해결한 획기적인 세금

그리고 국민들도 참여정부의 정책이라면 무조건 싫어하는 경향을 보이지만, 종부세 만큼은 확실하게 지지하고 있다. 과세 대상자들의 자진신고율도 100퍼센트에 가깝다. 정책에 대한 사회적 합의의 정도가 그만큼 높은 것이다.

이명박 정부가 이를 무력화시키고자 한다면, 그것은 우리나라 부동산 시장을 또다시 냉온탕식 정책에 내맡기겠다는 것과 다름없다. 부동산 투기를 근절하고 부동산 시장을 안정화시키기 위해서는, 가격변동을 조절하는 단기정책과 부동산 불로소득을 근원척으로 차단하는 장기정책을 병행해서 실시해야 한다.

보유세 강화는 부동산 불로소득의 차단에 가장 효과가 큰 정책으로서, 부동산 시장의 동향이나 정권의 소재에 상관없이 수십 년간 꾸준히 추진해야 할 장기정책이다. 단기정책으로서 가장 부작용이 적고 효과가 큰 것은 미시적 금융대책, 즉 주택 담보대출 규제정책이다. 인수위와 재경부가 이런 사실을 무시하고 종부세 완화를 통해 부동산 시장을 부양하려는 생각을 갖고 있다면, 정말 위험한 발상이라고 하지 않을 수 없다.

2004년에도 똑같은 일이 있었다. 종합부동산세법을 입법화하는 과정에서 애초에 과세기준을 공시가격 6억 원 이상으로 잡았던 정부 원안을, 국회의원들이 9억 원 이상으로 후퇴시켜버렸던 것이다. 종부세의 결정적 후퇴와 재건축 규제 완화방침의 발표가 어우러져서 2004년 내내 안정되었던 부동산 값이 2005년 들어 다시 폭등하기 시작했다.

이때 다시 우리를 빠져나온 투기라는 괴물을 도로 우리 안에 가두는 데는 그로부터 2년이 걸렸고, 한때 최고의 정책이라는 찬사를 받았던 참여정부의 부동산 정책은 최악의 정책이라는 오명을 뒤집어쓰고 말았다.

'종부세 무력화'는 장기적으로는 우리나라 부동산 제도의 선진화를 막고, 단기적으로는 부동산 값 폭등을 재연시킬 우려가 큰 정책이다. 종합부동산세는 이명박 정부가 2008년 발표한 '9.23종부세개편안'과 2008년 11월 13일 헌법재판소의 종부세 위헌심판 판결에 의해 실제로 무력화되었다. 2005년 '8.31대책' 수립 때부터 비교적 일관성 있게 종부세 정책을 추진해온 재경부가, 종부세 무력화의 위험성을 누구보다도 잘 알면서도 이를 적극 제안하는 것을 바라보자니 씁쓸한 마음 금할 길이 없다.

　노무현 대통령은 인수위가 정부 각 부처 실무국장들에게 위압적으로 행동한다고 비판하며 참여정부 관료들을 감싸고 나섰는데, 큰 착각을 한 듯하다. 종부세 문제를 처리하는 태도로 봐서는, 인수위가 위압적으로 행동할 필요도 없이 참여정부의 관료들은 인수위 앞에 알아서 기고 있고 마음은 이미 이명박 당선자에게 가 있다고 해도 과언이 아니다.

　종부세 무력화 시도를 안타깝게 생각한 노무현 대통령이 또다시 인수위와 각을 세울지도 모르겠다. 그러나 노 대통령에게 약간의 힘이라도 남아 있다면, 인수위와 각을 세우기 전에 재경부에서 이번 방안 마련을 주도한 책임자를 색출해서 문책하는 것이 순서다. 이렇게 해서라도 확실한 경고를 남기는 것이 노무현 대통령의 마지막 책무다.(〈오마이뉴스〉, 2008년 1월 7일)

종부세가 창피하다고요?

이명박 정부의 주요 인사들, 한나라당 국회의원들, 대표적인 부동산 시장만능주의 학자들, 보수언론들이 총궐기한 느낌이다. 무엇을 위해? 보유세 강화정책을 무력화시키기 위해서다. 인수위 시절부터 지금까지 현 여권 인사들은 보유세 무력화 카드를 내밀었다가 도로 집어넣곤 하는 '치고 빠지기'식 행태를 여러 차례 보였지만, 이번에는 그 의지의 결연함이 도드라진다.

엉성하고 치졸한 현 여권의 보유세 무력화 전략
그러나 의지의 결연함에 비해 이들이 사용하는 방법이나 논리는 너무 엉성하고 치졸해서 안쓰럽기까지 하다.

그간의 언행을 종합해보면, 이들이 타깃으로 삼는 것은 분명 종부세를 중심으로 한 보유세 강화정책이다. 이명박 정부 출범 후 정부 여당이 1세대 1주택 장기 보유자에 대한 종부세 감면은 물론이고, 종부세 부과기준의 상향 조정, 세대합산의 폐지, 장기적으로 종부세를 폐지하고 재산세와 통합하는 방안 등을 검토하고 있다는 소식이 여러 차례 언론에 보도되었다. 이 방안들은 모두 종부세 제도의 근간을 뒤흔드는 조치들이다.

최근에는 정종환 국토해양부 장관이 국회 답변과정에서 종부세 부과 기준을 6억 원에서 9억 원으로 상향 조정하는 방안을 관계부처와 협의해서 검토할 것이라는 뜻을 밝혔고, 주무장관인 강만수 기획재정부 장관도 "조세제도를 부동산 정책에 쓰는 것은…적절치 않다고 생각한다"며 종합부동산세 인하에 긍정적 견해를 밝혔다.

그러나 이명박 정부와 한나라당은 공식적으로는 종부세를 후퇴시키겠다는 말을 감히 하지 못한다. 대신 이들은 1세대 1주택 장기 보유자의 양도세를 완화해 준다든지, 재산세 강화를 중단한다든지, 1세대 1주택 장기 보유 은퇴 고령자의 종부세를 면제해주겠다든지 하는 식으로 계속해서 변죽을 울려댄다.

소위 '선의의 피해자'들과 '서민'들을 빌미로 계속 제도에 '구멍내기'를 하다가, 때가 되면 종부세 제도의 근간을 허물어버리려는 속셈이 엿보이는 치졸한 전술이다. 종부세가 정말 문제 있는 제도라면 그 문제점을 국민들에게 분명하게 설명하고 당당하게 폐지하겠다고 나서는 것이 옳지 않은가?

그러나 지금까지 현 여권 인사들 가운데 종부세를 비롯한 보유세 강화정책을 무력화시켜야 할 이유에 대해서 논리적으로 설명하는 사람은 별로 보지 못했다(지역구 이해관계에 따라 움직이는 한나라당 강남 출신 의원들이 내세운 이유에 대해서는 검토할 가치가 없다.). '논리적 이유는 간데없고 당위當爲만 나부끼는' 이상한 상황이 몇 달간 계속되어온 것이다.

검토할 가치가 있는 강만수 장관-나성린 의원의 질의응답

이들이 내세우는 논리적 이유는 무엇일까 애써 찾다가, 마침 7월 28일 국회 민생안정대책 특별위원회에서 강만수 장관과 한나라당 나성린 의원이 주고받은 이야기를 발견했다.

나성린 의원은 강만수 장관에게 질의하면서 "종부세는 지난 정부에서 고액 재산가들에게 징벌적으로 부과한 높은 세금이다. 세계 역사상 없는, 세계 어느 나라에도 없는 징벌적인 세금이다", "부동산 보유과세를 강화해서 부동산 가격을 안정시킨 사례가 있는가?", "부동산 가격 안정화는 금융정책으로 하는 거다", "재산세는 모든 나라가 지방세고 단일세율이다", "우리나라만이 누진세로 하고 있다…이런 나라가 없다", "부동산 세금을 조금 낮추자는 것은 부자를 위해서 낮추자는 것이 아니고 징벌적인 조세를 정상화시키자는 것이다"라는 발언들을 쏟아냈다. 그러고는 "재정학자로서 창피해 죽겠다"는 말을 덧붙였다.

이에 대해 강만수 장관은 "조세제도를 부동산 정책에 쓰는 것은, 물론 어느 정도 영향이 있겠지만 적절치 않다", "부동산 투기는 투기대로 막지만, 조세정책은 원래 고유한 기능으로 써야 한다", "과문한지 모르겠지만 조세정책을 통해서 부동산 안정을 위한 정책을 쓰는 나라는 선진국에서는 별로 없다"고 화답했다.

짧은 시간 이루어진 질의응답 과정에서 나온 이야기이긴 하지만, 종부세 폐지의 논리적 근거가 비교적 분명하게 들어 있어서 검토해볼 가치가 있다. 두 사람이 주고받은 이야기의 핵심은 '부동산 보유세를 부동산 가격 안정화의 수단으로 사용해서는 안 된다. 우리나라처럼 국세 보유세를 누진세율로 부과하는 나라는 없다. 종부세는 참여정부가 고액 재산가들을 겨냥해서 도입한 징벌적 세금이다'라고 요약할 수 있다.

'재산세는 모든 나라가 지방세'라는 말은 거짓말

나성린 의원이 한 말 가운데, 재산세는 모든 나라가 지방세라는 말은 거짓말이다. OECD 국가만 따져도 영국, 스웨덴, 노르웨이, 벨기에, 멕시코, 슬로바키아 등이 국세 보유세를 징수하고 있기 때문이다. 그리고 우리나라만이 누진세로 하고 있다는 것은 지나친 과장이다. 보유세 누진과세는 우리나라 제도의 특징이기는 하지만, 다른 나라에도 이런 성격의 제도가 존재하기 때문이다. 모범적인 부동산 세제로 유명한 대만은 토지보유세를 누진세율로 부과하고 있다. 한나라당 이종구 의원이 주장하는 대로 종부세를 부동산에 부과하는 부유세로 취급한다면, 고액 재산가에게 누진세율로 세금을 부과하는 나라는 더 많아진다.

사실 보유세 제도는 나라에 따라 천차만별이다. 보유세를 지방세로 하는 나라가 많다는 것과, 선진국일수록 보유세 부담이 무겁다는 것을 제외하면, 각 나라의 보유세 제도에서 공통점을 찾기가 매우 어렵다. 예를 들어 스웨덴은 보유세를 100퍼센트 국세로 징수하고 있으며, 영국은 주거용 부동산에 대해 지방세인 카운슬세council tax를 부과하고 사업용 부동산에 대해서는 국세인 사업용 레이트non-domesticated rate를 부과하고 있다. 세계 어디에도 이런 제도를 시행하고 있는 나라는 없다. 이런 경우에 대해 나성린 의원이 어떻게 평가할지 무척 궁금하다.

재정학자로서 정말 창피하게 여겨야 할 것은 우리나라 보유세 부담이 매우 낮다는 점, 부동산 세입 구조가 보유세는 낮고 거래세는 지나치게 높은 기형적 구조를 하고 있다는 점일 텐데, 나성린 의원은 이에 대해서는 일언반구도 하지 않았다.

보유세 강화정책은 단기가격 조절정책 아니다

부동산 조세를 부동산 가격 안정화의 수단으로 사용해서는 안 되고 금융정책으로 해야 한다는 이야기는 반은 맞고, 반은 틀린 이야기다. 반은 맞다고 하는 이유는 단기적인 가격조절을 위해 부동산 조세제도를 개편하는 것은 바람직하지 않으며, 주택 담보대출 규제와 같은 미시적 금융정책은 단기적인 가격조절을 위한 정책수단으로 적합하기 때문이다.

보유세 강화정책은 결코 단기적인 가격조절을 목적으로 하는 정책이 아니다. 참여정부의 보유세 강화정책도 단기적으로 집값을 안정시키기 위한 정책이 아니었다. 참여정부가 보유세를 단기정책으로 생각하지 않았다는 것은 2017년까지 보유세를 계속 강화하는 장기 로드맵을 만들어 법제화했다는 사실에서 알 수 있는 일이다. 단기정책이라면 집값이 오를 때는 강화하고 내릴 때는 완화하는 것이라야 할 텐데, 장기간 지속적으로 강화하도록 되어 있으니 말이다. 참여정부가 보유세를 집값 잡기의 수단으로 활용했다고 공격을 퍼붓는 것은 전형적인 허수아비치기다.

오히려 현 여권이 부동산 조세정책을 단기정책으로 생각하고 있는 것 같다. 종부세 제도 개편방침을 밝히면서도 부동산 시장의 상황을 봐가면서 하겠다는 입장을 여러 번 천명했고, 보유세 완화를 통해 침체 기미를 보이는 부동산 시장과 건설경기를 활성화하려는 의도도 엿보이니 말이다.

보유세 강화정책의 후퇴는 부동산 정책의 역사를 거꾸로 돌리는 일

부동산 조세를 부동산 가격 안정화의 수단으로 사용해서는 안 되고 금융정책으로 해야 한다는 이야기에 대해, 반은 틀렸다고 하는 이유는 부동산 가격 안정화는 단기가격 조절정책뿐만 아니라 정책 인프라, 즉 장기정책을 필요로 하며, 여기에 가장 적합한 것이 바로 보유세 강화정책이기 때문이다. 보유세 강화정책은 부동산 불로소득을 차단함으로써 투기를 근절하고 부동산 가격을 장기적으로 안정화시키는 효과를 갖고 있다. 보유세 부담이 상당한 수준에 도달해 있는 나라들은 부동산 가격 안정화를 위한 정책 인프라가 구비되어 있는 나라들이라고 봐야 한다.

지난 수십 년간 우리나라는 이 중요한 정책 인프라는 갖추지 않은 채, 부동산 값이 폭등할 때는 온갖 정책수단을 동원해서 투기억제에 나서고 부동산 시장이 침체할 때는 그동안의 투기억제 정책을 전부 철회하고 적극적인 부동산 시장 부양정책을 펼치는 일을 반복해왔다. 역대 정부도 이 사실을 잘 알고 있었기에 보유세 강화의 의지를 보였지만, 그때마다 기득권층의 조세저항에 부딪쳐 좌절하고 말았다. 우리나라 역사상 이 정책 인프라를 최초로 구축하는 데 성공한 정부가 바로 참여정부다.

정부 여당이 종부세를 중심으로 한 보유세 강화정책을 무력화시킨다면, 그것은 어렵게 구축한 소중한 정책 인프라를 허물고 우리나라의 부동산 정책의 수레바퀴를 거꾸로 돌리는 엄청난 실책이 될 것이다.

나성린 의원은 창립 이후 꾸준히 보유세 강화를 주장해온 경실련의 정책위원장 출신이다. 그러므로 나 의원은 현행 보유세 강화정책에 대해 창피해 죽겠다고 할 것이 아니라 장기정책으로서의 보유세 강화정책에 대해 어떤 생각을 갖고 있는지 밝히는 것이 순서다. 만일 그가 보유세 강화 자체에 대해 부정적 견해를 갖고 있다면, 필자는 부동산 문제를 연구하는 경제학자로서 '나성린 의원, 당신이 창피합니다'라고 말하지 않을 수 없다.

사족을 덧붙이자면, 누진세율로 고액 재산가에게 무거운 세금을 부과하는 제도의 기원은 참여정부의 종부세가 아니다. 1990년 종합토지세가 도입되면서 보유세 누진과세가 본격 시행되었고 그 전통이 지금까지 이어져 오고 있는 것이다.

참여정부가 한 일은 토지·건물의 통합과세를 실현하면서 보유세의 형평성을 달성했고, 기존 보유세의 누진 구조의 윗부분을 국세로 포착해서 종합부동산세라는 이름을 붙였으며, 과표 현실화를 추진한 것이다. 혹 나성린 의원이 보유세의 누진과세를 두고 창피하다고 말했다면, 과거에 그런 '창피한 제도'에 대해 그가 어떤 태도를 보였을지 무척 궁금하다.(〈프레시안〉 2008년 7월 30일)

'한 명의 피해자'가 누구인가

재산세와 종합부동산세의 과표 적용률 동결, 세부담 상한선 인하, 농특세 폐지 등을 발표하며 기회를 엿보던 이명박 정부가 드디어 종부세 무력화 카드를 꺼내들었다. 종부세 부과기준을 끌어올려 과세대상을 대폭 축소하고, 세율을 인하하며, 고령자 세액공제를 도입하겠다는 것이다. 또 사업용 토지에 대해서는 세부담을 대폭 줄여주겠다고 한다. 이 방침이 국회를 통과한다면, 우리나라 보유세 부담은 강화정책이 시작되기 전보다 낮은 수준으로 떨어질 가능성이 크다.

하지만 여론의 역풍이 예상 외로 거세다. 민주당 이용섭 의원의 조사에 따르면 반대여론이 83.7퍼센트에 이른다고 한다. 한나라당 내부에서조차 반발기류가 형성됐던 사정에 미뤄보면 국민들의 반발 정도를 짐작할 수 있다. 그런데도 이명박 대통령과 강만수 장관은 부자들의 세금을 감면하는 것이 아니고 원칙에 맞지 않는 징벌적 세금을 바로잡는 것이라고 주장하며 강행의지를 밝혔다.

이명박 정부가 종부세를 나쁜 세금으로 단정하는 유력한 근거는 오로지 한 가지다. 담세능력이 부족한 사람들에게 과중한 부담을 지우는 징벌적 세금이라는 것이다.

정부가 제시하는 근거는 진위가 의심되지만 설사 사실이라고 하더라도 80퍼센트 이상의 반대여론에 맞서면서까지 종부세 무력화 방침을 강행할 이유가 되지는 못한다. 왜냐하면 종부세로 상징되는 보유세 강화정책의 유익이 그것을 압도하고 남을 만큼 크기 때문이다. 보유세는 양극화의 주범인 부동산 불로소득과 부동산 투기를 근절한다. 보유세가 제대로 부과된다면 투기목적으로 부동산을 다량 보유하면서 저사용 상태로 방치하는 경향이 사라질 것이므로 부동산 이용의 효율성도 높아진다. 또 부동산 가격변동의 진폭이 축소되기 때문에 부동산 시장이 금융시장과 거시경제를 불안하게 만드는 일도 줄어든다.

특히 종부세는 세수의 상당 부분이 교부세로 지방에 배분되어 균형발전과 취약지역의 복지·재정 수요에 도움을 주고 있다. 담세능력을 초과하는 과도한 세부담이라는, 진위가 의심스러운 주장 하나를 가지고 이렇게 많은 유익을 주는 종부세를 무력화시키겠다고 하니 무모하기 짝이 없다.

더욱이 문제는 정부가 제시한 근거 자체가 타당성을 인정받기 어렵다는 점이다. 조세부담이 어느 정도인지 보여주는 지표로는 흔히 실효세율, 국내총생산GDP 대비 세부담 비율, 조세총액 대비 세부담 비율 등이 사용된다. 이 세 가지 비율을 통해 확인되는 우리나라의 보유세 부담은 미국·영국·캐나다·일본 등에 비해 형편없이 낮은 수준이다. 최상위 종부세 대상자(주택 공시가격 25억 원 정도)의 보유세 부담은 이미 선진국 수준에 도달했지만, 해당자는 극소수다.

정부는 이 세 가지 비율에 대해서는 일언반구도 없이 소득 대비 보유세 실효세율이라는 정체불명의 지표를 산출근거도 밝히지 않고 제시하거나, 이름만 비슷할 뿐 보유세 부담을 나타내는 지표로 사용해서는 안 되는 재산과세의 비중이 높다는 사실을 내세워 우리나라의 소득 대비 보유세 부담이 높다고 강변한다. 소득이 없는 은퇴 고령자 문제에 대해서는 납부유예제도라는 훌륭한 대안이 이미 마련되어 있음에도 그냥 무시해버린다.

청와대는 "한 명의 피해자라도 있다면 바로잡는 게 정부의 역할"이라고 말했다. 세심하고 자비로운 듯 보이지만, 국정을 책임진 사람들이 취할 자세는 아니다. 한 사람을 구제하려다가 많은 사람들이 피해를 보고 국가경제가 타격을 입기 때문이다. 정부가 이번 조처로 구제하려는 한 사람이 누구일까 생각할 때 강 장관 얼굴이 떠오르는 것은 지나친 상상인가? (〈한겨레신문〉, 2008년 9월 26일)

종부세 무력화는 투기광풍 전주곡

보유세는 쓰지만 몸에 좋은 약

마침내 정부 여당이 종부세를 사실상 무력화하기로 결정했다는 뉴스를 접하고 격언 하나가 불쑥 떠올랐다. '양약고구良藥苦口.' 좋은 약은 입에 쓰나 병에 이롭다는 뜻이다. 정신이 제대로 박힌 부모라면, 약이 쓰다고 투정하는 아픈 아이에게 치료제를 치우고 진통제나 마약을 먹이는 어리석은 결정을 하지는 않을 것이다. 쓴 약이 병을 치료하고 마약이 몸을 망친다는 것은 삼척동자라도 아는 사실이다.

보유세는 우리 사회의 고질병을 근본적으로 고칠 수 있는 정말 좋은 치료제다. 양극화의 주범인 부동산 불로소득과 부동산 투기를 근절하기 때문이다. 그뿐 아니다. 보유세가 제대로 부과된다면 투기목적으로 부동산을 다량 보유하면서 저사용低使用 상태로 방치하는 경향이 사라질 것이므로, 부동산 이용의 효율성도 높아진다. 또 부동산 가격변동의 진폭이 축소되기 때문에, 부동산 시장이 금융시장과 거시경제를 불안하게 만드는 일도 줄어든다.

이런 사실을 잘 알기 때문에 선진국에서는 대체로 보유세를 무겁게 부과하는 경향이 있다. 양식을 가진 경제학자들은 모두 보유세를 무겁게 부과하고 다른 세금들은 가볍게 하는 것이 바람직하다는 사실을 인정한다. 보유세 강화가 양약임을 우리나라 역대 정부도 알고 있었다. 비록 중도에 좌절하고 말았지만 노태우 정부, 김영삼 정부, 김대중 정부 모두 보유세 강화정책을 추진했으니 말이다.

노무현 정부의 부동산 정책에 대해서는 평가가 엇갈리지만, 보유세 강화정책을 성공적으로 정착시켰다는 공적은 인정해야 한다. 노무현 정부는 2017년까지 장기 로드맵을 장착한 보유세 강화정책을 법제화했다. 이 정책이 중단되지 않고 추진된다면, 현재 0.3퍼센트에도 미치지 못하고 있는 우리나라의 보유세 실효세율(부동산 가격 대비 세금 부담의 비율)이 2017년에는 0.61퍼센트가 된다는 시뮬레이션 결과가 나와 있다.

현재 미국과 영국의 경우 이 비율이 1퍼센트를 넘고 일본과 캐나다의 경우 1퍼센트 수준이므로, 이 정책이 성공하더라도 우리나라 보유세는 주요 선진국의 절반 수준밖에 되지 않는다는 이야기다.

지금까지 노무현 정부가 달성한 성과는 0.1퍼센트대에 머물렀던 보유세 실효세율을 0.2퍼센트대로 끌어올린 정도다. 물론 최상위 종부세 대상자(주택 공시 가격 25억 원 정도)의 보유세 실효세율은 이보다 높아서 이미 선진국 수준(약 1퍼센트)에 도달했지만, 해당자는 극소수다.

종부세는 노무현 정부 보유세 강화정책의 상징이다. 법 제정 당시에도 보수언론들과 국회의원들은 맹렬히 반대했다. 그 결과 정부 원안에서는 6억 원(주택의 경우)으로 되어 있던 부과기준이 9억 원으로 올라가서 부과대상이 대폭 줄어버렸다. 2004년 내내 안정세를 유지했던 부동산 시장에 다시 부동산 투기광풍이 불었던 것은 여기에 기인하는 바가 크다. 종부세법이 현재의 모습을 갖춘 것은 우리 사회가 투기병投機病을 한 차례 더 앓고 난 후의 일이다.

마침내 꺼내든 종부세 무력화 카드

2008년 9월 1일 재산세와 종부세의 과표를 동결시키고 세부담 상한선을 낮추겠다는 방침이 발표되었을 때 '보유세 무력화가 최종 목표구나'라는 생각이 들었는데, 드디어 오늘 마지막 카드가 나왔다.

마지막 카드답게 내용도 화끈하다. 종부세 부과기준을 끌어올려 과세대상을 대폭 축소하고, 세율을 인하하며, 장기보유 특별공제 및 고령자 감면을 도입하겠다는 것이다. 게다가 사업용 토지에 대해서는 아예 종부세를 폐지한다고 한다. 이번 방침이 국회를 통과한다면, 우리나라 보유세 실효세율은 강화정책이 시작되기 전보다 낮은 수준으로 떨어질 가능성이 크다.

조세제도는 물길과도 같다. 투기의 바다로 이끄는 물길을 만들어두면 물은 물길을 따라 흐를 수밖에 없다. 많은 부동산을 갖고서 국가나 사회로부터 엄청난 혜택을 받고도 상응하는 대가를 지불하지 않아도 되는 제도 하에서 누가 부동산 구입에 열을 내지 않겠는가?

사업용 토지라는 명목으로 아무리 토지를 많이 확보해두고 있어도 제대로 세금을 매기지 않는다면, 토지수익이 훨씬 크고 안정적인데 어느 기업이 생산적 투자에 열심을 내겠는가? 땀 흘려 벌어들인 소득을 알뜰히 저축해서 내 집 마련을 하는 것보다 대출받아 집 사두는 것이 훨씬 이익이 되는데, 어느 누가 열심히 일하고 저축하려 하겠는가?

지난 수십 년간 우리는 정말 이상한 나라에서 살아왔다. 사람이 만든 물건의 가격은 시간이 가면 떨어지기 마련인데도 집값은 오른다고 믿는 사람들이 많은 나라, 기업이 일자리를 많이 제공해주기를 바라면서도 그 기업들이 생산적 투자와는 무관한 부동산에 관심을 가져도 이상하게 생각하지 않는 나라, 부동산 값의 양극화로 인해 서울 사람들은 가만히 앉아서 부자가 되고 지방 사람들은 지은 죄도 없이 가난뱅이가 되어가도 그냥 넘어가는 나라, 직장인들이 모이면 이구동성으로 부동산 이야기에 몰두하면서도 고위 공직자 후보가 부동산을 많이 갖고 있다는 소식에는 격분하는 나라, 수도권의 아파트 분양에 전국 곳곳의 사람들이 몰려드는 기현상이 일어나는 나라, 부동산 값 폭등을 잡지 못했다는 이유로 정권을 심판하고도 자기 지역 부동산 값 올려주겠다는 국회의원 후보를 당선시키는 나라, 바로 그런 나라 말이다.

보유세 강화는 상식적인 사회를 만드는 기초
보유세 강화정책은 이런 이상한 일을 막고 상식이 지배하는 사회를 만드는 기초라고 할 수 있다. 국정을 책임진 사람들은 그 정치적 기반이 어디에 있든간에 이런 정책을 함부로 처리하지는 못한다. 보수적 성격을 가졌던 노태우 정부와 김영삼 정부가 보유세 강화를 시도했던 것도 그 최소한의 책무를 감당해야 한다는 마음이 있었기 때문이리라.

보유세 무력화는 우리 사회의 기초를 뒤흔드는 결정이다. 이대로 가면 대한민국은 부동산 공화국, 투기 공화국이 될 것이 뻔하다. 또다시 투기광풍이 분다면, 우리 국민들에게도 이명박 정부에게도 비극이다.

정책에는 시차가 있어서 잘 하면 다음 정부에 부담을 떠넘길 수도 있다. 그러나 그러기에는 이명박 정부의 임기가 너무 많이 남았다. 결과가 뻔히 보이는 길을 막무가내로 계속 가겠다는데, 어쩌겠는가? 피해가 최소화되는 요행을 기대할 수밖에.(《오마이뉴스》 2008년 9월 23일)

더 좋은 보유세, 국토보유세를 도입하자

본디오 빌라도와 헌재

그리스도인들이 2000년 가까이 신앙을 고백하기 위해 사용해 온 사도신경이라는 것이 있다. 거기에 보면 "(예수님이) 본디오 빌라도에게 고난을 받으사 십자가에 못박혀 죽으시고"라는 구절이 나온다. 본디오 빌라도는 당시 유대 지방에 파견된 총독이었다. 신약성경의 복음서를 읽어본 사람이라면 이 구절이 매우 이상하게 느껴질 것이다. 왜냐하면 빌라도는 여러 차례 예수가 무죄라고 천명했으며 그를 풀어주기 위해 마지막까지 애를 썼던 것으로 기록되어 있기 때문이다. 그런 그에게 예수를 십자가에 못박아 죽이라고 끝까지 압박한 것은 바로 대제사장들을 포함한 유대인 무리들이었다.

빌라도의 잘못은 딱 한 가지였다. 예수를 죽일 만한 죄목을 찾지 못했음에도 유대인들의 압박에 못 이겨 마지막에 십자가형을 언도해버린 것이다. 실제로 예수를 죽일 마음을 품었던 것은 대제사장들을 포함한 유대인 무리였지만, 예수를 죽인 책임은 유대인들의 눈치를 보다가 막판에 잘못된 형을 언도했던 빌라도가 뒤집어썼다.

종합부동산세에 대한 헌재 판결을 지켜보노라니 2000년 전 예수에게 십자가형을 언도했던 빌라도가 떠올랐다. 헌재는 종부세 자체에 대해서는 무죄판정을 내렸다. 종부세의 근본취지나 도입목적에 대해 합헌임을 확실하게 인정했을 뿐 아니라, 그동안 보수언론이나 정부 여당이 위헌의 논거로 제시해온 여러 쟁점들(국세 과세, 이중과세, 미실현이득 과세, 과다과세, 소급과세, 지방 재정권 침해 등)에 대해서는 모두 근거가 없음을 밝혔다. 빌라도도 그랬다. 끝까지 그는 예수에게서 죽일 만한 죄를 찾지 못했다고 말했다.

종부세 자체에 대한 헌재의 판단은 그동안의 논란을 한꺼번에 잠재울 수 있을 정도로 확실하다. '종부세 자체는 합헌이다. 종부세 자체는 무죄다.' 하지만 어처구니없게도 헌재가 내린 최종 판결은 종부세를 십자가에 못박도록 내주는 내용이다. 빌라도가 예수를 십자가에 못박도록 유대인들에게 내주었듯이 말이다.

여기서 나까지 세대별 합산에 대한 위헌판정이 옳은지 그른지 따질 필요는 없을 것 같다. 하지만 그 판정 하나가 그간 정부 여당이 종부세를 무력화시키기 위해 내놓았던 모든 방안들(과세기준 인상이나 세율인하 등)을 계획대로 추진하는 것을 주저하게 만들 정도로 엄청난 내용이라는 점은 지적해두고 싶다. 종부세 대상자 중 최대 80퍼센트가 과세대상에서 빠져나갈 수 있게 되었으니, 이 판정을 종부세에 대한 '십자가형'이라고 표현하더라도 지나친 것은 아니다.

헌재 판결 이후 한나라당 내의 논란

헌재 판결 이후 한나라당 내에서는 과세기준을 6억 원에서 9억 원으로 올릴지 말지, 세율을 이미 발표한 대로 낮출지 좀 덜 낮출지, 1세대 장기보유의 기준을 3년으로 할지 8년으로 할지를 둘러싸고 논란이 있다고 한다. 한나라당 내에서 상대적으로 개혁적 입장을 가진 의원들은 토지에 부과되는 종부세 세율을 인하해서는 안 된다는 입장을 피력하고 있다고 한다.

한마디로 가관이다. 우리나라 부동산 정책의 오랜 숙원이었던 보유세 강화정책이 끝장나는 마당에 과세기준, 세율, 장기보유 기준 등을 가지고 논란을 하면서 서민을 위하는 척 가장하는 모습이라니. 그러지 말고 정부 여당은 그냥 기왕에 발표했던 내용대로 밀고 가라. 그래서 종부세 무력화의 책임을 헌재가 모조리 뒤집어쓰는 일은 없게 하라. 그것이 지난 몇 년간 '종부세 죽이기'에 골몰했던 한나라당이 지켜야 할 최소한의 도리가 아니겠는가?

죄 없이 십자가에서 죽었던 예수가 부활했듯이 죄 없이 무력화되어버린 종부세도 새로운 모습으로 부활할 것이다. 투기, 불로소득, 부동산 값 폭등, 부동산 양극화가 사라지지 않는 한 보유세 강화정책의 필요성도 사라질 수가 없다. 나는 지난 몇 년간 종부세 지키기 전투에서 작은 몫을 담당해왔지만, 이제 종부세에 대한 미련은 버리려고 한다. 한나라당이 종부세를 존치하는 것처럼 위장을 하더라도 종부세 시대는 끝났다. 보유세 강화정책이 없는 종부세는 아무런 의미가 없기 때문이다.

종부세보다 더 좋은 보유세, 국토보유세

종부세 시대가 끝났다면 이제 우리에게 아무런 희망도 없다는 이야기인가? 절대 그렇지 않다. 지금부터 종부세보다 더 좋은 보유세 강화정책을 구상할 수 있게 되었기 때문이다. 아이러니하게도 헌재가 종부세에 '십자가형'을 언도하면서 '겉치레용'으로 활용한 합헌판정들 덕분에, 우리는 지금까지보다 훨씬 자유롭게 더 좋은 보유세를 구상할 수 있게 되었다.

진보신당은 발 빠르게 토지와 주택은 물론 상가와 오피스텔, 아파트 분양권 등 개인이 가진 모든 부동산에 대해 빠짐없이 합산과세하는 '부동산 부유세'를 제안했다. 좌파 정당다운 발상이다. 더 좋은 보유세를 구상하는 움직임을 보였다는 점에서 칭찬할 만하지만 내용은 잘못되었다.

우리는 앞으로 보유세 강화정책을 담보할 새로운 보유세의 이름을 국토보유세라고 부르고자 한다. 이 세금은 다음과 같은 특징을 갖는다. 새로운 세금을 도입하기 위해서는 세율이나 과표 구간 등을 구체적으로 밝혀야 하지만, 그것은 시뮬레이션 작업을 거친 후에 결정할 수 있으므로 여기서는 원칙을 밝히는 데 그칠 수밖에 없다.

첫째, 국토보유세는 국세로 한다. 부동산 시장의 안정이라는 국가적 과제를 수행하기 위해서도, 또 지역간 재정격차를 막고 균형발전을 도모하기 위해서도 국세보유세는 반드시 필요하다. 그동안 정부 여당의 주요 인사들과 부동산 시장만능주의자들은 '재산세는 모든 나라에서 지방세다'라고 주장해왔지만, 거짓말이라는 것이 드러났다. 예컨대 스웨덴과 벨기에가 보유세를 국세로만 운영하고 있으며, 영국과 멕시코가 국세보유세를 두고 있다.

둘째, 국토보유세는 토지에만 부과한다. 과세 대상자는 나대지와 주택분 토지를 일정액 이상 가진 사람이 될 것이다. 이론적으로는 현재 별도 합산해서 낮은 세율을 적용하도록 되어 있는 사업용 토지도 함께 합산하는 것이 옳지만, 현실적으로 가능할지는 면밀한 검토를 거친 후에 판단할 수 있을 것 같다.

사실 토지와 건물을 통합과세하는 현행 종부세는 건물에 과세한다는 점에서 결함을 가진 세금이다. 경제적 효율성의 관점에서 건물보유세는 세부담이 전가될 뿐 아니라 건물의 신축과 개축을 저해한다는 점에서 나쁜 세금으로 분류된다. 반면 토지보유세는 세부담이 전가되지도 않고 토지이용에 악영향을 주지 않는다는 점에서 좋은 세금으로 분류된다. 경제정의의 관점에서 보더라도 인간 노력의 소산인 건물에 대해서는 과세를 피하고 자연의 선물이자 사회 공동체의 공동 노력의 소산인 토지 및 토지가치에 대해서는 무겁게 과세하는 것이 옳다. 따라서 앞으로 도입해야 할 새로운 국토보유세는 토지에만 부과하는 것이 바람직하다.

건물을 국토보유세의 과세대상에서 제외할 경우 주택 따로, 토지 따로 합산과세하고 있는 현재의 방식을 벗어나서 나대지와 주택분 토지를 합쳐서 합산과세할 수 있는 길이 열린다. 종부세 도입 이전에 있었던 종합토지세는 나대지와 주택분 토지를 별개로 취급하지 않고 함께 합산했는데, 그 방식이 이론에 좀더 부합한다. 주택 따로, 토지 따로 합산과세하는 현행 방식은 토지 과다 보유자에게 유리한 방식이다. 따라서 종합토지세처럼 국토보유세도 나대지와 주택분 토지를 묶어서 합산과세한다.

주택분 토지의 평가는 예전 종합토지세 부과할 때 평가방법을 개선해서 활용하면 된다. 다만 아파트 대지의 가치가 크게 저평가되는 문제가 있는데, 이는 전체가치에서 건물의 잔존가치를 공제하는 잔여가치법을 활용하면 금방 해결된다. 그리고 주택의 공시가격과 토지의 공시가격(즉 공시지가)의 시가 반영비율이 다르다는 문제가 있는데 이 또한 쉽게 해결할 수 있다. 여하튼 국토보유세를 새로 도입하기 위해서는 토지 평가제도의 개편이 먼저 이루어져야 한다.

셋째, 재산세는 기본적으로 현행 제도를 유지하되, 국토보유세와 합쳐서 세부담이 선진국 수준이 되도록 장기 로드맵을 만들어 추진한다. 보유세의 세율은 단일 세율로 하는 것이 바람직하다는 이론이 있지만, 그것은 정치적으로 실현 불가능한 방법이므로 누진세 방식을 유지할 수밖에 없다. 다만 국토보유세의 누진도를 현행 종부세보다 조금 완화하는 문제는 고려해볼 수 있다.

넷째, 국토보유세 수입은 교부세로 전액 지방에 교부하거나 경제에 부담을 주는 나쁜 세금을 감면하는 데 사용한다.

종부세의 부활을 기대하며

보유세를 강화하고 경제에 부담을 주는 나쁜 세금들을 감면하는 것은 우리나라가 선진국이 되려면 반드시 거쳐야 할 일이다. 노태우 정부, 김영삼 정부, 김대중 정부, 노무현 정부 모두 이 사실을 알고 있었고, 비록 노무현 정부만 성공을 거두었지만 역대 정부 모두 나름대로 노력을 기울였다.

이명박 정부와 한나라당의 '종부세 죽이기'는 바로 이 중요한 정책을 무산시키는 결과를 가져왔다. 그래서 지금 우리나라 부동산 정책사의 수레바퀴는 거꾸로 돌아가고 있다. 하지만 이 수레바퀴를 다시 앞으로 돌릴 수 있는 대안은 분명 있다. 앞으로 이 대안에 공감하는 정치세력이 나와서 정책으로 실행하는 날이 오기를, 그래서 빌라도와 유대인 무리가 공모하여 십자가에 못박은 예수가 부활했듯이 종부세도 더 좋은 모습으로 부활하기를 간절히 기대한다.(〈프레시안〉, 2008년 11월 27일)

4장

MB의 시장만능주의적 부동산 정책

이명박 부동산 정책, '프로'면 프로다워야

이명박 전 서울시장은 거침없는 화법으로 유명하다. 부동산 정책에 대해 자기주장을 펼칠 때도 이 전 시장은 거침이 없다.

2005년 6월 8일에는 참여정부의 부동산 정책을 '군청 수준'이라고 비판했고, 이틀 뒤에는 "뒷다리가 긴 산짐승을 잡으려면 내리막길에서 길목을 지키고 있어야지 온 산을 무조건 헤맨다고 잡히는 것이 아니다"면서 "이처럼 전문적인 부분을 모르면 몇 날 며칠 온 산을 헤매도 사냥을 할 수 없는 법"이라며 정부 정책의 '전문성 부재'를 질타했다.

2006년 11월 21일에는 "정권이 바뀌면 무슨 수를 내서라도 젊은 부부들에게 집 한 채를 줄 수 있을 것으로 생각한다"고 호언장담했고, 12월 7일에는 "1가구 1주택은 국가가 책임을 져야 한다"고 주장했다.

이처럼 자신감 넘치는 태도와 거침없는 주장은 이명박 전 시장이 부동산 투기를 근절하고 모든 국민의 주거문제를 해결할 수 있는 획기적인 방안을 갖고 있다는 생각을 하게 만든다. 실제로 이 전 시장은 참여정부 부동산 정책의 아마추어리즘을 강하게 비판하면서 자신이 '프로'

임을 강하게 시사한 적이 있다.

그러나 지금까지 이 전 시장이 밝힌 부동산 정책들을 하나하나 검토해보면, 부동산 문제를 근본적으로 해결할 수 있는 획기적인 방안이라 할 만한 내용은 보이지 않으며 그를 프로라고 부를 만한 근거도 찾기 어렵다.

이명박 전 시장은 참여정부 부동산 정책이 실패한 가장 큰 원인을 정책의 일관성 상실에서 찾는다. 그리고 "부동산 투기를 억제한다고 하면서도 행정수도 이전, 혁신도시, 기업도시 등의 정책을 펼쳐 결과적으로 전 국토를 부동산 투기장으로 만들어버렸다"는 비판도 한다. 모두 옳은 말이다.

부동산 시장의 특수성 이해 못해

그렇다면 그의 부동산 투기대책은 무엇일까? 이 전 시장은 〈이코노미21〉 인터뷰에서 "부동산 문제는 시장개념과 복지개념 등 이원적으로 접근해야 한다. 정부는 부동산 시장이 자율적으로 돌아가도록 하고 대신 복지적 측면에 전념해야 한다"고 주장했다. 2006년 12월에는 "가진 사람이 더 좋은 아파트로 가겠다는 것은 시장경제 원리에 맡기되, 집 없는 사람들에게는 복지차원에서 정책을 구사해야 한다"고도 했다.

이게 무슨 말인가? 투기가 일어나서 부동산 값이 폭등하더라도 투기 대책 따위는 시행하지 말고 그냥 방임하라는 것 아닌가? 부동산 시장이 일반 재화시장과 동일한 성격을 갖고 있다면 정부가 시장에 개입하지 않고 방임하는 것이 옳다. 가격이 상승하더라도 시장의 자기조절기능이 작동(수요는 감소하고 공급은 증가한다.)해서 조만간 균형에 도달하고 가격은 안정세를 되찾기 때문이다.

하지만 부동산 시장은 일반 재화시장과 성격이 전혀 다르다. 투기가 일어나서 가격이 상승하더라도 공급을 증가시키기가 어렵다. 더욱이 일반 재화의 경우 가격이 상승하면 수요가 줄어드는 데 반해, 부동산에 대한 투기적 수요는 가격이 상승할 때 더욱 팽창한다. 투기가 가격폭등을 부르고 가격폭등이 다시 투기를 부르는 악순환이 일어나는 것이다.

요컨대 부동산 투기가 기승을 부릴 때 시장의 자기조절 기능은 작동하지 않는다. 따라서 투기는 시간이 지나도 자연적으로 소진되지 않고 가격을 계속 폭등시켜 경제의 다른 분야에 타격을 가한 후에야 비로소 사라진다.

이런 비정상적인 시장에 대해서는 정부가 정책을 통해 개입해야 한다. 정책의 초점은 투기수요를 억제하는 데 두어져야 한다. 가격이 상승할 때 감소하지 않고 거꾸로 증가하는 속성을 갖고 있는 투기수요를 제거하고 나면, 시장은 정상화되고 시장의 자기조절 기능도 비로소 작동한다.

투기수요를 억제하는 방법으로는 세금정책과 금융정책이 있다. 보유세와 양도세를 강화하면 투기수요는 억제된다. 금리를 인상하거나 주택담보대출을 규제해도 투기수요가 억제된다. 그런데 양도세 강화는 동결효과를 낳고 금리인상은 거시경제를 침체시킨다는 부작용이 있다.

따라서 가장 좋은 방법은 보유세 강화정책과 미시적 금융대책(즉 DTI규제 등을 통한 주택 담보대출 규제)을 적절히 결합하여 이를 위주로 부동산 투기대책을 시행하는 것이다. 우리나라처럼 보유세 부담이 극도로 낮아서 투기적 이익의 획득이 제도적으로 보장되고 있는 곳에서는, 보유세 강화정책이 제대로 추진될 경우 투기수요의 억제에 상당한 효과를 발휘할 수 있다.

이명박 전 시장은 투기는 방임하되, 집 없는 사람들에게는 정부가 집을 지어서 공급하면 된다는 생각을 하고 있다. 그는 "헌법이 일할 권리와 교육받을 권리를 보장하듯 국민이 집을 한 채씩 가질 권리도 보장돼야 한다"는 파격적인 주장까지 내놓는다.

문제는 부동산 시장을 방임할 경우 국민이 집을 한 채씩 가질 권리가 침해된다는 점이다. 집값 폭등은 서민들의 내 집 마련을 어렵게 하는 최대 원인이다. 이를 그냥 두고 전 국민이 집을 한 채씩 가질 수 있도록 정부가 주택을 공급한다니 말이 되는가? 정부가 그럴 능력이 있는지도 의문이다.

세금정책에 대한 오해 심각

이 전 시장은 '부동산 시장 방임론'을 믿고 있어서 그런지, 세금정책에 대해 매우 부정적인 태도를 보여왔다. 2006년 1월 20일자 〈매일경제〉에 보도된 대담기사에서 그는 "세금으로 부동산 문제를 해결할 수 없다고 본다"고 말하고 있다. 2006년 11월 21일에는 "아파트 값을 세금으로 잡는 나라는 전 세계 어디에도 없다"고 단언했다.

이 전 시장이 세금정책만 가지고는 부동산 문제를 해결할 수 없다는 이야기를 하고 있는 것이라면, 전적으로 동의한다. 그러나 부동산 투기 대책으로서 세금정책이 필요 없다는 이야기를 하고 있는 것이라면 그건 완전히 잘못된 주장이다. "세금으로 부동산 문제를 해결하기는커녕 문제를 더 키운다는 사실이 이미 현실로 드러났다"고 주장한 걸 보면, 그의 생각은 후자 쪽인 것 같다.

세금정책만 가지고 투기를 근절할 수 없음은 물론이지만, 보유세와 양도세를 통해 투기적 이익을 차단·회수하지 않으면 투기억제가 엄청나게 어려워진다. 우리나라에서 유독 부동산 투기가 기승을 부리는 것은 보유세 부담이 극도로 낮다는 사정과 무관하지 않다. 세금정책은 투기근절의 필요충분조건은 아니지만 매우 중요한 필요조건이다.

"아파트 값을 세금으로 잡는 나라는 전 세계 어디에도 없다"는 말은 사실과 다르다. 투기이익의 환수장치가 취약해서 투기가 발생하는 곳에서는 어디서나 투기이익 환수를 위한 세제강화가 논의되거나 추진되었다. 멀리 갈 것도 없다. 1967년 부동산 투기억제세를 도입한 이래 우리나라의 부동산 정책이 그랬고, 1980년대 말 엄청난 투기광풍에 휩싸였던 일본의 부동산 정책이 그랬다.

최근 몇 년 사이 부동산 투기가 기승을 부리는 중국에서 정부가 내놓은 강력한 투기대책도 부동산 조세강화를 중심으로 하고 있다. 2005년 미국에서도 대통령 산하 세제개편위원회에서 부동산 거품에 대한 대책으로서 양도소득세 강화를 검토하고 있다는 보도가 나온 바 있다.

보수언론의 '보유세 전가론'과 '서민피해론' 답습

이 전 시장은 보유세 강화정책의 무용성을 입증하고 싶었던지 그동안 보수언론들이 즐겨 사용해온 '보유세 전가론'과 '서민피해론'을 답습한다. 예컨대 그는 〈이코노미21〉 인터뷰에서 "급격한 세금인상은 매매가격에 전가돼 부동산 시장을 끊임없이 불안하게 만들고 있다. 또한 전세가격을 부추겨 결국 '없는 사람들' 이른바 서민의 피해로 돌아오고 있다"고 주장했다.

이 전 시장에게는 주택 소유자가 전능한 존재라고 여겨지는 모양이다. 보유세가 인상되면 그것을 바로 세입자에게 전가시킬 수 있다고 믿고 있으니 말이다. 만약 이런 가정을 따르면 주택 소유자들은 보유세가 인상되기 전이라도 전세금을 인상하는 것이 마땅한데 왜 그렇게 하지 않는 것일까?

보유세의 전가는 이 전 시장이 생각하는 대로 소유자의 의지에 따라 이루어지는 것이 아니라 주택 임대시장의 수요와 공급의 변화에 따라 이루어진다. 소유자가 보유세 인상분을 세입자에게 전가하므로 서민의 부담이 늘어난다는 식의 조악한 보유세 전가론은 보수언론들이 국민들의 눈을 가릴 목적으로 개발한 억지논리임에도, 그대로 답습하고 있으니 이를 어찌해야 좋은가?

대통령이 되겠다는 사람은 특정계층의 이해를 대변하는 자세를 취해서는 안 된다. 보유세 강화정책은 우리나라 부동산 정책의 오랜 숙제였다. 이 정책이 그동안 시행되지 못했던 것은 부동산 부자들의 반대 때문이었다. 이처럼 국가적으로 중대한 과제임에도 기득권 세력의 반발로 인해 미루어져왔던 정책에 대해 국가 지도자는 어떤 자세를 취해야 할까? "나도 불평 안 하고 (종부세 - 저자 주) 냈다"고 한 김대중 전 대통령의 태도는 시사하는 바가 크다.

복지적 주택 공급정책의 구체적 실행방안 제시 안 돼

이명박 전 시장이 집 없는 사람에게 국가가 복지차원에서 주택을 지어서 공급해야 한다는 주장을 처음 한 것은 2006년 11월경이었다. 엄청난 정책을 발설했으니 국민들이 구체적인 실현방법에 대해 관심을 갖는 것은 당연한 일이다.

이 전 시장은 발설 당시에 "특별한 노하우이기 때문에 지금은 전략상 말할 수 없다"고 했다. 그 후 4개월이 지났지만 실행방안을 내놓지 않고 있다. 아직도 전략상 기다리고 있는 것인가, 아니면 방안을 마련하지 못한 것인가?

　사실 집 없는 서민들에게 주택을 공급하는 문제에 대해서는 그동안 공공임대주택의 확충과 환매조건부 및 대지임대부주택의 공급 등을 중심으로 활발한 논의가 있었고 이미 일정한 사회적 합의가 도출된 상태다. 이명박 전 시장의 복지적 주택 공급정책은 대통령 취임 후 보금자리 주택공급으로 구체화되었다. 공공이 중소형 분양주택을 대량 공급한다는 점이 새롭지만, 주거 빈곤층을 위한 주거복지 제공이라는 측면에서 보면, 보금자리 주택 공급정책은 참여정부의 공공임대주택 공급정책에 비해 훨씬 뒤떨어지는 정책이다.

　이 전 시장은 신도시 개발에 반대한다. "시간이 많이 걸리고 새로운 투기를 유발할 우려가 있다"는 것이 반대 이유다. 그 대신 강북의 재개발이나 강남의 재건축 규제완화를 통해 서울 시내에서 주택공급을 확대할 것을 주장한다. 신도시 개발과 기존 도시 재개발 중 어느 쪽이 더 나은지는 꼼꼼히 따져볼 문제다. 그러나 "시간이 많이 걸리고 투기를 유발할 우려가 있다"는 것은 기존 도시 재개발에도 해당되는 이야기 아닌가?

　신도시 개발이든 기존 도시 재개발이든 중요한 전제조건은 개발이익을 철저하게 환수해야 한다는 것이다. 지난 몇 차례의 집값 폭등은 모두 개발이익 환수장치가 미비한 상태에서 신도시 개발이나 재건축 규제완화 등의 조치를 발표한 데서 비롯되었다. 그런데 유감스럽게도 이 전 시장의 부동산 정책에서는 개발이익 환수정책은 찾아볼 수가 없다.

　아직까지 공개하지 않은 정책이 있는지 모르겠으나, 지금까지 드러난 것만 보면 이명박 전 시장의 부동산 정책은 '프로의 정책'이라 하기에는 너무 허술하다는 느낌을 준다.

"프로가 프로다워야 프로지!" 이명박 전 시장의 부동산 정책을 검토하는 중에 필자의 머릿속에 불쑥 떠오른 생각이다. 부디 지금부터는 감춰두었던 프로페셔널professional한 정책들을 국민들 앞에 펼쳐 보이시기 바란다.(〈오마이뉴스〉, 2007년 3월 29일)

MB, '1퍼센트 대통령' 되려는가

노무현 대통령이 2007년 5월 21일 〈매일경제〉·MBN과의 특별대담에서 양도세·종부세 감면을 주장하면 '1퍼센트 대통령'이라고 한 것에 대해 한나라당의 이명박, 박근혜 두 대권 주자는 다음날 바로 이를 반박하는 기자간담회를 가졌다고 한다.

정책 공방의 불모지라고 할 수 있는 우리나라의 정치 현실에서 3대 정치 지도자가 직접 나서서 정책 공방을 벌이는 모습이 신기하기도 하고 반갑기도 해서, 발언내용을 분석해보기로 했다.

노무현 대통령의 발언 요지는 다음과 같다.

첫째, 부동산 가격은 장기적으로 하향 안정화되는 것이 우리 경제에 가장 긍정적이다.

둘째, 그동안 시장상황에 대한 과장 때문에 부동산 정책을 추진하기가 무척 힘들었다.

셋째, 1가구 1주택 장기보유자가 내는 양도소득세는 그리 많지 않고,

또 종부세 대상자는 근로소득 외에 자산소득이나 잡소득이 있는 경우가 많을 뿐 아니라 1가구 1주택 종부세 대상자로서 65세 이상 되는 사람은 1퍼센트도 되지 않기 때문에, 양도세·종부세를 깎아준다고 공약하는 사람이 대통령이 된다면 그는 '1퍼센트 대통령', 많아야 '4퍼센트 대통령'이다.

넷째, 실효성 없는 공약을 가지고 이상한 기대심리를 만들어내면 우리 국가의 경제와 국민들에게 엄청난 타격을 입힐 것이기 때문에 부동산 문제는 건드리지 말기 바란다.

참여정부와 노무현 대통령이 부동산 정책과 관련해 범한 실책이 적지 않지만, 이번 발언의 내용에 문제가 있어 보이지는 않는다. 사실 관계를 왜곡한 부분도 없고 논리의 비약도 보이지 않는다.

이명박 전 시장과 박근혜 의원을 견제하려는 정치적 의도가 숨어 있다고 해석할 수는 있겠지만, 그보다는 자신이 어렵게 정착시킨 부동산 정책의 기조가 흔들리는 것을 막아보려는 정책적 의도가 더 강한 것 같다. 정치적 의도가 담긴 발언은 대개 사실 관계의 왜곡이나 논리의 혼선과 비약을 포함하기 마련이다.

〈매일경제〉의 보도에 의하면 박근혜 의원은 22일 기자간담회에서 "재산세와 종부세를 합친 것이 보유세인데 이 보유세가 너무 급속히 증가하고 있다"며 "국민들이 너무 큰 부담을 느끼지 않도록 조정할 필요가 있다고 본다"고 밝혔다. 또 "1주택을 오랫동안 보유하고 있는 국민들은 사실상 투기목적이 없는 게 아니냐"며 "이런 상황에서 양도세를 엄청나게 높이면 사지도 팔지도 못하게 된다"고 덧붙였다.

논란의 여지가 큰 발언이지만 상세한 내용을 담은 보도자료가 배포되지 않아서 박 의원의 발언을 분석하기에는 어려움이 있다.

반면 이명박 전 시장의 캠프에서는 기자간담회에서 이 전 시장이 한 발언을 보도자료로 만들어 배포하였다. 따라서 이 글에서는 이 전 시장의 발언을 중심으로 논의를 전개하기로 한다.

이명박 전 시장 측이 배포한 보도자료를 검토하면서 필자는 이 전 시장의 발언 요지를 정리하기가 무척 어려웠다. 무슨 말인지 알 수 없는 내용들이 여기저기 들어 있었기 때문이다. 이 전 시장이 조세정책을 찬성하는지 반대하는지, 투기억제를 찬성하는지 반대하는지조차 금방 파악하기 어려웠다.

이명박 전 시장의 발언을 직접 들어 보자.

이것은 그냥 경제, 1퍼센트 경제, 이런 관점에서 보면 안 되거든요. 경제란 것은 거시적으로 오늘의 정책이 앞으로 어떤 영향 미치느냐, 거시적으로 해석을 해야 되고 노무현 대통령께서는 오늘 당장 문제를 보시고 이야기한 것 같은데, 내가 며칠 전에 (언론 인터뷰)할 때도 부동산 정책을 급격하게 변화시킨다, 이런 이야기한 것은 없습니다. 그런 관점에서 나는 노 대통령의 언급이 경제 전체를 보는 안목에서 보는 것이 아니고 일시적인 평가다, 그래서 나는 일시에 이 정책을 당장 바꾸겠다는 것이 아니고, 1~2년 보자 하는 것입니다.

도대체 이게 무슨 말인가? 노 대통령은 단기적인 안목을 갖고 있고 자신은 장기적 안목을 갖고 있다는 뜻인가? 장기적 안목을 갖고 정책을 추진하는 것이 옳다면 정책기조를 바꾸어야 할 텐데, 정책을 바꾸지 않고 1~2년 보자는 것은 또 무슨 말인가?

보유세 강화정책은 대표적인 장기대책이다. 그런데 그 정책을 고수하자는 노무현 대통령의 발언이 단기적 안목에서 나왔다고 보는 근거는 무엇인가? 앞에서 밝혔듯이 정치적 의도가 담긴 발언은 대개 사실관계의 왜곡이나 논리의 혼선과 비약을 포함하기 마련이라는 기준을 적용하면, 노무현 대통령보다는 이명박 전 시장의 발언이 좀더 강한 정치적 의도를 담고 있다고 해야 한다.

발언내용만 가지고는 이 전 시장의 주장을 금방 이해하기 어려워서 전체 맥락을 놓고 따져보았다. 그랬더니 그가 어떤 정책을 주장하는지 어렴풋이 윤곽이 잡혔다. 이 전 시장은 조세정책을 통해 수요를 억제하는 정책은 부동산 경기를 위축시켜 서민경제를 어렵게 만든다고 보고 있다.

공급물량을 확대하면 가격도 안정시키고 부동산 경기도 활성화시켜서 서민경제를 살릴 수 있다는 것이 그의 생각이다. 이를 확인하고 다음과 같은 그의 발언을 읽으면 무슨 뜻인지 이해가 될 것이다.

> 부동산에 대한 일시적인 억제가 도움을 주더라도 장기적으로 경기가 하락했다. 서민 경제 더 어려워진다. 공급물량을 올림으로써 부동산 가격상승을 막고 그것으로 인해서 경기가 부양되고 그것으로 서민경제 살아나는 선순환이 안 되고, 일시적 과세를 통해 부동산 공급에 지장을 주어서 경기를 죽였다.

부동산 시장이 일반 재화시장처럼 실수요에 의해 움직이는 정상적인 시장이라면 이 전 시장의 생각이 옳다. 그러나 부동산 시장은 일반 재화시장과 성격이 전혀 다르다. 실수요가 아니라 투기적 가수요가 시장을 지배하기 쉽고, 투기가 일어나서 가격이 상승하더라도 공급을 증가시키기가 어렵다. 일반 재화의 경우 가격이 상승하면 수요가 줄어드는 데 반해, 부동산에 대한 투기수요는 가격이 상승할 때 더욱 팽창한다. 투기가 가격폭등을 부르고 가격폭등이 다시 투기를 부르는 악순환이 일어나는 것이다.

투기수요를 적기適期에 억제하지 않으면 부동산 가격거품이 팽창하다가 언젠가는 터지게 된다. 거품이 터지면 그때까지와는 다른 양상이 전개된다. 수요는 급격히 줄어들고 가격이 폭락하는 사태가 이어지는 것이다. 부동산 시장에 거품이 생기고 그것이 터져서 어려움을 겪은 사례는 전 세계적으로 허다하다.

이명박 전 시장이 주장하는 대로 투기수요를 방임한 채 공급확대에만 주력한다면 위에서 말한 거품의 형성과 붕괴를 막을 길이 없다. 아니 오히려 그것을 더욱 심화시킬 우려가 크다. 투기적 가수요에 맞추어 공급물량을 팽창시키면, 단기적으로 투기 촉발효과가 발생하고 몇 년 후 실제 공급이 이루어질 때는 투기수요가 사라져서 심각한 공급과잉을 초래할 가능성이 크기 때문이다.

이처럼 부동산 시장이 급격하게 변동할 때 가장 큰 피해를 보는 것은 이 전 시장이 그토록 염려하는 서민들이다. 부동산 값이 폭등할 때 서민들은 양극화와 주거비용의 상승으로 인해 고통받고, 부동산 값이 폭락할 때는 금융위기와 경제불황의 피해에 심하게 노출된다. 국민경제 또한 심각한 타격을 입는다.

이 전 시장의 캠프에서 거품형성과 붕괴의 사례에 관해 조금만 공부했더라도 이런 정책을 내놓지는 않았을 것이다. 진정으로 국민경제와 서민을 위한다면 거품형성과 붕괴의 메커니즘에 적절하게 대처할 수 있는 정책이 무엇인지 고민했어야 한다. 서민을 잡는 정책을 가슴에 품고서는 기자간담회 내내 서민 걱정을 했다고 하니 정말 아이러니다.

필자는 한 논문에서 영향력을 크게 확대한 '부동산 시장근본주의자'들의 주장을 요약·정리한 적이 있는데, 여기서 잠깐 인용해보자.

> 부동산 가격이 올라가는 것은 부동산 시장에서 수요가 증가해서 생기는 자연스러운 현상인데, 정부가 나서서 그것을 막으려 하는 것은 잘못이다. 투기와 투자를 구분하는 것이 불가능하기 때문에 투기만 골라내서 억제할 수 없고, 또 투기는 부동산 값의 변동 폭을 줄여주는 긍정적인 기능을 하기 때문에 억제할 필요도 없다. 사실 외국에서는 부동산 투기에 대해 우리나라처럼 정부가 요란하게 대책을 마련하는 일은 없으며, 정부의 잘못된 개입은 오히려 부동산 값 상승을 부채질할 뿐이다. 보유세 강화를 통해 투기수요를 억제하려는 정책은 일회성 효과밖에 없으며 장기적으로는 오히려 집값이나 임대료를 상승시킨다. 정부가 굳이 부동산 값을 안정시키고자 한다면, 투기수요를 억제하려고 할 것이 아니라 토지공급을 묶고 있는 각종 규제를 풀어서 토지와 부동산의 공급이 원활하게 확대되도록 해야 한다.[10]

이 전 시장의 생각과 흡사하지 않은가? 이 전 시장은 부동산 시장근본주의자들과 보수신문들이 주장하는 '세금폭탄론=공급확대론=투기방임론'의 세례를 받은 것으로 보인다.

더욱이 이 전 시장의 발언에는 한국 부동산 정책의 고질병이 되어버린 냉온탕식 정책의 뿌리라고 할 수 있는 '부동산 경기 부양론'의 영향도 일부 드러난다. "조세정책은 경기에 따라서 융통성이 있는 정책이다. 헌법이 아니기 때문에 경기하락에 약간의 부양정책을 써야 하고, 지나치게 과열되었을 때 약간 잡을 수 있어야 한다"고 말하고 있으니 말이다.

시장상황에 따라 융통성 있게 조절할 정책수단이 있고, 시장상황에 상관없이 일관성 있게 유지해야 할 정책 수단이 있다. 보유세 강화처럼 부동산 불로소득을 차단·환수하는 정책은 후자에 속하는 장기적이고 근본적인 정책이다.

부동산 담보대출 규제나 거래규제 등은 전자에 속한다. 이런 구별이 없이 장기적이고 근본적인 정책수단까지 경기조절용으로 사용하게 되면 정책은 냉온탕식으로 흐를 수밖에 없다.

필자가 조사한 바에 의하면 부동산 경기 부양의 유혹을 물리친 것은 김영삼 정부와 참여정부밖에 없다. 더욱이 참여정부는 노태우, 김영삼, 김대중 정부에서 시도하다가 모두 실패한 보유세 강화정책을 실행에 옮겼다. 집권이 눈앞에 와 있다고 판단한다면 직전 정부의 정책 추진과정에서의 미숙함을 비판하고 그것을 반면교사로 삼는 것은 옳지만, 귀중한 역사적 성과를 뒤집는 정책방향을 모색하는 것은 어리석은 일이다.

이명박 전 시장이 1가구 1주택자 양도세 감면이나 1가구 1주택 고령 장기보유자 종부세 감면과 같은 비본질적인 문제에 계속 집착하는지 지켜보겠다. 만일 앞으로 계속 그렇게 한다면 이 전 시장의 본심이 종부세 제도의 불비不備를 바로잡는 것보다는 정책의 기본방향을 부인하고 '1퍼센트 대통령'이 되려는 데 있다고 단정할 수밖에 없다.(〈오마이뉴스〉, 2007년 5월 25일)

부동산 조세정책 거꾸로 돌리지 마라

필자는 2007년 5월 25일자 〈오마이뉴스〉 칼럼, "MB, '1퍼센트 대통령' 되려는가"에서 다음과 같이 썼던 적이 있다.

> 이명박 전 시장이 1가구 1주택자 양도세 감면이나 1가구 1주택 고령 장기보유자 종부세 감면과 같은 비본질적인 문제에 계속 집착하는지 지켜보겠다. 만일 앞으로 계속 그렇게 한다면 이 전 시장의 본심이 종부세 제도의 불비不備를 바로잡는 것보다는 정책의 기본방향을 부인하고 '1퍼센트 대통령'이 되려는 데 있다고 단정할 수밖에 없다.

2007년 7월 9일 발표한 조세개혁 방안을 보면, 이명박 한나라당 대선 예비후보의 본심이 종합부동산세 제도의 불비不備를 바로잡는 것보다는 정책의 기본방향을 부인하는 데 있음이 여실히 드러난다. 이 후보의 조세개혁 방안에 담긴 부동산세 관련 내용은 다음의 네 가지다.

첫째, 국세인 종합부동산세와 지방세 중 재산세, 자동차세, 도시계획세, 공동시설세, 재산할 사업소세를 재산보유세(지방세)로 통합한다.
둘째, 등록세와 취득세 통합, 보유세 증가에 맞추어 세율을 인하한다.
셋째, 장기보유 1세대 1주택자 종합부동산세, 양도소득세를 감면한다.
넷째, 장기보유를 유도하기 위해 양도소득은 연분연승법으로 과세한다.

종합부동산세와 재산세, 자동차세 등을 지방세인 재산보유세로 통합하자는 것은 참여정부가 어렵사리 이루어놓은 정책적 성과를 무효로 하자는 이야기다. 본질적인 것은 아니지만 자동차세를 부동산 보유세와 통합하자는 것부터 이상하다. 세제를 간명하게 만든다는 명목만으로 성질이 전혀 다른 두 조세를 통합한다니 말이다. 부동산과 자동차는 경제적 성질이 크게 다를 뿐 아니라, 우리 사회에서 대부분의 자동차는 이미 재산으로서의 의미를 상실했다.

참여정부가 국세인 종합부동산세를 신설한 것은 우리나라 부동산 세제의 큰 진전이다. 우리나라처럼 중앙정부의 공공서비스 제공이 부동산 가치에 큰 영향을 미치는 경우에는, 지방세 보유세와 함께 국토보유세를 부과하는 것이 옳다. 그리고 보유세가 부동산 가격을 안정시키는 효과가 있다는 점을 생각할 때, 중앙정부가 종부세를 통해 부동산 시장에 개입할 수단을 갖게 된 것은 매우 바람직한 일이다. 지방정부는 부동산 가격안정이라는 국가적 과제는 등한히 하는 경향이 있기 때문이다. 독자들은 부동산 시장 안정을 위해 보유세를 올려야 할 시기에 서울의 많은 지자체들이 탄력세율 제도를 이용하여 오히려 세율을 낮춰 적용하는 행태를 보였던 것을 기억할 것이다.

종부세와 재산세를 통합하여 지방세로 하는 것은 부동산 조세정책의 큰 후퇴이다. 더욱이 양자의 통합과정에서 보유세 강화라는 정책기조마저 후퇴할 가능성이 농후하다. 보유세 강화는 우리나라 부동산 정책의 오랜 숙제였다. 노태우 정부 이래 김대중 정부에 이르기까지 역대 정부는 이 정책의 중요성을 인식하고 추진하려 했으나 모두 실패했다. 참여정부에 들어와 막 첫걸음을 시작한 보유세 강화정책을 '조세체계 정비'를 명분으로 무력화시킨다는 것은 말이 안 된다. 이 후보가 진정으로 부동산 시장을 안정시키고 서민을 살리고자 하는 마음이 있다면, 이 방침을 즉각 공약에서 빼야 한다.

등록세와 취득세를 통합하고, 보유세 증가에 맞추어 세율을 인하하겠다는 것은 바람직한 방향이기는 하지만, 새로운 내용은 아니다. 취득세와 등록세 등 거래세의 세율인하는 참여정부에서 지속적으로 추진되어왔기 때문이다. 더욱이 종부세와 재산세의 통합과정에서 보유세 강화가 후퇴할 경우, 거래세 완화의 의미는 크게 퇴색될 것이다.

장기보유 1세대 1주택자라고 세금 감면할 이유 없어

장기보유 1세대 1주택자에 대해 종합부동산세와 양도소득세를 감면하겠다는 것도 문제가 많다. 우선 위에서 종부세를 재산세와 통합하겠다고 해놓고 밑에서는 다시 종부세 감면을 말하는 것 자체가 조세개혁 방안이 일관성을 상실하고 있음을 보여주고 있다. 그러나 이를 제쳐두더라도 여전히 문제는 심각하다.

종합부동산세는 부동산 소유자가 국가와 사회로부터 받는 혜택에 상응하여 납부하는 대가라는 속성을 갖는다는 사실을 감안하면, 장기보유자라고 해서, 또 1세대 1주택자라고 해서 이를 감면해줄 이유가 없다. 장기보유 1세대 1주택자에게 종부세를 감면해줄 경우, 예컨대 10억 짜리 주택을 1채 가진 사람은 종부세를 면제받고 5억 짜리 주택을 두 채 가진 사람은 종부세를 납부하게 되는 불합리한 상황이 생겨나게 된 다. 보유세 부과의 기준으로 주택 수를 넣게 되면 경제적 왜곡이 발생 한다. 가장 좋은 방법은 현행제도처럼 가액기준으로 세금을 부과하는 것이다. 장기보유 1세대 1주택자 종합부동산세 감면방침은 은퇴고령자 종부세 면제 주장과 마찬가지로 종부세 제도에 구멍을 내는 효과를 발 휘할 가능성이 크다.

현재 1세대 1주택자는 많은 경우 양도소득세를 면제받고 있다. 장기 보유 1세대 1주택자의 양도소득세를 감면하겠다는 것은 6억 원 이상의 고가주택 보유자에게만 해당되는 내용이다. 현재 1세대 1주택 양도소 득세 비과세 요건을 갖추었다 하더라도, 주택 가격이 6억 원 이상일 경 우 6억 원 초과분에 대해서는 양도소득세를 부과하고 있다. 그러나 장 기보유 1세대 1주택자로서 6억 원 이상의 주택을 가진 사람은 극소수일 뿐 아니라 장기보유할 경우 세부담은 크게 줄어든다.

부동산 부자들을 위한 '조세개혁'

2007년 5월 16일 재정경제부 발표에 따르면 1세대 1주택자 중 시가 6억 원을 넘는 고가주택 보유자가 부담하는 양도세의 실효세율은 6.6퍼센 트로 집계됐다. 즉 양도차익이 1억 원일 경우 660만 원의 양도세를 내 는 셈이다. 장기보유자의 경우 세부담은 더 줄어든다. 장기보유 특별공 제 혜택을 받을 수 있기 때문이다. 이 후보는 이마저 감면해주겠다고 하니 어떻게 이해해야 할지 모르겠다. 민주노동당의 노회찬 의원은 이 방침을 두고 "대한민국 1퍼센트 부동산 부자들을 위한 것"이라고 비판했다고 하는데, 이 전 시장이 대답할 말이 있을지 궁금하다.

장기보유를 유도하기 위해 양도소득을 연분연승법으로 과세하겠다는 것은 이 후보가 그동안 언급한 적이 없는 새로운 내용이다. 연분연승법이란 세액을 계산할 때 과세표준을 자산의 보유기간으로 나눈 금액에 대하여 세율을 적용해 세액을 계산하고 여기에 보유기간을 곱해서 전체 세액을 구하는 방법이다. 양도소득세처럼 누진세율 구조를 가진 경우 높은 세율을 적용받는 금액이 그만큼 줄어들기 때문에 세부담도 줄어들게 된다.

내용이 명확하지는 않지만, 만일 이 방침이 양도소득 전체를 연분연승법으로 과세하는 것을 의미한다면, 그것은 고액 양도소득을 획득하는 사람들의 세부담을 크게 경감시키는 효과를 발휘할 것이다. 이는 그동안 참여정부가 어렵사리 달성한 다주택 소유자나 부동산 과다 보유자에 대한 양도세 중과 조치가 무력화된다는 것을 의미한다.

이상의 4가지 방안 가운데 괜찮다고 볼 수 있는 것은 그나마 두 번째뿐이고, 나머지 세 가지는 우리나라 부동산 조세정책의 역사를 거꾸로 돌리는 것들이다. 혜택은 서민들이 아니라 극소수의 부동산 부자들에게 돌아가게 되어 있다. 진정 이 후보는 '1퍼센트 대통령'이 되어서 역사를 거꾸로 돌리려는 것인가?(〈오마이뉴스〉, 2007년 7월 11일)

여호와주의와 바알주의의 갈림길에서

2007년 대선은 한나라당과 이명박 당선자의 승리이지만, '한국 교회'의 '승리'라고 해도 크게 틀린 말은 아닐 것이다. 또 한 번 장로 대통령이 나왔기 때문이기도 하지만, 유례없이 많은 교회와 목회자들이 이명박 당선자를 위해 자발적이고도 적극적으로 선거운동을 했기 때문이다. 이 당선자는 자신의 승리에 엄청난 도움을 준 교회에 보답이라도 하듯이, 그리고 자신의 승리가 교회의 승리임을 과시라도 하듯이, 소망교회 출석교인들을 인수위의 요직에 앉혔다고 한다. 누군가 이를 두고 교회가 정권을 접수했다고 비난하더라도, 변명하기 어려울 것 같다.

사실 교회만큼 정치적으로 결집된 힘을 발휘할 수 있는 집단이 한국 사회에 또 어디 있겠는가? 그리고 목사만큼 교인들에게 큰 영향을 미칠 수 있는 사람들이 한국 교회 안에 또 누가 있겠는가? 이처럼 막강한 영향력을 가진 목회자들이 음으로 양으로 이명박 후보를 적극 지지했으니 교인들의 표가 이 후보에게로 향한 것은 당연한 일 아닌가?

그런데 목회자들이 이명박 당선자를 적극 지지한 이유가 무엇일까?

그가 장로이기 때문에 당선되면 교회에 유리한 여건이 조성될 것이라 예상했기 때문일까? 아니면 그가 남다른 경륜과 능력을 가졌다고 판단했기 때문일까? 그것도 아니면 소위 '친북좌파' 정권을 응징하기 위해서였을까? 필자의 느낌으로는 세 가지 모두 지지의 근거가 된 듯하다.

문제는 이런 이유들이 성경의 정신과는 아무 상관이 없다는 사실이다. 날마다 성경을 읽고, 강해하고, 또 교인들에게 성경대로 살라고 교훈하는 목회자들이 성경과는 상관없는 기준들을 가지고 대통령 감을 결정했다는 사실을 어떻게 받아들여야 할지 모르겠다.

성경은 나라의 지도자가 될 사람이 개인적으로 어떤 조건을 갖추어야 하는지 소상하게 기록하고 있다. 그리고 지도자가 어떤 철학을 가지고 통치를 해야 하는지, 어떤 정책을 펼쳐야 하는지에 대해서도 분명한 교훈을 주고 있다. 필자는 이명박 당선자를 적극 지지했던 수많은 목회자들 중 어느 누구도 성경적 기준에 입각해서 그 근거를 제시했다는 이야기를 듣지 못했다.

성경이 지지하는 지도자는 하나님을 경외하는 사람, 하나님의 말씀을 가까이 하고 하나님의 모든 명령을 지키려고 애쓰면서 좌로나 우로나 치우치지 않는 사람, 자기의 이익을 추구하지 않는 사람, 세상의 힘을 의지하지 않는 사람, 겸손하고 정직한 사람이다(신명기 17장 15~20절 여호수아 1장 7~8절). 또한 지도자는 자신의 정권을 공의 위에 굳게 세워야 한다고 성경은 말한다(잠언 16장 12절). 무엇보다도 먼저 정의로운 정책을 펼쳐야 한다는 이야기다.

세상 사람들은 이명박 당선자에게 성경이 요구하는 도덕적 자질을 기대하지 않는 것 같다. 그들은 '도덕 따위는 필요 없다. 부패해도 좋고 거짓말해도 좋으니 잘 먹고 잘 살게만 해달라'고 요구하고 있는 것으로 보인다. 문제는 교회도, 목회자들도 세상 사람들과 똑같은 태도를 보인다는 점이다.

필자는 이명박 후보를 둘러싸고 벌어진 도덕성 논란의 시시비비를 가릴 능력이 없기 때문에, 이명박 후보가 부패했다고 확신을 가지고 주장할 수도 없고 또 여기서 그런 논란을 벌일 생각도 없다. 필자가 문제로 삼는 것은 도덕성 논란이 벌어졌을 때, 왜 이명박 후보를 지지한 목회자들이, 성경의 기준을 제시하면서 이명박 후보는 바로 이런 기준에 부합하는 사람이라고 자신 있게 옹호하지 않았는가 하는 점이다. 아예 성경의 기준 따위는 그들의 안중에도 없었던 것 아닌가 하는 느낌을 지울 수가 없다.

하나님을 경외했던 미국의 경제학자 헨리 조지는 "경제법칙과 도덕법칙은 하나"라고 외쳤다. 경제적으로 번영하려면 도덕법칙을 지켜야 한다는 말이다. 이것을 국가에 적용하면, 정의, 자유, 평등과 같은 도덕적 가치를 추구하는 나라만이 장기적 번영을 구가할 수 있다는 말이 된다. 이 주장은 매우 성경적이다. 성경도 하나님의 도덕법을 지키면 축복을 받고 어기면 저주를 받는다고 일관되게 말하고 있기 때문이다. 사실 구약성경은 이 법칙이 이스라엘의 역사 속에서 그대로 관철된다는 것을 생생하게 보여주고 있는 문서다.

성경이 진리이고 하나님이 지금도 성경의 원리대로 이 땅을 통치하고 있다면, 세상 사람들이 이명박 당선자에게 걸고 있는 기대는 헛된 것이다. 왜냐하면 불의와 부패는 결코 장기적인 번영을 가져다주지 못할 것이기 때문이다. 하나님은 장로가 대통령이라고 해서, 그리스도인들이 정권의 핵심을 차지하고 있다고 해서, 도덕법칙을 무시하는 것을 봐 주지는 않는다. 누구든 하나님의 공의와 도덕법칙을 무시하는 사람은 상응하는 대가를 치르게 된다.

성경이 정권의 기초라고 말하는 공의란 무엇일까? 어떤 사람은 공의가 가난한 사람의 편을 드는 것이라고 이해하지만, 그렇지 않다. "가난한 자의 송사라고 편벽되이 두호하지 말지니라"(출애굽기 23장 3절)고 한 성경 말씀을 기억해보라. 사회주의식 평등, 즉 결과적 평등은 성경의 공의와는 거리가 멀다. 공의는 오히려 기회균등의 개념(즉 모든 사람의 출발선을 동일하게 하는 것)에 가깝다.

공의란 모든 사람이 천부인권을 보장받고, 상생하며 평화를 누리는 상태를 가리킨다. 국어사전을 보면 천부인권을 "(하늘이) 선천적으로 평등하게 부여한 권리. 자연권"이라고 설명하고 있다. 참으로 성경적인 정의定義라고 생각된다. 보통 천부인권으로는 사상의 자유, 종교의 자유, 언론의 자유, 집회·결사의 자유, 거주·이전의 자유, 서신의 비밀, 주거의 불가침, 재산권의 불가침 등을 꼽지만, 성경에서는 토지에 대한 평등한 권리가 천부인권의 핵심이라고 단언한다.

모든 사람에게 균등한 기회를 주려면, 무엇보다도 토지권과 학습권을 균등하게 부여해야 한다. 이 두 가지에서 균등한 기회를 부여했음에도 소득에 차이가 생기고 빈부격차가 발생할 수 있다. 그러나 성경에서는 그것을 불의하다고 보지 않는다. 이런 빈부격차는 부자와 빈자 사이의 사회적 갈등을 유발하지 않는다. 물론 이때 생기는 빈곤도 해결해야 하지만, 그 일은 정부가 아니라 교회의 몫이다.

그러나 토지권과 학습권이 불평등하게 배분되면 그때는 빈부격차가 훨씬 커지고 그로 인한 사회적 갈등도 심각해진다. 이때 생기는 빈부격차는 불의하다. 토지권이 없고 교육을 제대로 받지 못한 사람들은 아무리 열심히 일해도 가난에서 빠져나올 수 없는 반면, 토지권을 많이 가졌거나 좋은 교육을 받은 사람들은 그냥 빈둥빈둥 놀아도 엄청난 소득을 누리며 부를 쌓아갈 수 있기 때문이다. 이럴 경우 가난한 사람들이 부자들의 부와 자신들의 가난을 받아들이지 않을 것이기 때문에, 사회적 갈등을 피할 길이 없다.

따라서 그리스도인으로서 나라의 지도자가 되고자 한다면, 무엇보다도 먼저 부동산 정책과 교육정책을 성경의 공의에 맞게 수립해야 한다. 이명박 후보를 지지했던 목회자들도 무엇보다도 먼저 이명박 후보의 부동산 정책과 교육정책이 정의를 구현할 수 있는 내용인지 아닌지 검토했어야 한다. 그러나 이런 검토를 거친 후 지지를 결정했다고 나서는 목회자들을 보지 못했다.

필자는 교육 전문가가 아니라서 이명박 당선자의 교육정책에 대해서는 평가할 능력이 없다. 다만 모든 사람에게 균등한 학습권을 준다는 목표보다는 교육에도 시장원리를 적용한다는 목표가 강한 것 같아서 걱정이다.

지금까지 이명박 당선자가 발언한 내용이나 발표한 공약을 가지고 그의 부동산 정책을 평가한다면, 한마디로 부동산 시장근본주의라고 부를 수 있을 것 같다. 이 당선자는 토지의 특수성을 인정하지 않는다. 토지는 일반 생산물과는 달리 만든 사람이 없고, 토지가치는 그 소유자의 노력과는 상관없이 결정되며, 토지의 공급은 인위적으로 변화시킬 수 없다는 사실은 그에게는 별로 중요하지 않은 듯하다. 이명박 당선자는 부동산 값이 상승할 때는 공급이 부족해서 그런 것이므로, 공급이 제대로 되도록 규제를 풀고 결과는 시장에 모두 맡겨야 한다는 생각을 갖고 있다. 물론 이런 '부동산 시장근본주의＝공급확대론＝투기방임론'은 이명박 당선자 자신의 작품이 아니다. 1990년대 초반부터 등장해서 지금까지 꾸준히 세력을 확대해온 부동산 시장근본주의자들의 주장을 그대로 받아들인 것이다.

이명박 당선자는 우리나라 부동산 정책의 오랜 숙제였던 보유세 강화정책을 참여정부가 추진한 것에 대해 여러 차례 혐오감을 표시했다. 이 정책이 어떤 역사적 의미를 갖고 있는지, 성경의 원리와는 어떤 관계가 있는지 전혀 생각하지 않은 모양이다. 성경적 토지법의 이상理想인 평등지권平等地權을 실현하기 위해서는, 토지보유세를 강화하고 다른 세금들은 감면하는 패키지형 세제개편을 추진하거나 국공유지 비율을 높여서 토지 공공임대제를 실시해야 한다.

참여정부의 보유세 강화정책은 사소한 문제점을 안고 있기는 하지만, 큰 방향에서는 패키지형 세제개편의 정신과 일치한다. 지난 몇 년간 보수신문들과 부동산 시장근본주의자들은 종합부동산세와 재산세에 대해 부동산 보유자들을 벌주고 그들에게 마치 폭탄을 퍼붓듯 피해를 끼치는 세금이라고 비난해왔지만, 이는 사실이 아니다. 종합부동산세와 재산세는 부동산 보유자들이 사회와 국가로부터 받는 혜택에 상응해서 대가로 납부하는 세금이다. 평균 이상의 토지권을 누리고 있는 사람들에게 누리는 혜택에 상응해서 대가를 징수하고, 그 수입으로 토지권을 누리지 못하거나 적게 누리고 있는 사람들을 위해 쓴다면, 이것이야말로 평등지권의 정신을 실현하는 것 아니겠는가?

사실 우리나라의 부동산 조세제도는 '사회적 혜택에 상응하는 대가의 징수'라는 상식을 오랫동안 무시해왔다. 보유세 부담이 너무 낮았다. 우리나라에서 부동산 투기가 빈발한 것은 이와 무관하지 않다. 아무리 많은 부동산을 보유해도 비용을 부담할 필요가 없다면, 고수익을 보장하는 부동산에 자금과 사람이 몰려드는 것은 당연한 일이다. 보유세를 강화하고 거래세를 완화해야 한다는 것, 그리고 보유세 강화는 토지보유세 중심으로 추진해야 한다는 것은 학계에서는 상식이 되다시피 했다. 그런데도 이 중요한 정책이 지금까지 한번도 의미 있게 추진되지 못하다가 참여정부에 와서야 제대로 추진되기 시작한 것이다.

이런 중요한 정책이 이명박 정부의 임기 중에 결정적으로 후퇴할 것 같아서 정말 걱정이다. 취임 전임에도 벌써부터 여기저기서 그런 조짐이 나타나고 있다. 홍미로운 사실은 이 정책의 의미를 잘 알고 있는 인사들이 이 당선자의 최측근에 있다는 것이다. 강만수 경제 제1분과 간사나 김진홍 목사가 그런 사람들이다. 이들은 이 정책의 의미를 그냥 알고 있는 정도가 아니라, 한때 소신을 가지고 이 정책을 지지하고 전파했던 인사들이다. 이명박 당선자가 성경의 토지법과도, 자신들의 소신과도 맞지 않는 부동산 정책을 말할 때, 이들이 어떤 태도를 취하는지 무척 궁금하다.

노태우 정부, 김영삼 정부, 김대중 정부 모두 보유세 강화정책을 추진하려고 시도했지만, 중도에 흐지부지하고 말았다. 참여정부 들어서 어렵사리 걸음마를 시작한 이 정책을 이명박 정부가 원점으로 되돌린다면, 우리나라 부동산 정책은 20~30년 후퇴하고 말 것이다.

토지가 하나님의 것임을 인정하는 것은 여호와주의다. 토지가 지주의 것이라고 주장하는 것은 바알주의다. 토지 불로소득을 공적으로 환수해야 한다고 주장하는 것은 여호와주의다. 자기 땅에서 생기는 가치는 무조건 자기 것이라고 주장하며 공적 환수에 반대하는 것은 바알주의다.

여호와 하나님을 믿는 그리스도인이 어떻게 바알주의를 따를 수 있는가 하는 의문을 품을 수도 있겠지만, 성경은 역사상 그런 일이 비일비재했음을 잘 보여주고 있다. 이스라엘의 역사는 하나님의 백성이 여호와주의와 바알주의를 왔다갔다 하며, 흥망성쇠를 반복했던 역사다. 사도 바울은 성경이 말세를 만난 우리에게 교훈을 주기 위해 기록되었다고 말한다(고린도전서 10장 11절). 그렇다면 구약에서 이스라엘 백성이 바알을 섬긴 이야기는, 오늘날 교회가 우상숭배에 빠지지 말라고 경고하기 위해 기록되었다고 보아야 하지 않겠는가?

만일 앞으로 이명박 정부가 보유세 강화정책을 후퇴시켜 부동산 부자들의 기득권을 옹호하고 부동산 투기를 부채질하는 정책을 실시한다면, 그것은 여호와주의를 버리고 바알주의를 선택하는 것이다. 그럴 경우 대선과정에서 이명박 당선자를 성경의 기준으로 평가하는 일 없이 '묻지 마 지지'를 부추겼던 목회자들은 자신들의 행동을 회개해야 할 것이다. 그리고 교회는 그런 정책이 성경의 공의와 정반대된다는 것을 지적하고 확실한 반대의사를 밝혀야 할 것이다. 그렇게 하지 않는다면, 한국 교회는 입으로만 여호와를 섬기고 마음으로는 음란하게 바알을 따랐던 호세아 시절의 이스라엘 백성과 다를 바 없는 존재가 되고 말 것이다. 바알을 따라갔던 이스라엘 백성들이 나중에 어떻게 되었는지 우리 모두 잘 알고 있다.

영적으로 보면, 줄기차게 '세금폭탄론'을 유포했던 보수신문들, 부동산 시장근본주의를 설파했던 학자와 전문가들은 현대판 바알 선지자들이다. 지금 하나님 백성들은 엘리야 때 그랬던 것처럼, 여호와와 바알 사이에서 머뭇거리고 있다(열왕기상 18:21). 앞으로 더욱 기세등등해질 바알 선지자들에 맞서, '여호와가 하나님이다! 여호와 하나님이 이 땅을 다스리고 있다! 토지는 하나님의 것이다!'라고 외칠 엘리야 같은 선지자가 한국 교회에서 나올 수 있을까?(《복음과 상황》, 2008년 2월호)

이명박 정부의 시장만능주의적 부동산 정책

경제정책 중에서도 부동산 정책만큼 어려운 정책도 없다. 지난 노무현 정부는 임기 내내 폭등하는 부동산 가격을 잡기 위해 30차례 이상 부동산 대책을 발표하더니, 이명박 정부는 침체한 부동산 시장을 부양하기 위해 불과 1년 사이에 크고 작은 부동산 대책을 10차례 이상 발표하고 있는 데서 드러나듯이, 부동산 시장은 다른 시장보다 변동이 심하고 관리가 어렵다는 특징을 갖는다. 더욱이 우리나라의 경우 부동산이 가계자산에서 차지하는 비중이 다른 나라에 비해 엄청나게 높기 때문에, 부동산 시장의 변동에 대한 국민들의 관심이 지대하고 반응이 격렬하다. 노무현 정부가 지지율을 까먹고 마침내 정권을 놓친 것은 집값을 잡지 못한 탓이라는 평가가 유력하듯이, 부동산 정책의 성패는 정권의 명운을 좌우하기까지 한다.

부동산 가격이 폭등할 때는 온갖 수단을 다 동원하여 투기억제에 나서다가도 전체 경기나 부동산 시장이 침체 조짐을 보이면 정책기조를 완전히 바꾸어 기존의 투기억제 장치를 모조리 완화하며 부동산 시장 부양에 나서는 이른바 냉온탕식 정책이 우리나라에 뿌리내린 것도 부동산이 가지고 있는 막중한 경제적·정치적 지위 때문인지 모른다. 냉온탕식 부동산 정책을 탈피해서 올바른 정책철학과 그에 부합하는 장단기 정책수단을 구비한 부동산 정책을 실시하는 것이 절실하다는 주장이 우리나라 학계에서 나온 지도 벌써 오래되었지만, 그와 같은 목표를 실제로 달성하는 것은 쉬운 일이 아닌 것 같다.

노무현 정부의 부동산 정책은 우여곡절을 겪기는 했지만, 기존의 냉온탕식이 아닌, 나름의 정책철학과 그에 부합하는 장단기 정책수단을 구비한 최초의 사례가 아닌가 생각된다. 노무현 정부는 부동산 시장 투명성 제고, 보유세 강화, 개발이익 환수, 주거 복지정책 추진 등 장기 정책과제를 일관성 있게 추구했고, 부동산 시장을 경기부양 수단으로 활용하지 않았으며, 임기 말에는 부동산 시장을 안정시키는 데도 성공했다. 그러나 이런 성과도 잠깐뿐, 이명박 정부 집권 후 노무현 정부의 부동산 정책들은 모조리 뒤집히고 있다.

이명박 정부가 노무현 정부와의 차별화에 몰두한 나머지 노무현 정부의 부동산 정책들을 모조리 뒤집는 정책을 펼치고 있는 데 대해 우려의 목소리가 높다. 최근 이명박 정부가 전면적인 부동산 경기 부양정책을 펼치는 것을 두고, 다른 정책과 마찬가지로 부동산 정책도 과거로 회귀하고 있다고 비판하는 사람들도 많다. 하지만 이명박 정부의 부동산 정책과 역대 정부의 정책 간에는 한 가지 뚜렷한 차이가 존재한다. 그것은 역대 정부와는 달리 이명박 정부는 시장만능주의라는 분명한 정책철학을 가지고 냉온탕식 정책을 합리화하고 있다는 점이다. 잘못된 정책을, 잘못된 확신을 가지고 마구잡이로 추진할 경우 그 폐해는 막심하다. 이명박 정부의 부동산 경기 부양정책은 경제를 제대로 활성화시키지는 못한 채, 우리 사회가 그동안 어렵사리 달성한 정책적 성과들을 모조리 망가뜨리고 끝날 가능성이 크다.

이명박 정부가 발표한 부동산 대책의 내용

이명박 정부 부동산 정책의 철학이 정책으로 구체화된 것은 2008년 7월 경부터다. 인수위 시절이나 정부 출범 후 2008년 6월경까지는 시장만 능주의적 부동산 정책이 본격적으로 추진되지 않았다. 예를 들어 인수 위가 제시한 192개 국정과제의 내용을 보면, 주택공급 확대와 장기보 유 1세대 주택 양도세 경감은 들어 있었지만 재건축·재개발 규제완화 를 통한 공급확대라든가 보유세 무력화 등은 빠져 있었다. 부동산 세제 완화를 1년간 유예하고, 재건축 규제완화는 시장안정이 담보되고 철저 한 개발이익 환수가 완비되는 것을 전제로 추진하겠다는 것이 인수위 의 공식입장이었으며, 이런 입장은 정부 출범 후에도 계속 유지되었다.

이와 같이 이명박 정부가 처음부터 시장만능주의적인 부동산 정책 들을 자신 있게 추진하지 못한 데는 당시 수도권 부동산 시장이 다시 불안해지고 있었다는 사실이 큰 변수로 작용한 것으로 보인다. 만일 이 명박 대통령의 후보 시절 지론대로 시장만능주의적 부동산 정책을 추 진할 경우, 당장 부동산 값이 폭등할 것이고 그렇게 되면 처음부터 정 권의 기반이 흔들릴 수 있다고 판단했던 것 아닌가 생각된다.

그러나 미국발 금융위기가 심각해지면서 시장만능주의적 부동산 정 책이 본격적으로 추진되기 시작했다. 그 신호탄은 2008년 7월 23일의 재산세 완화 결정이었다. 이날 정부와 한나라당은 2017년까지 매년 5퍼 센트씩 인상해서 100퍼센트가 되도록 설계되어 있던 재산세 과표 적용 률을 50퍼센트로 동결하고, 공시가격 6억 원 이상의 주택에 한해 50퍼센트로 설정되어 있던 재산세 세부담 인상률 상한(3억 원 이하는 5퍼센트, 3억~6억 원은 10퍼센트)을 25퍼센트로 인하하기로 합의했다. 재산세 세부담이 2007년에 비해 급증했다는 일부 언론의 거짓 보도를 빌미로 노무현 정부 보유세 강화정책의 한 축을 무너뜨리는 작업을 시작한 것이다.

그 이후 2008년 하반기에는 '8.21대책', '9.1세제개편안', '9.19대책', '9.23종부세개편안', '10.21대책', '11.3대책', 그리고 2009년에는 '2.12대책' 등 시장만능주의적 부동산 대책들이 쏟아져 나왔다.

이 대책들에 담긴 시장만능주의적 부동산 정책은 첫째로 부동산 불로소득 환수정책의 무력화, 둘째로 도심 내 공급을 중심으로 한 공급확대 정책의 추진, 셋째로 투기억제용 규제장치의 철폐 등 세 가지를 중심축으로 하고 있다. 한 가지 주목할 만한 사실은 세계적인 금융위기와 경기침체가 심각해지면서 부동산 정책의 목표가 시장만능주의의 구현 그 자체보다는 경기부양으로 바뀌고 있다는 점이다. 그렇다고 시장만능주의가 후퇴하고 다른 정책기조가 등장한 것은 아니다. 시장만능주의적 정책들이 경기부양의 수단으로 활용되기 시작했다고 해야 정확한 표현이 될 것이다.

보유세 무력화

먼저 위의 부동산 대책들이 보유세 강화를 중심으로 한 부동산 불로소득 환수정책을 어떻게 무력화시켰는지 살펴보기로 하자.

이명박 정부는 '8.21대책'을 통해 '지방 2주택에 대한 양도세 중과 배제기준 완화, 비수도권 3억 원 이하 주택을 1호라도 매입하여 임대사업자로 등록할 경우 종부세 적용 배제' 등의 조처를 발표했고, '9.1세제개편안'을 통해서는 '양도세 세율인하, 1세대 1주택자 양도세 적용기준

(고가주택 기준)을 6억 원에서 9억 원으로 상향 조정, 장기보유 특별공제 최고 비율(80퍼센트) 도달 기한을 20년에서 10년으로 단축, 종부세 과표 적용률 동결 및 세부담 인상률을 상한 200퍼센트에서 50퍼센트로 인하, 2010년부터 종부세 부가세인 농어촌특별세 폐지' 등의 조처를 발표했다.

이때까지만 해도 정책은 제도에 구멍을 내는 수준이었다. 왜냐하면 위의 내용은 2009년까지 계속되는 것으로 설계되어 있던 종부세 강화 정책을 중단시키고 양도세를 부분적으로 완화하는 것이기는 했지만, 부동산 불로소득 환수정책의 근간을 무너뜨리는 것은 아니었기 때문이다.

그러나 이명박 정부는 '9.23종부세개편안'을 통해 부동산 불로소득 환수정책이라는 둑을 완전히 허무는 내용을 발표했다. 이 개편안은 '2008년도 개편방안'으로서 '종부세 부과기준 인상을 통해 과세대상을 대폭 축소, 세율인하, 고령자 세액공제 도입, 사업용 토지에 대한 세부담 대폭 경감, 과표 산정방법을 공시가격 기준에서 공정시장가액 기준으로 전환' 등의 내용을, 그리고 '중장기 개편방안'으로서 '종부세를 재산세로 전환, 보유세 세율 구조를 단일세율 또는 낮은 누진세율 체계로 개편, 기존 종부세 재원을 재산세율 인상과 자치단체간 재정조정제도를 통해 보충' 등의 내용을 담고 있었다. 실로 '화끈한' 내용들을 담고 있어서 보유세 무력화의 결정판이라 부를 만하다.

엄청난 사회적 논란을 불러일으킬 수 있는 이 개편안이 큰 저항 없이 관철될 수 있었던 데는 헌법재판소의 판결이 결정적인 역할을 했다. 2008년 11월 13일 헌법재판소는 종부세 위헌심판 판결에서 종부세 자체에 대해서는 합헌판정을 내리면서도, 세대별 합산과세 방식에 대해서는 위헌판정을, 주거 목적의 1주택 장기보유자에 대한 무차별적 과세에 대해서는 헌법 불합치 판정을 내렸다. 세대별 합산과세에 대한 위헌 판정은 기존 종부세 제도에 치명상을 입히는 엄청난 결정이었다. 왜냐하면 그 판정으로 인해 이론상 종부세 대상자 중 최대 80퍼센트가 과세 대상에서 빠져나갈 수 있게 되었기 때문이다. 그 후 종부세 무력화는 일사천리로 진행되었다. 한나라당은 헌재판정의 내용을 반영하여 '9.23종부세개편안'을 일부 수정한 내용의 종부세법 개정안을 마련했고, 그것은 2008년 연말 별 어려움 없이 국회를 통과했다.

부동산 불로소득의 사후적 환수장치인 양도세도 크게 완화되었다. '8.21대책'에 의해 이미 1주택자 양도세가 완화되었고, 2008년 12월에는 다주택자에 대한 양도세 중과를 한시적으로(2010년 12월말까지) 완화하는 법안이 국회를 통과했다. 또 2009년 2월 12일에는 기획재정부가 2009년 말까지 미분양 주택을 매입할 경우 양도세를 5년간 면제(과밀억제 권역을 제외한 전 지역)하거나 경감(과밀억제 권역 중 서울을 제외한 지역)해 준다는 내용의 세제개편안을 발표했다. 게다가 2009년 3월 16일에는 마침내 다주택자 양도세 중과 및 비사업용 토지양도세 중과를 폐지한다는 세제개편안을 발표함으로써 양도세 무력화 정책을 마무리했다(이 개편안은 '투기꾼 감세'라는 비판에 부닥쳐, 2010년 말까지 한시적으로 적용하고 투기지역에 대해서는 10퍼센트의 가산세를 부과한다는 내용으로 수정되어 2009년 4월 30일 국회를 통과했다.). 결국 노무현 정부가 부동산 투기를 근절시킬 목적으로 도입했던 부동산 불로소득 환수정책이 이명박 정부가 집권한 지 불과 1년여 사이에 완전히 허물어진 것이다. 노무현 정부가 박아두었다던 대못이 썩은 대못이었는가, 아니면 이명박 정부가 진짜 대못을 뽑는 괴력을 발휘한 것인가?

공급확대 정책

다음으로, 이명박 정부의 공급확대 정책에 대해 살펴보기로 하자. 이명박 정부는 '8.21대책'을 통해 재건축규제의 일부 완화(조합원 지위 양도 금지 폐지와 층수 제한 완화)와 신도시 2곳 추가지정을 통해 공급확대를 추진하겠다고 밝혔으며, '9.19대책'을 통해서는 향후 10년간 도심(재개발·재건축 등)과 도시근교(그린벨트, 산지·구릉지 등)를 중심으로 연평균 50만 호, 총 500만 호를 건설하겠다는 계획을 밝혔다. 양 대책 모두 공급확대를 지향하고 있지만, '9.19대책'에서는 공급확대의 목표치와 방법을 구체적으로 밝히면서도 그것을 도심 내 공급 위주로 추진하겠다는 방침을 분명히 밝혔다.

공급확대 정책은 알려진 것과는 달리, 노무현 정부도 적극적으로 추진했었다. 노무현 정부의 부동산 정책을 대표하는 2005년의 '8.31대책'과 2006년의 '11.15대책' 모두 공급확대 정책을 중심축으로 하고 있었다. 그 결과 노무현 정부 임기 중에 택지 공급량은 급격히 늘어났으며 임기 후반에는 아파트 공급량도 급격히 증가했다. 그러나 노무현 정부의 공급확대 정책과 이명박 정부의 공급확대 정책 간에는 큰 차이가 존재한다. 노무현 정부는 재건축·재개발규제를 통해 도심 내 공급을 억제하는 대신 신도시 개발을 통한 공급확대를 추구했던 데 비해, 이명박 정부는 재건축·재개발규제의 완화를 통한 도심 내 공급확대에 초점을 맞추고 있다. 게다가 노무현 정부는 공영개발, 전매제한, 분양가 상한제 등의 투기억제 장치를 마련한 상태에서 공급확대를 추진했던 데 비해, 이명박 정부는 기존의 투기억제 장치를 모조리 철폐하면서 민간 건설업체 주도의 공급확대를 추진하고 있다. 그런 점에서 전자를 '투기억제형' 공급확대 정책이라고 한다면, 후자는 '투기촉발형' 공급확대

정책이라고 부를 수 있을 것이다.

이명박 정부의 '9.19대책'에서는 서민들을 위해 2018년까지 보금자리주택 총 150만 호를 공공이 직접 지어 공급하겠다는 방침이 포함되어 있다는 점이 관심을 끈다. 하지만 이 보금자리주택 공급정책은 이름만 그럴싸할 뿐, 노무현 정부가 2007년 발표했던 '1.31대책'에 비해 공공임대주택 공급목표가 크게 축소되었다는 점에서 립서비스 정책의 성격이 짙다.

부동산 규제 완화

마지막으로, 이명박 정부의 부동산 규제 완화정책에 대해 살펴보기로 하자. 부동산 규제는 거래규제, 대출규제, 가격규제, 개발규제 등으로 구분할 수 있다. 노무현 정부 임기 중에 이 네 가지 규제는 모두 강화되었다. 거래규제로서 분양주택 전매제한 제도가 부활했고, 대출규제로서 LTV(Loan To Value, 담보인정비율)규제가 강화되고 DTI(Debt To Income, 총부채상환비율)규제가 도입되었으며, 가격규제로서 분양가 상한제가 재도입되었고, 개발규제로서 재건축규제가 크게 강화되었다. 사실 부동산 불로소득을 완전히 차단할 수 있는 제도적 장치가 구비되어 있다면, 이런 규제는 필요 없을 것이다. 그러나 그것이 구비되어 있지 않은 경우에는 수시로 불로소득을 노린 투기가 발생할 수밖에 없고, 그런 상황에서는 정부는 단기적·국지적으로 규제장치를 동원해서 투기를 억제해야만 한다. 요컨대 부동산 규제는 이상적인 정책수단이라고 할 수는 없지만, 부동산 시장의 결함을 보완하여 시장의 변동을 안정화시키는 단기적·국지적 대책으로서 중요한 의미를 갖는다.

2008년 하반기부터 이명박 정부는 노무현 정부가 도입했던 부동산 규제들을 전면적으로 완화하는 정책을 펼쳤다. '8.21대책'과 '11.3대책'에 의해 분양주택의 전매금지 기간을 단축했으며, '10.21대책'과 '11.3대책'에 의해 강남 3구를 제외하고는 투기지역 및 투기과열지구를 모두 해제함으로써 LTV규제와 DTI규제를 완화했다(투기지역이나 투기과열지구로 지정되면 LTV규제와 DTI규제가 강화된다.). 또한 '11.3대책'에 의해 소형주택 의무건축 비율을 완화하고 임대주택 의무건축 비율을 폐지함으로써 재건축규제도 결정적으로 후퇴시켰다. 2009년 2월 12일에는 민간택지 분양가 상한제를 폐지한다고 발표했으므로 이제 남은 부동산 규제라고는 강남 3구 투기과열지구 지정 정도이다.

이명박 정부의 부동산 규제 완화정책에서는 두 가지 특징을 발견할 수 있다. 하나는 보유세 강화나 개발이익 환수와 같은 장기정책 혹은 시장질서 구축정책과, 거래·가격·대출·개발에 대한 규제를 구분하지 않는다는 점이다. 이명박 정부가 조금의 주저함도 없이 보유세 무력화와 규제완화를 동시에 추진한 것은 바로 이런 인식에 입각한 것이다. 그리고 다른 한 가지 특징은 대출규제를 제외하고는 모든 부동산 규제를, 시장 안정화 차원이 아니라 시장 정상화 차원에서 완화한다고 주장한다는 점이다. 부동산 시장 안정화는 대출규제만으로 충분한데도 노무현 정부가 쓸데없이 다른 규제를 남발해서 시장을 왜곡시켰으므로, 그것들을 모두 철폐해서 시장을 정상화시켜야 한다는 것이 이명박 정부의 공식 입장이다.

이상에서 살펴본 바에 의하면, 2008년 하반기 이후의 부동산 정책은 분명히 시장만능주의 정책의 전형이라 할 만하다. 하지만 이명박 정부 부동산 정책에는 시장만능주의 철학과 충돌하는 정책 지향이 들어 있다는 사실에 주의할 필요가 있다. 바로 부동산 정책을 건설경기 부양의 수단으로 활용하는 것이다. 제대로 된 시장주의자라면 당연히 인위적인 경기부양이나 케인즈식 공공투자에 반대할 텐데, 이명박 정부는 전혀 그렇지 않다. 오히려 건설경기 부양론을 주창하면서 인위적인 부동산 경기 부양, 건설업 지원, 대대적인 SOC 투자를 적극 추진하고 있다. 이명박 정부는 시장주의의 실현 운운하며 보유세를 무력화하고 규제를 완화했지만, 그 진정한 목적은 시장경제의 효율성을 높이는 것이 아니라 건설경기를 부양하고 건설업을 지원하는 데 있었던 것이다. 이정우 경북대 교수는 이명박 정부의 경제철학을 두고 시장만능주의와 박정희식 개발주의가 혼재하고 있다고 표현한다. 적절한 표현이라고 여겨지지만, 필자의 생각으로는 양자가 단순히 혼재하고 있는 것이 아니라, 후자가 전자를 포섭한 것, 달리 말하자면 '건설업 프렌들리'로 표현되는 토건국가 이데올로기가 시장만능주의 정책을 포섭한 것이라고 표현해야 더 정확할 것 같다.

정책평가와 전망

이제 이명박 정부의 시장만능주의적 부동산 정책이 어떤 문제점을 안고 있는지 살펴보고 또 그것이 어떤 결과를 초래할지 전망해보기로 하자.

먼저 보유세 무력화 정책에 대해 평가해보자. 이명박 정부의 보유세 무력화 정책은 우리나라 부동산 조세제도의 수레바퀴를 거꾸로 돌리는 짓이다. 우리나라가 다른 나라들에 비해 부동산 문제가 유독 심각한 양상을 보여왔다는 사실과, 그것이 지나치게 낮은 보유세 부담과 무관하지 않다는 사실을 부정할 사람은 없을 것이다. 우리나라 부동산 조세구조가 다른 나라들과는 달리 보유세의 비중이 지나치게 낮고 거래세의 비중이 지나치게 높은 기형적인 형태를 갖고 있다는 것도 잘 알려진 사실이다(〈표 1〉과 〈표 2〉 참조). 그래서 수십 년 전부터 우리 사회에서는 보유세를 강화하고 다른 세금을 감면해야 한다는 주장이 경제학자들과 일반 국민들로부터 광범한 지지를 받아왔다.

비록 중도에 좌절하고 말았지만, 노태우 정부, 김영삼 정부, 김대중 정부가 모두 이 정책을 추진하려고 시도했던 것은 바로 이런 사회적 합의를 의식했기 때문이다. 노무현 정부는 2017년까지 장기 로드맵을 갖춘 보유세 강화정책을 법제화함으로써 우리나라 부동산 정책의 오랜 숙제를 처음으로 해결했다. 종부세는 노무현 정부 보유세 강화정책의 핵심이다. 이를 무력화시키는 것은 지난 30년 동안 우리 사회에서 이루어진 보유세 강화 노력을 물거품으로 만드는 짓이다.

부동산 시장만능주의자들과 보수언론들은 노무현 정부의 보유세 강화정책을 무력화시키기 위해 지난 몇 년 동안 온갖 말도 안 되는 주장과 논리를 개발·유포해왔다. '종부세는 징벌적 세금'이라는 주장은 그래도 점잖은 편이다. 실효세율 기준으로 볼 때, 노무현 정부 임기 중에 종부세와 재산세를 합한 보유세는 0.1퍼센트 대에서 0.2퍼센트 대로 증가했을 뿐인데도, '참여정부의 보유세는 세금폭탄'이라는 비난을 쉴 새 없이 퍼부었고, '보유세는 부동산 값을 안정시키는 효과가 없다', '소득 대비 보유세 부담은 선진국보다 낮지 않다(혹은 오히려 높다)', '우리나라의 보유세 부담은 세계적으로 높은 수준이다', '보유세는 전가되기 때문에 서민들에게 피해를 끼친다'라는 식의 거짓 주장들이 난무했다.

'9.23대책' 발표문은 이명박 정부가 이들의 거짓 주장을 전면적으로 수용했음을 잘 보여준다. 조세부담이 어느 정도인지 보여주는 지표로는 흔히 실효세율, 국내총생산GDP 대비 세부담 비율, 조세총액 대비 세부담 비율 등이 사용됨에도, 이 세 가지 비율에 대해서는 일언반구도 없이 소득 대비 보유세 실효세율이라는 정체불명의 지표를 산출근거도 밝히지 않고 제시하고 있을 뿐 아니라, 이름만 비슷할 뿐 보유세 부담을 나타내는 지표로 사용해서는 안 되는 재산과세(증권거래세, 취득세, 상속세, 증여세 등 보유세와 상관없는 세금들을 포함한다.)의 비중이 높다는 사실을 내세워 우리나라의 소득 대비 보유세 부담이 높다고 강변하고 있기 때문이다. 〈표 1〉에서 〈표 3〉은 보유세 부담에 관한 시장만능주의자들과 이명박 정부의 주장이 터무니없음을 분명하게 보여주고 있다.

이명박 정부 인사들은 종부세가 소수의 사람들에게 부과되는 징벌적 세금이기 때문에 조세원칙에 맞지 않는다고 주장한다. 그러나 이는 노무현 정부 보유세 강화정책의 진행과정을 이해하지 못한 데서 나오는 억지 주장이다. 노무현 정부는 종부세뿐만 아니라 재산세도 함께 강화하는 정책을 추진했었다. 단지 종부세 대상자들의 경우 강화의 속도와 목표를 재산세 대상자들보다 높게 잡았을 뿐이다.

노무현 정부의 재산세 강화정책에 대해 당시 야당이었던 한나라당과 부동산 시장만능주의자들, 그리고 보수언론들은 한목소리로 서민들에게 퍼붓는 세금폭탄이라고 비난했다. 그 결과 원래 50퍼센트로 되어 있던 재산세 인상률 상한이 공시가격 3억 원 이하에 대해서는 5퍼센트, 3~6억에 대해서는 10퍼센트로 내려갔고, 그로 인해 재산세 강화정책

구 분	한국	미국	일본	영국	캐나다
총조세 대비 보유세 비중	4.6	10.5	7.3	9.1	8.1
GDP 대비 보유세 비중	1.0	2.9	2.0	3.3	2.7

표 1. 총조세/GDP 대비 보유세 비중 (단위 : %, 2005년)

한국은 2007년 실징수액 기준. 자료: 남기업 외,《종부세를 둘러싼 거짓과 진실》, 민주당 국회의원 이용섭 의원실과 토지+자유 연구소 공동 기획 보고서, 2008.

구 분	한국	미국	일본	영국	캐나다
보유세 : 거래세	38.5 : 61.5	100 : 0	86 : 14	80 : 20	94 : 6

표 2. 보유세 : 거래세 (단위 : %, 2005년)

한국은 2007년. 자료: 〈표 1〉과 같음.

의 속도가 늦추어졌던 것이다. 재산세 강화를 방해했던 현 집권세력이 이제는 종부세가 유별나게 강화된 것을 두고 소수에게 부과하는 징벌적 세금이라고 비난한 것은 가당치 않은 일이다. 이명박 정부의 종부세 무력화 방침이 선의에 바탕한 것이라면 종부세를 무력화하는 대신 전체 보유세를 강화한다는 사실을 먼저 밝히고 그 목표와 방법을 제시했어야 마땅함에도, 이에 대해서는 일언반구도 없다.

보유세는 양극화의 주범인 부동산 불로소득과 부동산 투기를 근절한다. 보유세가 제대로 부과된다면 투기목적으로 부동산을 다량 보유하면서 저사용 상태로 방치하는 경향이 사라질 것이므로 부동산 이용의 효율성도 높아진다. 또 부동산 가격변동의 진폭이 축소되기 때문에 부동산시장이 금융시장과 거시경제를 불안하게 만드는 일도 줄어든다. 특히 종부세는 세수의 상당 부분이 교부세로 지방에 배분되어 균형발전과 취약지역의 복지·재정수요에 도움을 주었다. 이명박 정부의 보유세 무력화 정책이 성공했으니, 앞으로 이런 유익들이 모조리 사라지고 대한민국이 다시 투기 공화국, 부동산 공화국으로 후퇴하는 것은 불문가지不問可知다.

다음으로 이명박 정부의 공급확대 정책과 규제완화 정책을 묶어서 평가해보기로 하자. 규제완화와 함께 공급확대 정책을 추진하는 것은 투기를 촉발해서 부동산 경기를 부양하겠다는 이야기와 다를 바 없다.

구 분	보유세 실효세율	소득대비 주택가격 (PIR, 2007년)	소득대비 보유세액 비율
뉴욕	0.97	9.3	8.74
로스앤젤레스	1.1	10.4	11.44
시카고	1.49	4.1	6.11
휴스턴	3.01	2.7	8.13
필라델피아	3.5	2.64	9.24
샌디에이고	1.11	8.5	9.44
달라스	2.52	2.3	5.79
서울	0.31	9.8	3.04

표 3. 서울과 미국 주요 도시의 소득 대비 보유세액 비율 비교

달라스·뉴욕·서울은 2007년, 샌디에이고는 2008년, 나머지는 2005년. 자료: 〈표 1〉과 같음.

이 정책이 어떤 결과를 낳을지 단정적으로 말하기는 어렵지만, 대충 세 가지 정도의 결과가 예상된다. 첫째, 현재의 경제위기가 엄청나게 심각해져서 부동산 경기 부양정책이 효과를 발휘하지 못할 수가 있다. 이럴 경우 공급확대 정책은 부동산 시장에 공급과잉을 심화시켜 부동산 시장의 침체를 가속화·장기화시킬 수 있다. 원래 부동산 시장에서는 정부의 공급확대 정책이 없어도 공급결정과 실제 공급 간의 시차로 인해 가격하락이 증폭되는 경향이 있다. 이를 모를 리 없는 이명박 정부 정책입안자들이 이 시점에 대대적인 공급확대 정책을 추진하겠다는 것을 어떻게 이해해야 할지 모르겠다. 이를 두고 '건설업 프렌들리'라는 비판이 나오는 것은 당연한 일이다.

둘째, 경제위기가 조기에 수습될 경우 이명박 정부의 부동산 경기 부양정책이 반짝효과를 발휘할 수 있다. 사실 역대 정부는 경기침체의 조짐이 나타날 때마다 부동산 경기 부양정책을 활용해서 전체 경기를 활

성화시키곤 했다. 하지만 여기에는 부동산 투기광풍이라는 엄청난 사회적 비용이 뒤따른다. 김대중 정부의 부동산 경기 부양정책의 경우가 대표적이다. 1998년부터 2001년까지 김대중 정부는 외환위기를 극복한다는 명분을 내세워 그동안 부동산 정책의 근간을 이루던 토지공개념 제도, 분양가 원가 연동제, 분양권 전매제한 등 주요 규제를 모조리 폐지하고 전방위적인 부동산 경기 부양정책을 추진했다(2001년 하반기부터 집값이 급등하자 정책기조를 투기억제로 급격히 전환했지만 한 번 불붙은 투기를 잠재우기에는 역부족이었다.). 이때의 경기 부양정책은 그 전 정부 때의 정책과는 비교도 안 될 정도로 전면적이었다. 예컨대 전두환 정부 때는 양도세 완화, 대단위 서민주택 건설, 분양가 통제 일부 해제, 취등록세 감면 정도의 부양책을 썼지만, 김대중 정부 때는 토지거래 허가구역 해제, 아파트 재당첨 금지기간 단축 및 폐지, 토지공개념 제도 폐지, 분양가 자율화, 토지거래 신고제 폐지, 분양권 전매제한 폐지, 무주택 세대주 우선분양 폐지, 신축주택 구입시 양도세 면제, 취등록세 감면 등 풀 수 있는 것은 다 풀고 쓸 수 있는 부양책은 다 썼다. 이때의 전방위적인 부동산 경기 부양정책과 함께 1990년대 내내 지속되었던 부동산 가격 안정세는 종언을 고했고, 2001년경부터 또다시 부동산 투기바람이 불기 시작했다. 노무현 정부가 이렇게 발생한 부동산 투기광풍을 잠재우기 위해 임기 내내 시달렸다는 것은 잘 알려진 사실이다. 부동산 경기를 전체 경기부양의 수단으로 활용하는 것을 두고 역대 정부 경제정책의 고질병이라고 부르는 것은 그럴 만한 이유가 있다.

세 번째 예상해볼 수 있는 결과는 부동산 경기 부양정책이 투기광풍을 유발하지는 않지만 부동산 시장의 완만한 상승세를 가져오는 경우이다. 이는 정책이 부동산 거품 조정의 시기를 지연시키는 경우라고 할 수 있는데, 이럴 경우 건설업의 구조조정이 진행되기는 어렵고 부동산 가격하락에 따른 국가 경쟁력 회복을 기대할 수도 없다.

종합적으로 볼 때, 꺼져가는 부동산 거품을 되살려서 경기부양에 활용하려는 생각은 버리는 것이 옳다. 부동산 시장 침체기에 정부는 부동산 시장이 연착륙할 수 있도록 돕는 정도로 역할을 한정해야 한다. 그러려면 규제를 무차별적·급진적으로 완화하면서 공급확대를 부추기는 현재의 정책은 즉각 중단해야 한다. 부동산 규제 중에는 시장 안정화를 위해 수시로 완화와 강화를 반복할 수 있는 것이 있는가 하면, 이상적인 시장질서가 갖추어지기 전까지는 장기적으로 유지해야 할 것이 있다. 대출규제 같은 것은 전자에 해당하고 재건축규제 같은 것은 후자에 해당한다. 대출규제 완화 정도로 부동산 시장의 연착륙을 유도하면서, 그 과정에서 발생하는 미분양 적체문제나 가계파산 문제에 대한 안전망을 마련하는 것이 정부가 할 일이다.

공급확대 정책이 투기촉발형이 되는 것을 막기 위해서는 풀어야 할 규제와 유지해야 할 규제를 구분해서 대처하는 것도 중요하지만, 개발이익에 대한 대비책을 마련하는 것도 매우 중요하다. 특히 도심 내 재개발·재건축은 '불로소득의 향연장饗宴場'이라 불릴 만큼 개발이익 문제가 심각하다. 그러나 이명박 정부는 이에 대한 제대로 된 대비책은 내놓지 않은 채 오히려 기존의 개발이익 환수장치를 무력화하는 데 골몰하고 있으니 '투기꾼 프렌들리'라고 비판받아 마땅하다.(《사회경제평론》 제32호, 한국사회경제학회, 2009에 게재된 논문의 일부)

'시장친화적 토지공개념'
정치연합을 제안한다

맬서스의 인구론은 정말 터무니없다. 논리적·실증적 근거도 없이 인구는 기하급수적으로 증가하고 식량은 산술급수적으로 증가하기 때문에 빈곤이 불가피하다고 주장하니 말이다. 맬서스 사후의 역사가 그의 말과는 전혀 다르게 진행되었다는 것은 잘 알려진 사실이다. 이렇게 터무니없는 이론이 마치 주술처럼 당시의 학자들에게 널리 받아들여진 것은 불가사의한 일이다. 헨리 조지는 그 이유를 다섯 가지로 정리한 바 있다.

그중에서 세 가지가 주목받고 있다. 첫째, 동식물세계에서 인구론이 말하는 것과 비슷한 현상을 발견할 수 있다는 것이며, 둘째, 저임금과 실업을 인구 압박으로 인한 경쟁 탓으로 생각하고 있던 노동자 계층의 관념과 조화를 이룬다는 것이며, 셋째, 현존하는 빈곤과 불평등의 책임이 인간의 제도가 아니라 자연법칙에 있다고 함으로써 기득권층을 위로하고 안심시켜준다는 것이다.

즉 인구론이 '성공'한 것은, 유력한 논거로 활용할 수 있는 현상이 자연계에 존재하고, 대중이 수용하기 쉽고 기득권층이 적극 환영할 만한 내용을 담고 있었기 때문이라는 것이다.

부동산 시장만능주의가 '승리'한 이유
부동산 시장만능주의도 터무니없기는 인구론 못지않다. '투기가 일어나도 정부가 개입해서는 안 된다, 투기는 투자와 구별할 수도 없고 또 부동산 값의 변동 폭을 줄여주는 긍정적인 기능을 하기 때문에 억제할 필요도 없다, 부동산 시장의 모든 문제는 공급에서 비롯된다, 부동산 보유세는 투기를 억제하기는커녕 부작용만 낳을 뿐이다'라는 주장을 대담하게 하고 있기 때문이다. 이런 터무니없는 주장이 우리나라에서 확고부동한 위치를 차지하게 된 이유는 맬서스의 인구론이 당시 학자들에게 널리 받아들여진 이유와 비슷하다.

부동산 시장만능주의자들은 부동산 시장에 '시장의 자기조절 기능'이 작동한다고 전제한다. 그러고는 정부가 투기를 억제하고 불로소득을 환수하고 각종 규제를 가하는 등의 방식으로 부동산 시장에 개입할 경우, 시장의 자기조절 기능이 저해되어 문제는 더 악화될 것이라는 주장을 자신 있게 펼친다.

논리적으로는 부동산 시장에 '시장의 자기조절 기능'이 실제로 작동하는지 따져보는 것이 당연한 순서임에도, 부동산 시장만능주의자들은 그렇게 하지 않는다. 이유를 물어보면, 그들은 아마도 '일반 생산물 시장에 시장의 자기조절 기능이 작동하고 있다. 그렇다면 부동산 시장도 마찬가지 아니겠는가?'라고 반문할 것 같다.

부동산 시장만능주의자들은 일반 생산물 시장에 존재하는 시장의 자기조절 현상을 부동산 시장만능주의의 유력한 논거로 적극 활용하고 있는 셈이다. 학교에서 시장원리에 대해 배운 사람이라면 이들의 주장을 거부감 없이 받아들이기 쉽다.

인구론과 마찬가지로 부동산 시장만능주의도 대중의 관념과 조화를 이루는 부분이 있다. 대중은 집값 상승을 부동산 투기 탓으로 돌리기도 하지만, 주택공급이 부족해서 생기는 일이라고 생각하기도 한다. 정부가 공급확대에 주력해야 한다는 부동산 시장만능주의자들의 주장은 후자와 조화를 이룬다.

그러나 그보다 중요한 것은 역시 부동산 시장만능주의가 투기를 정당화하고 불로소득 환수를 반대하는 등 부동산 기득권층의 이해를 적극 옹호한다는 점이다. 부동산 시장만능주의자들이 발호하기 전인 1990년대 초반까지만 해도, 부동산 투기는 망국병이며 불로소득에 대한 과세는 정의롭다는 관념이 지배적이었다. 그런 상황에서 부동산 기득권층이 얼마나 마음이 불편하고 힘들었을지 짐작하기 어렵지 않다.

맬서스의 학설이 빈곤이 불가피하다고 함으로써 개혁에 대한 요구를 얼버무리고 양심의 추궁으로부터 이기심을 보호하는 효과를 발휘했듯이, 부동산 시장만능주의는 투기가 자연스러운 현상이라고 함으로써 투기근절의 노력을 무력화시키고, 마음껏 불로소득을 추구할 수 있는 여건을 조성함으로써 부동산 기득권층의 이기심을 보호하는 효과를 발휘했다. 참여정부 임기 중에 부동산 기득권층의 나팔수 역할을 충실히 감당했던 조·중·동이 거의 매일같이 부동산 시장만능주의자들의 주장을 대서특필했던 것을 생각하면, 부동산 기득권층이 얼마나 부동산 시장만능주의를 좋아했는지 알 수 있다.

이명박 정부의 출범과 함께 부동산 시장만능주의는 정책 방면에서도 만개하고 있다. 이명박 정부가 보유세 강화 및 양도세 중과를 내용으로 하는 부동산 불로소득 환수정책을 무력화시키고, 거래규제·대출규제·가격규제·재건축규제 등 모든 규제를 무차별적·급진적으로 완화하고, 도심 및 그린벨트 내 공급확대 정책을 본격적으로 추진하는 등 부동산 시장만능주의자들의 주장을 충실히 이행하고 있기 때문이다.

대중의 인정과 기득권층의 열렬한 환호를 받으면서 평소의 주장을 거의 완벽한 형태로 정책화시키는 데 성공했으니, 부동산 시장만능주의가 마침내 찬란한 '승리'를 거두었다고 해도 과언이 아닐 것 같다.

시장만능주의를 향한 시장의 심판

그러나 외관상의 찬란한 '승리'를 가지고 바로 진정한 성공이라고 평가하기는 아직 이르다. 경제정책의 성패는 종국적으로 시장이 판가름하기 때문이다. 2009년 하반기에 진행된 부동산 시장의 이상 과열현상과 그에 뒤이어 갑자기 찾아온 침체양상은 부동산 시장만능주의의 '승리'를 위협하기에 충분하다. 부동산 시장만능주의자들이 그토록 신뢰하는 부동산 시장이 그들을 뒤흔들고 있으니 아이러니라 하지 않을 수 없다.

2009년 하반기의 이상 과열현상은 전적으로 이명박 정부의 부동산 정책에 기인한다. 참여정부의 부동산 정책이 효과를 발휘하여 2007년부터 하향 안정화 추세를 보이던 부동산 가격이 갑자기 급등세를 보일 이유가 전혀 없었기 때문이다. 더구나 2008년 금융위기의 여파가 채 가시지 않고 있었다. 한국을 제외한 다른 나라의 부동산 가격은 모두 뚜렷한 하락세를 보이고 있었다. 부동산 가격상승의 양상도 매우 악성이었다. 집값, 전세값, 땅값이 동반 상승하는 조짐을 보였기 때문이다. 이명박 정부가 이를 방임했더라면 우리나라 부동산 시장에는 악성투기의 광풍이 불었을지도 모른다.

투기광풍이 불었던 2002~2006년 사이에도 집값만 폭등했을 뿐 전세값과 땅값은 안정세를 유지했다. 집값, 전세값, 땅값이 동반 폭등하는 일은 1980년대 말에 있었는데, 당시에는 집값과 땅값이 폭등하는 상황에 전세값 폭등이 더해지면서 서민들은 한계상황으로 내몰렸고, 여러 명이 주거문제 때문에 자살했다. 오죽하면 당시 노태우 정부가 보수정권으로는 생각하기 어려운 토지공개념 카드를 꺼내들었겠는가?

집권 후 마음껏 시장만능주의적 부동산 정책을 펼치던 이명박 정부도 투기광풍이 정권의 몰락을 초래할 수 있다는 사실 정도는 알고 있었던 모양이다. 2009년 9월에 DTI(총부채상환비율) 규제를 수도권 전역으로 확대하는 제법 강력한 대출규제를 실시했으니 말이다. 단기적으로 투기수요를 잠재워 집값을 안정시키는 데는 미시적 금융정책, 즉 대출규제만한 것이 없다. 실제로 정부가 대출규제를 강화한 2009년 9월 이후 집값은 바로 하락세로 돌아섰고 이상 과열현상을 보이던 주택시장은 갑자기 침체양상을 드러내기 시작했다. 하지만 대출규제는 시장만능주의에 반하는 정책수단이다. 이명박 정부가 이를 유력 정책수단으로 활용했다는 사실은 시장만능주의의 무능함을 자인한 것 아닌가?

아무튼 이를 통해 이명박 정부는 일단 부동산 시장의 과열현상을 잠재우는 데는 성공했다. 그러나 이번에는 부동산 시장의 침체가 건설업 부채 및 가계부채의 부실화를 통해 금융위기를 초래할 위험성에 대해 걱정해야 하는 형편에 처하게 되었다. 부동산 시장 침체의 원인을 정확하게 파악한 건설업자들은 DTI규제를 완화하라고 아우성을 치고 있다. 하지만 정부 입장에서는 문제가 그리 간단치 않다. 부동산 투기를 막을 수 있는 제도적 장치를 모조리 해체한 상황에서 DTI규제를 완화하면 2009년 하반기의 이상 과열현상이 재연될 가능성이 높기 때문이다. 지금 이명박 정부는 부동산 시장의 침체양상을 그냥 두고 볼 수도 없고, DTI규제를 완화할 수도 없는 딜레마에 빠진 것으로 보인다. 더욱이 이명박 정부의 딜레마는 앞으로 더 심각해질 가능성이 크다. 거시경제의 회복세가 더욱 뚜렷해질 경우 금리를 인상하는 출구전략을 펼쳐야 하는데, 금리인상은 부동산 시장과 부동산 관련 대출시장에는 직격탄이 되기 때문이다.

만일 이명박 정부가 노무현 정부의 정책기조를 유지하는 가운데 미시적 금융정책을 약간씩 변경함으로써 부동산 시장을 조정해왔다면, 이런 딜레마에 빠지지는 않았을 것이다. 2007년부터 시작된 부동산 시장의 연착륙은 순조로웠을 것이고 그 과정에서 자연스럽게 건설업의 구조조정이 이루어졌을 것이며 가계부채도 점차 감소했을 것이다. 2008년 이후 금융위기에 대처하기 위해 증가시킨 유동성이 부동산 시장을 이상 과열상태로 몰고 가는 일도 일어나지 않았을 것이다.

다른 나라들과는 달리 부동산 시장이 과열양상을 보인 것, 건설업 구조조정이 지연되고 가계부채가 급증한 것, 정부가 부동산 시장을 부양할 수도 없고 침체를 방임할 수도 없는 심각한 딜레마에 빠진 것 모두 시장만능주의적 부동산 정책에 대한 시장의 심판이다. 국민들이 투표로 심판하지 않으니 시장이 심판한 것 아닌가? 새삼 진정한 시장주의 부동산 정책이 얼마나 중요한지 절감하게 된다. 아래에서 말하는 시장친화적 토지공개념이야말로 진정한 시장주의에 입각한 부동산 정책이다.

시장친화적 토지공개념이 필요하다

부동산 문제를 근본적으로 해결하기 위해서는 올바른 정책철학, 정권의 소재와 시장의 상황에 관계없이 유지해야 할 장기정책, 부동산 가격을

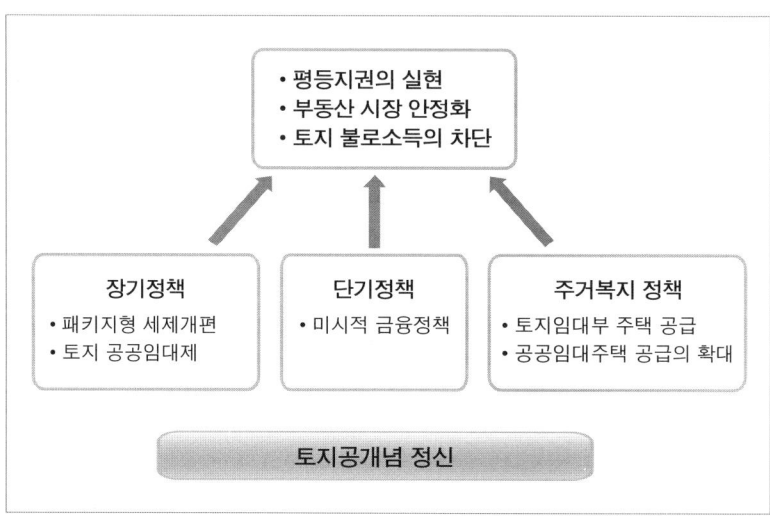

그림 1. 부동산 정책 체계도

안정시킬 단기정책, 정책의 사각지대에서 주거 문제로 고통받는 주거 빈곤층을 위한 주거 복지정책을 종합적으로 마련해야 한다. 〈그림 1〉은 이런 점을 염두에 두고 그린 이상적인 부동산 정책의 체계도, 즉 '시장 친화적 토지공개념'을 기본철학으로 하는 부동산 정책 체계도이다.

시장친화적 토지공개념이란, 토지와 자연자원이 모든 사람의 공공재산이라는 성격을 갖고 있는 만큼 그것을 보유하고 사용하는 사람은 토지가치에 비례해 사용료를 공공에 납부하게 하고 사용료 수입은 공공의 목적을 위해 사용하는 것을 기본원리로 하는 제도이다.

토지보유세를 강화하는 대신 경제에 부담을 주는 다른 세금을 감면하거나 복지지출을 확대하는 패키지형 세제개편과, 국공유지를 확보하고 그것을 민간에게 임대하여 임대료를 징수하는 토지 공공임대제가 시장친화적 토지공개념 제도를 떠받치는 양대 장기정책이다. 부동산 가격의 변동을 안정시킬 단기정책으로는 대출규제, 즉 미시적 금융대책을 중시한다. 그리고 주거 빈곤층에게 우선적으로 혜택이 돌아가게 하는 실질적인 주거복지 정책을 마련해 장단기정책을 보완한다.

시장친화적 토지공개념은 부동산 시장만능주의와는 달리, 토지와 부동산 시장의 특수성을 인정한다. 그리고 공급에만 집착하는 것이 아니라 부동산 시장의 수요와 공급을 모두 중요하게 취급한다. 토지에서 발생하는 불로소득이 시장경제의 효율성을 해치고 양극화를 심화시키는 주범이라는 사실에 주목해 그것을 효과적으로 차단할 수 있는 방안을 찾는 데 정책역량을 집중한다.

그리고 시장경제와 정부의 정책이 훌륭하더라도 주거문제로 고통받는 사람들이 생길 수 있다는 사실을 인정하고 실효성 있는 주거복지 정책을 마련하는 데 노력을 기울인다. 시장친화적 토지공개념은 시장원리 자체를 중시하지만 그에 못지않게 따뜻한 시장경제를 만드는 일도 중요하게 생각한다.

앞으로 이명박 정부의 시장만능주의적 부동산 정책은 계속해서 문제를 야기할 가능성이 크다. 문제가 정책기조에 있다는 사실이 드러날 경우, 참여정부 때와 마찬가지로 다시 한 번 부동산 문제가 정치적 문제로 부각될 수 있다. 그것은 차기 대선의 최대 이슈가 될 수도 있다. 하지만 이를 예상하고 지금부터 대비하고 있는 정치세력은 보이지 않는다. 정권교체를 꿈꾸는 개혁적 정치세력에게서 '반MB 연대'를 넘어서 '시장친화적 토지공개념 연합'을 구축하려는 발상을 기대하기란 요원한 일인가?(2009년 8월 28일 〈프레시안〉 칼럼을 2010년 4월에 수정하였음)

5장

소위 '반값아파트' 논쟁

공공택지주택은 공영개발로

정부와 여당(참여정부와 열린우리당)이 공공택지의 조성원가를 항목별로 공개하는 방안을 적극 검토하고 있다고 한다. 이는 2005년 11월 3일 서울행정법원이 경기 파주 출판문화단지를 조성한 토지공사에 시설용지의 조성원가 산출내역 정보를 모두 공개하라는 판결을 내린 데 따른 것이다.

그동안 공공택지는 택지를 개발하는 토지공사와 주택공사, 택지를 분양받는 아파트 건설업체에 황금알을 낳는 거위였다. 토지수용과 택지개발 그리고 아파트 건설로 이어지는 일련의 과정에서 막대한 땅값 차익, 즉 개발이익이 발생하였고, 이 중 상당 부분이 토공, 주공과 건설업체의 수중에 흘러들어갔기 때문이다.

공공택지 개발은 토공, 주공과 같은 공기업이 민간의 토지를 강제수용하는 데서부터 시작된다. 자칫 정부나 공기업이 민간의 재산을 탈취하는 것으로 해석할 수도 있는 토지의 강제수용을 정당화하는 논거는 다름 아닌 토지의 공공성이다.

따라서 공공택지는 민간이 개발하는 택지와는 비교할 수 없을 정도의 강한 공공성을 유지해야 한다. 이처럼 강한 공공성을 가지는 공공택지는 개발이익을 모두 공적으로 환수하는 것이 옳다.

그러나 그동안 토지공사와 주택공사는 공공택지를 사적 재화를 넘기듯이 민간건설업체에 매각해왔다. 개발이익의 대부분은 양대 공기업과 택지를 분양받은 건설업체가 나누어 가졌다(아파트 분양 이후 발생하는 개발이익은 논외로 하자).

토지를 수용당한 사람들에게도 토지 보상비의 형태로 개발이익의 일부가 들어갔지만 전체 개발이익의 크기에 비하면 무시해도 좋을 정도다.

공기업이 공공의 재산인 공공택지를 팔아서 큰 이익을 얻었다면 그 내역을 공개하는 것이 옳다. 그동안 토지공사와 주택공사의 수익은 국민임대주택단지나 산업단지 조성 등 공익사업에 활용해왔는데 무슨 문제가 있느냐고 할지도 모르겠다. 그러나 공기업이 투명하지 않을 때 어떤 부작용이 생기는지 우리는 잘 알고 있다.

서울행정법원 재판부가 "토지공사가 토지개발사업을 통해 얻는 이익은 궁극적으로 국민 전체에 귀속되어야 할 성질의 것"이라며 공기업의 행정편의주의와 권한남용을 방지하기 위해서는 관련 정보를 공개하는 것이 옳다고 판결한 까닭도 여기에 있지 않을까.

하지만 더 큰 문제는 민간건설업체가 공공택지를 분양받아서 막대한 땅값 차익을 챙긴다는 사실이다. 토지공사가 토지개발사업을 통해 얻는 이익과 마찬가지로, 이 또한 "국민 전체에 귀속되어야 할 성질의 것"이다. 아파트 건설이라는 생산적 활동을 통해서라면, 아무리 많은 이윤을 획득한다고 해도 전혀 문제가 되지 않는다.

그것은 오히려 적극 장려해야 한다. 그러나 아무런 생산적 노력 없이 공공의 재산인 공공택지를 분양받는 것만으로 폭리를 취하고 있다면 큰 문제다.

어떻게 하면 민간건설업체의 불로소득 취득을 막고 공공택지의 공공성을 유지할 수 있을까. 우선 공공택지의 조성원가와 공공택지 내 아파트 분양원가가 소상하게 공개되어 건설업체의 수익구조가 밝혀져야 한다. 그러나 택지와 아파트의 원가를 공개한다고 해서 개발이익이 자동으로 국민 전체에게 귀속되는 것은 아니다.

원가공개는 개발이익의 사적 전유의 실태를 알리는 효과가 있을 뿐이다. 근본적인 문제는 공공택지를 민간업자에게 넘기는 택지공급 제도에 있다. 공공택지에서의 주택건설을 공영개발 방식으로 해야 한다는 논리는 여기서 나온다.

최근 정부가 '토지임대-건물분양' 방식의 공영개발을 검토하고 있다는 보도가 나오고 있는데, 만일 사실이라면 문제의 본질을 제대로 파악한 것이다.

공공택지의 소유권은 계속해서 정부나 공기업이 가지고 건물은 민간건설업체가 자유롭게 지어서 분양하게 한다면, 공공택지의 공공성은 유지하면서 민간의 자율성을 보장할 수 있다. 공공택지의 원가공개가 공공택지의 공공성 유지의 필요성에 대한 사회적 합의를 하는 계기가 되기를 기대해 본다.(《한국일보》, 2005년 11월 9일)

토지임대형 주택공급, 누가 문제 삼는가

한나라당 홍준표 의원이 '아파트 반값 공급' 정책을 내놓으면서 토지임대형 주택공급 방식에 관한 논란이 뜨겁다. 이는 원래 '토지정의시민연대'가 2005년부터 꾸준히 주장해온 것인데, 이번에 홍 의원 측에서 받아들여 주요 정책으로 발표한 것이다. 토지임대형 방식이란 주택의 토지와 건물을 구별해 건물은 분양하되 토지는 공공기관이 계속 보유하면서 임대하는 방식이다. 홍 의원 측은 이 방식을 도입하면 개발이익을 지속적으로 환수해 투기적 가수요를 차단할 수 있고, 동시에 아파트 공급가를 절반으로 낮출 수 있다고 공언했다.

홍준표 의원 측의 발표가 나오자, 열린우리당의 이계안 의원은 '임대료 부담을 생각하면 아파트 공급가가 실질적으로 낮아진다고 하기 어렵다'고 비판했고, 이명박 서울시장은 '국가 재정 때문에 한계가 있을 것'이라고 평가했다고 한다.

홍 의원 측에서 '반값'을 지나치게 강조함으로써 토지임대형 방식의 취지가 흐려진 느낌이 들지만, 이 방식이 우리 사회에서 본격적으로 논의되기 시작했다는 것은 매우 중요한 의미를 갖는다. 이 방식은 우리에게는 생소할지 모르지만 핀란드, 네덜란드, 스웨덴, 호주, 이스라엘 등지의 국민들에게는 익숙한 방식이다.

토지임대형 방식은 여러 가지 탁월한 정책효과를 낳는 것으로 알려져 있다. 토지를 공공이 계속 보유하므로 토지 개발이익의 환수나 사회간접자본의 건설에 매우 유리하고, 도시계획 기능을 제고할 수 있으며, 값싼 주택을 공급하고자 하는 주택정책에도 큰 도움을 줄 수 있다. 다만, 토지 개발이익의 환수와 값싼 주택의 공급이라는 정책목표가 상충된다는 점은 기억할 필요가 있다.

정부가 토지 개발이익을 제대로 환수하려면 토지임대료를 토지의 시장 임대가치에 맞추어 지속적으로 인상해가야 하는데, 그렇게 된다면 입주자들은 건물값 외에 계속 상승하는 임대료를 부담하므로 실질적으로는 아파트 공급가가 그다지 낮아지지 않는다. 반대로 아파트 공급가를 실질적으로 인하하기 위해서는 임대료를 인위적으로 낮게 책정할 수밖에 없는데, 그렇게 된다면 토지 개발이익을 주택 소유자가 향유하게 되고 이 주택을 둘러싼 투기도 막을 수 없게 된다.

하지만 이런 정책목표 충돌의 문제는 목표의 우선순위를 조정함으로써 얼마든지 해결할 수 있다. 판교와 같은 고급주택 단지에서는 '토지 개발이익의 환수'를, 그리고 서민주택 단지에서는 '값싼 주택의 공급'을 우선 목표로 하는 것이 좋겠다.

이명박 시장이 말하는 재정문제, 즉 토지비용 문제는 토지임대료를 시장가치대로 징수할 경우 전혀 문제가 되지 않는다. 임대료 수입이 토지비용의 이자를 금방 초과할 것이고 시간이 갈수록 임대가치가 상승해 양자간의 격차가 커질 것이므로, 금융기관이나 각종 민간펀드, 그리고 국민연금 등에서 안심하고 자금을 공급할 것이기 때문이다.

토지임대료를 낮게 책정하는 경우에는 토지비용이 문제가 될 수 있는데, 이때에는 편법이기는 하지만 택지개발지구 내의 상업용지를 시장가치대로 매각하여 주택용지의 초기비용을 조달할 수 있다. 서민주택 정책의 일환으로 토지임대료를 낮게 책정하는 경우, 국민주택기금이나 재정을 투입하는 것도 가능하다. 그래도 초기비용이 걱정이 된다면, 송파 신도시처럼 기존 국공유지에서 추진되는 주택건설사업에 토지임대형 방식을 먼저 적용해볼 수 있다.

공공택지에서는 토지만이 아니라 건물까지 공영개발하여 임대하자는 주장도 있다. 그러나 부동산 불로소득은 건물이 아니라 토지에서 생기므로, 건물까지 임대로 하는 것은 지나친 방법이다. 건물까지 임대하는 공공임대주택의 경우, 공공부문 비대화·비능률의 문제를 피하기 어렵다. 건설업체는 발주처에 납품하므로, 주택 수요자보다는 발주처인 정부나 주택공사 측에 신경을 쓸 것이다. 정부나 주택공사의 권한이 커지면 비능률과 부정부패의 가능성도 커질 것이며, 입주자도 자기 집이 아니므로 알뜰하게 관리하지 않을 것이다.

토지임대형 주택을 민간임대업자가 직접 건설하거나 아니면 분양을 받아서 민간임대주택으로 활용할 수도 있다. 이는 공공임대주택이 아니기 때문에 위에서 말한 문제는 일어나지 않는다.

토지임대료를 인위적으로 낮게 책정할 경우, 주택 소유자가 토지 개발이익을 얻게 되고 그로 인해 투기가 일어날 수 있다. 이 문제는 싱가포르식으로 주택을 팔 때 정부를 통하도록 하고, 매매차익의 일정 비율을 환수함으로써 해결할 수 있다.

정책평가는 먼저 이론과 원칙의 차원에서 이루어져야 한다. 현실적인 문제점을 검토하는 것은 그 다음 일이다. 토지임대형 방식에 대해서는 전자 없이 후자만 난무하는 것 같아서 안타깝기 짝이 없다.(《시민의 신문》, 2006년 2월 21일)

'반값아파트' 이름부터 없애라[11]

'반값아파트' 논쟁 끝에 민간아파트 분양원가 공개 등을 포함한 '1.11 부동산 대책'이 실체를 드러냈다. 때마침 노무현 대통령의 제안으로 20년간 잠자던 개헌논의에도 불이 붙었다. 부동산 문제 해결을 위해 '시장친화적 토지공개념' 개헌을 줄기차게 주장해온 토지정의시민연대로선 호기를 맞은 셈이다. 토지정의시민연대 정책위원장인 대구가톨릭대 전강수 교수를 2007년 1월 10일 만나 최근 '반값아파트' 논쟁과 '토지공개념 개헌' 문제를 짚어봤다. 〈오마이뉴스 편집자 주〉

'반값아파트' 이름부터 없애라. 아주 근사한 옷을 하나 줬는데, 단추를 엉뚱하게 끼워놓고 '나 멋있지' 하는 상황이다. 옷을 준 입장에서 벗으라고 해야 할지 입고 있으라고 해야 할지 난감하다.

'반값아파트' 논쟁에 불을 붙인 홍준표 한나라당 의원의 '토지임대부 건물분양방식'에 이론적 토대를 제공한 것으로 알려진 토지정의시민연대(아래 토지정의)에서 되레 홍 의원 안을 정면 비판하고 나섰다.

"홍준표 법안, 토지공개념 취지 왜곡"

토지정의 정책위원장인 전강수 교수는 10일 〈오마이뉴스〉 인터뷰에서 "우리가 주장한 토지공공임대제는 반값이 아니라 제값을 받는데, 다만 건물값만 일시불로 받고 토지는 지대(임대료)를 시장가치대로 걷는 것"이라면서 "서민주택이 아니라 오히려 수익성 부동산이나 고급주택에 적용하는 게 맞다"고 밝혔다.

국민의 표를 의식한 정치인들이 '토지 공공임대제'의 원래 취지인 '토지 불로소득 환수' 부분은 빼버리고 엉뚱하게 '반값아파트' 수단으로 내세워 부동산 문제 해법인 것처럼 본질을 왜곡하고 있다는 것이다.

한발 더 나아가 전강수 교수는 "'반값아파트'와 분양원가 공개 등 분양가 인하정책은 부동산 문제를 해결하는 근본대책이 될 수 없다"며, "이를 과대포장하는 여야 정치권과 일부 시민단체의 행위 역시 포퓰리즘"이라고 강도 높게 비판했다.

장기적인 불로소득 차단정책과 단기적으로 집값을 안정시킬 수 있는 각종 규제대책이 중심이 돼야 하는데, 단지 보완역할을 할 뿐인 분양가 인하 등을 통한 값싼 주택의 보급이 마치 근본대책처럼 과대포장돼 있다는 것이다.

전 교수는 "가격이 올라서 문젠데 가격을 직접 낮추겠다니까 국민이 환영할 수밖에 없다. 그러나 실제 진실은 가격 붙들고 직접 씨름해봐야 이길 수 없다"며 "여야, 민주노동당, 경실련 모두 잘못된 환상과 착각을 만들어내고 있다"고 지적했다.

분양원가 공개는 건설업체 투명성과 경쟁력 확보 차원에서 필요하지만 투기적 가수요가 해소되지 않으면 오히려 신규주택 가격이 기존 주택 가격대로 상향조정돼 최초 분양자들만 수혜를 입게 돼 실효성이 없다는 이야기다.

전강수 교수는 이어 "결국 현재 부동산 문제를 근본적으로 해결하려면 패키지형 세제개혁과 토지 공공임대제를 양대축으로 하는 '시장친화적 토지공개념' 헌법 명기가 필수적"이라며, 노무현 대통령 제안으로 촉발된 개헌논의 확장을 주문하기도 했다.

다음은 10일 전강수 교수 인터뷰 전문이다. 이날 인터뷰엔 토지정의 이태경 협동사무처장도 동석했다.

"'반값아파트'는 포퓰리즘, 제자리 찾아줘야"
2007년 우리 경제정책 최대 이슈가 '토지공개념'이 될 거라는 현대경제연구원 분석이 있었다. 바로 홍준표 한나라당 의원의 토지임대부 분양방식과 이계안 열린우리당 의원의 환매조건부 분양방식을 지목한 것이다. 이 가운데 어느 쪽이 토지정의의 주장에 더 부합하는가?

원리만 보면 홍준표안이 가깝지만 2가지 모두 우리 취지에서는 상당히 벗어나 있다. 우리가 주장하는 '토지 공공임대제'는 토지를 민간에 넘기지 않고 임대해 토지 불로소득을 차단하거나 환수하자는 것이다. 그런데 두 방안은 분양가격을 낮추는 데 목적이 맞춰져 있다. 홍 의원이 '반값아파트'라는 말을 만들고 한나라당에서 치고 나오니까 열린우리당도 다른 방법으로 낮추겠다 해서 여야 간에 분양가격 낮추기 경쟁이 벌어진 것이다. 홍준표 안이 토지정의에서 나온 게 아니냐고 하는데, 이는 참여정부 보유세 강화보다 더 왜곡돼 있다. 원래 정책목표는 불로소득 차단에 두지 않고 값싼 주택을 공급하겠다고 성격을 규정한 것이다. 홍준표식 포퓰리즘에 빠지지 않으려면 토지임대료를 시장가치대로 징수해야 한다. 그래야 불로소득 차단과 공공수입 확대효과가 제대로 나타난다.

토지정의에서 주장하는 토지 공공임대제 역시 토지와 주택을 분리해 집값을 낮추자는 것 아닌가?

'반값아파트'는 아니다. 제값을 받는데, 다만 건물값만 일시불로 받고 토지는 지대(임대료)를 시장가치대로 걷으라는 것이다. 홍준표 안이 결정적으로 다른 점이 임대료를 인위적으로 낮춰주겠다는 것이다. 주택 공급가격도 낮춰야 하니까 용적률 400퍼센트 등 여러 가지 방안을 강구하는 것이다. 원리는 우리 것을 가져갔는데 그 내용은 왜곡이 있었다고 본다.

그렇지만 과연 홍준표 안이 원론에 충실했다면 과연 국민들이 지지할까? 부동산 가치상승 반영해 월임대료가 계속 오르는 상황을 누가 받아들이겠는가? 토지 공공임대제 취지에는 동감하지만 저소득층 주택에 적용하기 힘든 개념 아닌가?

애초 토지 공공임대제는 서민주택 공급용이 아니다. 오히려 수익성 부동산이나 고급주택에 적용하는 게 맞다. 서민용 주택은 목적이 불로소득 차단이 아니고 값싼 주택을 공급하는 것이 목적이기 때문에 적용대상을 달리해서 적용하면 실현 가능성이 있다.

최저층에 대해서는 공공임대주택을 공급하고 그 위쪽 집을 살 능력 있는 사람에게는 토지임대부와 환매조건부를 결합한 민노당 방식으로 하면 된다. 토지 공공임대제는 행정복합도시나 기업도시, 혁신도시 등 도시개발 때 전면적으로 도입하는 게 더 효과적이다.

토지공개념은 보수세력으로부터 좌파정책이라는 공격을 받아왔다. 역시 토지공개념의 또 다른 축인 종부세 부과 등에 강력 반발해온 한나라당이 이 안을 당론으로 채택한 건 의외였다. 정치권의 토지공개념 추진 의지를 어떻게 보나? 자칫 대선용 공약에 그치는 건 아닌가?

사실 걱정된다. 불로소득 차단정책을 통한 가격 안정화는 사회적 비용을 지불해야 하고 손해 보는 사람 있어 인기가 없을 수밖에 없다. 정치인들이 표가 안 된다고 본다. 그래서 비용 없이 해결할 것 같은 내용만 반복한다. 그래서 포퓰리즘이라는 것이다.
'반값아파트' 이름부터 없애라. 아주 근사한 옷(토지 공공임대제)을 하나 줬는데, 단추를 엉뚱하게 끼워놓고 '나 멋있지' 하는 상황이다. 옷을 준 입장에서 벗으라고 해야 할지 입고 있으라고 해야 할지 난감하다. 결국 그 정책들에게 제자리를 부여하고 종합해서 패키지로 밀고 가야 한다. 그 과정에서 국민들이 손해 볼 수도 있지만 이해와 협조를 구하려 노력해야 한다.

"분양원가 공개효과 과대포장돼 있어"
'반값아파트' 정책들이 원래 의미를 왜곡하고 있다면, 오히려 토지공개념 정착에 걸림돌이 되는 게 아닌지.

부동산 정책 틀을 정리할 필요가 있다. 부동산 정책에는 세 축이 있다. 하나는 불로소득을 차단하거나 환수하는, 근본적이고 장기적인 대책이다. 하지만 이 방안을 채택해도 투기 때문에 단기적으로 집값 폭등이 일어날 수 있다. 따라서 대출규제나 투기과열지구 지정 같은 단기적인 규제대책이 필요하다. 또 집값 상승에서 소외된 많은 서민들을 위해 임대주택 등 값싼 주택을 공급하는 정책도 필요하다. 이 세 가지 정책이 묶여야 부동산 문제를 제대로 해결할 수 있다.

최저소득층한테는 공공임대주택을 공급하고, 그 위 계층에게는 내 집을 가질 수 있다는 희망을 주는 게 중요하다. 바로 토지임대부나 환매조건부같이 주택 구입비용을 낮추는 정책이다. 문제는 이 정책이 부동산 집값 폭등문제를 한꺼번에 해결하는 도깨비방망이처럼 받아들이고 있다는 것이다.

장기적인 불로소득 차단환수 정책과 가격을 안정시킬 수 있는 효과적인 단기대책 두 가지가 중심이고 값싼 주택의 보급은 이를 보완하는 대책으로 가야하는데, 사람들이 1, 2번에는 관심이 없고 3번 정책만으로 부동산 문제가 다 해결될 것처럼 논쟁이 전개되고 있다. 내가 봤을 때 이건 모두 포퓰리즘이다.

포퓰리즘으로 보는 근거는 무엇인가?

전부 가격 하고 씨름하는 거다. 국민들이 보기엔 시원하고 좋다. 가격이 올라서 문젠데 가격을 직접 낮추겠다니까 국민이 환영한다. 실제 진실은 가격 붙들고 직접 씨름해봐야 이길 수 없다는 것이다. 인위적으로 가격을 규제하고 낮춘다고 실제 떨어지지도 않는다. 그런 점에서

여야, 민주노동당, 경실련 다 포함해서 잘못된 환상과 착각을 만들어내고 있다.

지금처럼 집값이 폭등한 상황에선 분양원가 공개 등을 통한 분양가 조정이 필요한 건 사실 아닌가?

(분양가격 낮추기) 그 자체가 포퓰리즘이라는 게 아니다. 서민을 위해 공급가격을 낮추는 건 분명 의미 있다. 문제는 그걸로 부동산 문제를 다 해결할 수 있다고 과장하는 것이다. 분양원가 공개는 주택공급과정 특혜나 비리, 건설업체의 투명하지 못한 문제를 해결하는 데 효과적인 정책으로 그 자리를 찾아줘야 한다. 토지임대부나 환매조건부 분양방식 역시 서민들에게 값싼 주택을 주고 내 집 마련 희망을 주는 정책일 뿐이다. 이걸로 부동산 문제를 다 해결한다는 건 전부 거짓말이다.

"분양가 인하, 초기 분양자들만 수혜"
그래도 분양가를 낮추면 기존 주택가격에도 영향을 미칠 텐데.

신규주택 분양가를 낮추면 전체 집값이 떨어진다는 주장에는 논리 비약이 있다. 신규주택 가격선도 기능은 투기수요가 없으면 발휘되지 않는다. 대구는 분양가가 계속 올라도 기존 주택의 가격은 떨어지고 있다. 이게 정상이다. 사람들은 기존 주택을 내놓고 좋은 집에 가고 싶어 하기 때문이다. 결국 서울과 수도권에 투기적 가수요가 집중돼 생기는 현상이다.
집값이 분양가를 끌어올린 게 정답이다. 분양가가 주변 집값을 끌어올렸다는 건 논리적 근거가 부족하다. 집값을 모르다가 분양가 결정되면 우리도 저쯤 되겠지 하는 정보로 받아들여 집값에 영향을 줄 수 있지만 본질은 아니다.

분양가가 낮아진다고 기존 주택시장 가격도 낮아지는 건 아니다. 예를 들어 파주 운정지구 한라비발디를 평당 1500만~1700만 원에 분양했다. 주변 시세가 1000만 원이라고 할 때 700만 원에 분양했다고 주변 시세가 따라 내려가겠는가? 오히려 신규주택 가격이 기존 주택 가격대로 올라가 최초 분양자들만 수혜를 입게 된다. 결국 그 자체만으로 정책효과를 달성할 수 없다. 전국 차원에서의 보유세 강화와 다른 세금감면, 토지 공공임대제와 같이 패키지로 가야 비로소 분양원가 공개와 분양가 인하효과를 달성할 수 있다(이태경).

토지정의가 주장하는 토지공개념이 근본적인 대책이라도 해도 부동산 소유개념이 강하고 국공유지가 부족한 우리 실정에서 실효성에 의문을 제기하는 목소리가 있다.

이번 집값 폭등을 겪으면서 우리 사회에 일정한 학습효과가 있었다. 정책당국자나 국민 모두 투기가 일어나 집값이 폭등하면 '웬만한 걸로 안 되는 거구나, 근본적으로 해결할 수 있는 대책이 필요하다'는 인식이 생겼다. 불로소득 차단정책에 반대하던 한나라당조차 돌아서지 않았나.

좀 추상적이긴 하지만 부동산 문제를 바라보는 인식 틀이 바뀌어야 한다. 참여정부가 실패한 것도 인식 틀을 바꾸지 않은 상태에서 이것저것 정책을 내놓으니 논란만 일어나 정책이 왜곡되고 후퇴한 것이다. 그래도 사회적 공감대가 형성돼 있는 틀이 우리가 볼 때 토지공개념이다.

다만 1990년대 경험(토지공개념3법 위헌 논란)을 토대로, 시장원리에 부합되는 방식을 고민한 끝에 '시장친화적 토지공개념'이 나온 것이다.

이미 참여정부 들어 종합부동산세 등 세금정책을 시도했지만 결국 심리적 저항에 부딪혀 효과를 발휘하지 못했다. 결국 단기적으로 보유세 강화정책이 실패한 것으로 보는 시각도 있다.

보기에 따라 다르다. 보유세 강화정책은 불로소득 차단을 위한 근본적이고 장기적인 정책이다. 이제 걸음마 단계다. 그런 점에서 집값 폭등세 재현을 정책실패로 해석하는 건 무리다. 참여정부 보유세 강화정책에서 비판적으로 볼 부분도 있지만, 부동산 불로소득을 차단하는 세제정책은 계속 추진돼야 한다.

기존 주택을 끌어들이지 못하고 계속 신규주택 개발(공급확대)로 갈 수밖에 없다는 문제는 남는다. 기존 주택을 활용한 방법은 없나?

기존 주택은 소유권이 개인에게 있어 토지 공공임대제 원리를 적용할 수 없다. 기존 주택은 토지보유세를 강화하고 다른 세금은 감면하는 패키지형 세제개혁을 꾸준히 추진하면 불로소득이 환수되고 집값 폭등도 막을 수 있다. 그런 여건이 만들어져야 토지 공공임대제도 성공할 수 있다.

권력구조 개편보다 토지공개념 개헌 논의할 때
결국 토지공개념 도입은 부동산 거품 붕괴 등 극단적인 상황이 닥쳐서야 가능하지 않겠는가?

그렇게 비관적이지만은 않다. 조만간 통일국면이 올 거라 예상하고 있다. 남한에 이 제도를 도입하기엔 전제조건이 구비 안 돼 실효성 논란이 있지만 통일과정이 시작되면 토지임대제를 바로 도입하기 좋은 곳이 북한이다. 통일한국 토지제도의 유력한 대안이 될 수 있다.

토지정의에선 지금까지 '시장친화적 토지공개념'을 헌법에 명기하자고 주장해왔다. 실제 개헌이 가능하다면 어떤 효과를 기대할 수 있는가?

우리나라 부동산 문제는 미봉적으로 해결할 게 아니라 근본적으로 부동산 시장의 성격을 건강하고 정의롭고 효율적으로 만드는 게 가장 좋은 방법이다. 그러기 위해 부동산 문제를 바로 보는 근본 인식 틀이 바뀌어야 한다. 토지는 공공의 것이라는 토지공개념을 다시 부활시켜야 하는데 가장 효과적으로 구현할 방법은 헌법에 집어넣는 거다.
이미 우리 헌법은 토지공개념 정신을 담고 있는데 괜히 개헌 얘기를 꺼내 그런 사실조차 부정하는 꼴 아니냐는 주장도 있다. 정신을 담고 있는 건 사실이지만 헌법에 '토지공개념'이라는 용어가 명기되는 게 중요하다. 참여정부 정책 가운데 토지공개념 정신에 친화적인 정책이 나올 때마다 소모적인 논란만 불러일으켰다.
어떤 개혁이라도 저항세력이 있게 마련인데 그동안 이들이 유력하게 쓴 것이 위헌심판 청구였다. 결국 토지공개념 철학과 정신이 헌법에 명시적으로 밝혀져 있지 않아서 생기는 행태들이다. 부동산 문제로 이미 고통을 치른 상황에서 개헌 논의가 떠오른 차제에 우리 사회에 가장 심

각한 문제를 해결할 수 있는 개헌이 되도록 논의해야 한다.(《오마이뉴스》, 2007년 1월 12일)

토지임대부 아파트 '그게 되나 보자'는 게 시범사업?[12]

홍준표 한나라당 의원에 의해 '반값아파트'라는 선정적인 이름으로 알려진 '토지 공공임대제도'를 도입하자는 제안이 공식적으로 처음 제기된 것은 2002년 12월 대통령 선거 직후였다. 김윤상 경북대 교수, 전강수 대구가톨릭대 교수, 권영준 경희대 교수를 비롯한 60~70명의 경제학자들이 노무현 대통령 당선자에게 보낸 부동산 정책 건의서에서 '행정도시'(현 행정복합도시) 개발을 토지 공공임대제 방식으로 하자고 밝혔다. 토지 소유권은 국가나 공공기관이 갖고 건물의 소유권만 입주자가 갖도록 하자는 것이었다. 토지에서 비롯되는 불로소득이 사적 영역으로 넘어가 부동산 시장을 어지럽히는 고질병을 막는다는 취지였다.

군포, 두 조건 중 하나도 충족 안 돼

부동산 정책 제안 당시 초안작성을 맡았던 전강수 교수는 2007년 10월 18일 〈한겨레21〉과 만나 "노무현 정부가 이런 대안을 받아들일 가능성이 있어 보였기 때문에 부동산 보유세 강화방안과 함께 토지 공공임대제를 제안했는데, 노무현 당선자나 (대통령직)인수위 쪽에선 이렇다 할 반응이 없었다"고 전했다.

행정도시라는 제한된 공간을 넘어 일반적인 '토지공공임대형' 아파트 도입 주장을 본격적으로 제기한 주체는 2005년 2월 출범한 시민단체인 '토지정의시민연대'였다. 그해 하반기 부동산 시장을 뜨겁게 달군 경기도 판교지역의 투기열풍 와중에서 토지정의시민연대는 공영개발보다 한발 더 나아간 토지임대형 방식의 분양을 주장하는 성명서를 잇달아 내고 토론회도 몇 차례 열었다. 당시 경제정의실천시민연합(경실련)에서 토지·주택위원장을 맡고 있던 전강수 교수는 김윤상 교수와 더불어 토지정의시민연대의 주장에 이론적 바탕을 제공했다. 토지정의시민연대의 제안에 이어 그해 8월에는 대한주택공사(주공) 부설 주택도시연구원이 토지임대형을 긍정적으로 평가한 "공영개발 확대와 토지 및 주택 공급방식의 다양화"라는 보고서를 내놓기에 이른다.

홍준표 의원이 '토지임대형'이란 새로운 분양제도를 '반값아파트'라는 야한 이름으로 포장해 정치권에 화두를 던진 건 2006년 2월이었다. 홍 의원은 서울시장 후보 당내 경선에 나서면서 이를 자신의 대표적인 구호로 내걸었으며, 그해 11월에 이를 구체화하기 위한 '대지임대부 분양주택 공급촉진을 위한 특별조치 법안'을 국회에 제출했다. 이 법안은 아직 국회 계류 중이다(이 법안은 2009년 4월 '토지임대부 분양주택 공급촉진을 위한 특별조치법'이라는 이름으로 국회를 통과했다.). 애초부터 부정적인 견해를 보였던 정부·여당이 '시범 추진' 쪽으로 돌아선 것은 홍 의원의 주장에 여론의 호응이 상당히 높았기 때문이다. 정부는 2007년 1월 부동산 대책 때 새로운 분양제도로 환매조건부와 함께 토지임대부 제도를 도입하기로 하고 4월 공포된 개정 주택법에 그 근거를 마련했다.

주공이 개정 주택법을 바탕으로 경기도 군포시 부곡동의 택지개발지구에 지은 첫 토지임대부 및 환매조건부 분양주택은 모두 804가구(토지임대 389가구, 환매조건 415가구)다. 환매조건부는 토지임대부와 약간 달라 분양받은 입주자가 토지와 건물에 대한 소유권을 모두 갖되 분양 뒤 20년 안에 주택을 팔고자 할 때는 법령 기준에 따라 주공에 되팔도록 돼 있다. 이 두 유형을 모두 합쳐 '반값아파트'로 통칭해왔다. 잘 알려진 대로 10월 15~17일에 실시된 청약 결과, 804가구 중 최종 분양 신청된 물량은 119가구로 청약률은 15퍼센트에 그쳤다. 미분양률 85퍼센트의 완전한 실패작이다.

토지 공공임대제를 앞장서 제기했던 전강수 교수는 "이 제도의 성공을 위해선 두 가지 조건 중 하나는 충족돼야 한다"고 말한다. '좋은 위치에 괜찮은 아파트'를 짓거나, 아니면 '분양가를 대폭 낮추는 조처'가 필요하다는 것이다. "예를 들어 서울 강남지역에 토지임대형 아파트를 공급하면 분양가를 크게 낮추지 않더라도 실수요자가 있을 것이다. 강남의 10억~15억 원짜리 아파트를 3억~4억 원 내고 건물만 분양받아 매달 일정한 임대료를 내게 하면 살 만한 사람들이 있다는 거다." 첫 토지임대형을 선보인 군포 부곡지구는 강남 같은 '좋은 지역'으로 보기 어렵기 때문에 분양가를 훨씬 더 낮춰 시세의 70퍼센트 대 정도로 책정해야 한다고 전 교수는 말했다. 현 시세의 70퍼센트 대는 부동산 전문가들 사이에 원가에 적정한 이윤을 붙인 합리적인 수준이란 설명이다. 대거 미분양 사태를 빚은 군포·부곡지구의 토지임대형 주택의 분양가는 시세의 90퍼센트 수준이었다.

재정부담 클 이유 없어

분양가를 낮추려면 재정 부담을 추가로 져야 하지 않느냐는 물음에, 전 교수는 "시범사업의 대상이 800가구 정도여서 재정 부담이 클 이유가 없다"며 "정부가 '실패를 보여주기 위한 시범사업'을 한 것 같다"고 했다. "시범지역이라는 게 뭐냐. 성공시키려고 하는 거 아니냐. 잘 만들어 성공시키려 애를 써야지, 저쪽 멀리 떨어진 지역에 선정해놓고 '어디 되나 안 되나 보자'는 식이었다." 야당의 홍준표 의원이 선도적으로 제기한 방안이어서 세밀한 연구를 하지 않은 채 무책임하게 진행했다가 책임 떠넘기기를 한다는 혐의를 지울 수 없다는 것이다. 전 교수의 지적이 아니어도, 청와대 쪽은 2007년 10월 16일 대변인 브리핑을 통해 "애초부터 실효성이 낮다는 입장을 갖고 있었다"며 홍 의원에게 책임을 미뤄 빈축을 샀다. 전 교수는 "토지임대부에 대한 청와대 쪽의 부정적인 태도는 자신들의 부동산 정책기조와도 맞지 않는다"라며 "더욱이 '홍준표 말대로 했더니 망했지 않나'라는 식은 정책 결정자에겐 있을 수 없는 일"이라고 말했다.

물론 홍 의원도 비판의 화살을 피해가지는 못한다. 오히려 토지 공공임대형의 진정한 의미를 1차적으로 왜곡한 책임이 있다는 게 전 교수의 지적이다. "'반값'이란 이름은 치명적이다. 집값이 오르니 가격과 직접 씨름해서 '뭔가 보여달라'는 국민정서와, '내가 보여준다'는 포퓰리즘이 결합한 것이다. 토지 공공임대제로 투기를 잡고 아파트 값을 잡는다는 말은 거짓말이다. 한꺼번에 몇 백만 가구를 공급하는 방식이면 몰라도 군포·부곡지구의 분양 물량이 몇 가구나 된다고…." 토지 공공임대제로 투기를 잡는다는 환상을 심어줄 게 아니라, 지역별 특성에 따라 다양한 형태의 토지 공공임대형을 공급하는 장기적인 자세로 새로운 분양방식을 차츰 정착시켜나가야 하며 시범지역은 그 출발이어야 한다는 뜻이다.

다양한 '맞춤형'으로 제공해야

"토지 공공임대형에는 크게 '미국형', '싱가포르형' 두 가지가 있다. 미국형은 시장가치대로 임대료를 받아 사적 불로소득을 막는 방식이고, 싱가포르형은 분양가와 임대료를 낮게 책정해 주거복지를 꾀하는 수단으로 활용한다. 군포지역은 두 변수 중 어느 하나도 충족시키지 못한 어정쩡한 내용이었다." 우리나라에선 지역의 특성에 따라 이 두 유형을 포함해 다양한 방식을 쓸 수 있고 그렇게 해야 한다는 게 전 교수의 분석이다.

건설교통부는 '반값아파트'의 대거 미분양사태와 관련해 각계 주택시장 전문가들이 참여하는 '시범사업 평가단'을 구성해 11월 한 달 동안 객관적이고 실증적인 평가작업을 벌이기로 했다. 이를 반영해 12월 말까지 확대시행 여부를 정한다는 계획이다. 전 교수는 "'공공임대제로 집값을 잡는다'는 식은 잘못이며, 단기대책을 병행 추진하면서 이룬 집값 안정의 터전 위에서 공공임대제라는 새로운 분양방식을 다양한 내용으로 만들어 '맞춤형'으로 제공해야 주거복지 정책으로서도 의미를 띨 수 있다"고 말했다.(《한겨레 21》 682호, 2007년 10월)

주석

1. Klaus Deininger, *Land Policies for Growth and Poverty Reduction*, A World Bank Policy Research Report(Washington D. C. : the World Bank, 2003).
2. 대천덕 지음, 《대천덕 신부가 말하는 토지와 경제정의》, 전강수·홍종락 옮김(서울 : 홍성사, 2003), 7.
3. Klaus Deininger, *op. cit.*
4. 남상호, "가계자산 분포와 불평등도의 요인별 분석", 경제학술대회 발표 논문, 2007.
5. 곽태원, 《토지는 공유되어야 하는가?—'진보와 빈곤'에 나타난 헨리 조지의 토지사상 평가》(서울 : 한국경제연구원, 2006).
6. 미국의 대표적인 조지스트인 티드먼N. Tideman 교수는 토지가치세의 원리를 국제적으로 적용할 것을 주장하고 있다(N. Tideman, "Global Economic Justice", *Geophilos*, No. 00(1), 2000).
7. "종합부동산세 도입과 부동산 세제개편", 한국재정·공공경제학회 학술대회 발표논문, 2004.
8. 이하 이 부등식을 사용하여 부동산 투기를 설명하는 내용은 이정전 외, 《토지문제의 올바른 이해》(서울 : 박영사, 2006), 42~43의 도움을 받았다.
9. 2003년 1월 22일 필자를 포함해 방송통신대 곽노현 교수, 경북대 김윤상 교수, 경희대 권영준 교수 등 64명의 지식인이 연대 서명하여 노무현 대통령 당선자에게 발송한 공개서한이다. 필자가 기초했다.
10. "부동산 정책의 역사와 시장친화적 토지공개념", 한국사회경제학회 창립20주년 기념 학술대회 발표논문, 2007.
11. 인터뷰·정리 〈오마이뉴스〉 김시연 기자.
12. 글 〈한겨레21〉 김영배 기자.